Las claves del DELE C1

EDICIÓN ACTUALIZADA

MP3

Versión 2024

difusión

Coautor y revisor de la edición actualizada
Joaquín López Toscano

Autores de la edición original
M.ª José Martínez
Daniel Sánchez
M.ª Pilar Soria

Coordinación editorial y redacción
The Content Station

Diseño gráfico
Pedro Ponciano (interior)
Laurianne Lopez (cubierta)

Maquetación
Vanesa Diestre

Corrección
Claudia Peláez Espinosa

difusión
Centro de Investigación y Publicaciones de Idiomas, S. L.

C/ Trafalgar, 10, entlo. 1ª
08010 Barcelona
Tel (+34) 93 268 03 00
Fax (+34) 93 310 33 40
editorial@difusion.com
www.difusion.com

ISBN: 978-84-1157-304-7
Impreso en la UE

MIXTO
Papel | Apoyando la silvicultura responsable
FSC® C125125

Los Diplomas de Español como Lengua Extranjera (DELE) son el título oficial más reconocido internacionalmente para acreditar el nivel de competencia y dominio de la lengua española. En 2024 se actualizó el examen del nivel C1 y se introdujeron en él algunas mejoras.

El objetivo de esta obra es preparar a quienes se presentan al DELE C1 para superar esta prueba con éxito. Se trata de un manual práctico y de fácil manejo, estructurado en dos grandes bloques: las 5 unidades y los 5 modelos de examen.

LAS 5 UNIDADES

Las unidades ofrecen secuencias didácticas con las que consolidar los contenidos del nivel C1. Cada unidad presenta la siguiente estructura:

Página de entrada. Presenta el índice de los contenidos léxicos, gramaticales y culturales, y los recursos para la comunicación que se trabajan en la unidad. Se indican el tipo de textos con los que se encontrará el alumnado: descriptivos, informativos, de opinión, blogs, pódcast... Incluye, además, un asociograma en el que se relacionan los contenidos temáticos con muestras de lengua.

Actividades. Una serie de actividades contextualizadas posibilitan que el/la estudiante practique y profundice en los contenidos de este nivel (especificados en los *Niveles de Referencia del Plan Curricular del Instituto Cervantes*).

Las propuestas señaladas con un recuadro gris presentan la misma tipología o similar que la de ciertas tareas del DELE C1. Sirven, de este modo, como práctica específica para el examen.

Cada unidad cuenta con uno o dos textos orales y uno o dos textos escritos, sobre los que se hace una explotación similar a la de alguna de las tareas del examen DELE.

Las claves. En este apartado se explica el funcionamiento de las diferentes pruebas del examen oficial (Comprensión de lectura y uso de la lengua, Comprensión auditiva y uso de la lengua, Expresión, mediación e interacción escritas y Expresión, mediación e interacción orales) y se ofrecen tareas modelo, con sus soluciones y las explicaciones de las respuestas. Además, se ofrecen estrategias para la gestión de las distintas tareas del examen junto a algunas actividades que ayudarán a cada candidato/a a enfrentarse al examen de manera segura y ágil.

Además, en la primera unidad se ofrece una panorámica del formato de la prueba y se explica cómo se evalúa la prueba.

El objetivo es que el/la estudiante conozca a la perfección todas las actividades que el examen puede proponer, que no tenga dificultad alguna para entender su mecanismo y que cuente con estrategias eficaces para su resolución.

LOS 5 EXÁMENES (+ 2 AUTOCORREGIBLES EN campusdifusión)

Al final del libro, se proponen cinco exámenes que reproducen fielmente los exámenes oficiales del **DELE C1*** según las **actualizaciones de 2024**.

Además, en **campusdifusión** se encuentran disponibles dos modelos de exámenes autocorregibles ideales para entrenarse de manera autónoma.

Asimismo, al final de este manual, se ofrecen unas hojas de respuestas idénticas a las utilizadas en el examen oficial del DELE C1. De esta manera, el/la candidato/a llegará al examen completamente familiarizado/a con todos los materiales y con todas las pruebas a las que deberá enfrentarse.

Las hojas de respuestas, las pistas de audio, las soluciones y las transcripciones se pueden descargar gratuitamente en **www.difusion.com/claves_ea_c1**

(*) Toda la información oficial se puede consultar en **examenes.cervantes.es/es/dele/examenes/c1**.

En la salud y en la enfermedad

UNIDAD **1**

En esta unidad vamos a hablar del individuo en su dimensión física, anímica, familiar y social. También se presentarán algunas celebraciones y acontecimientos sociales y familiares en países de habla española.

Para ello vamos a aprender:

RECURSOS PARA LA COMUNICACIÓN
- → Leer y redactar artículos sobre salud y estado físico y anímico
- → Hablar sobre los sentimientos, el estado de ánimo, los gestos para comunicarse, los tratamientos de belleza, las celebraciones...
- → Escuchar y entender programas radiofónicos
- → Describir y comparar el sistema sanitario de diferentes países

LÉXICO
- → Partes del cuerpo
- → Aspecto físico
- → Belleza, cosmética y medicina
- → Sentimientos, sensaciones y relaciones familiares

GRAMÁTICA
- → **Ser** y **estar** para hablar del carácter y del estado físico y anímico
- → Oraciones subordinadas en modo subjuntivo para expresar sensaciones y sentimientos
- → Marcadores discursivos

CULTURA
- → Botero
- → Las bodas en México

TEXTOS
- → Textos informativos
- → Entradas de blog
- → Textos de opinión
- → Textos descriptivos: prospectos

EL CUERPO

Aspecto físico
- Tiene el pelo lacio y la nariz aguileña.
- Es ancho de hombros y está bronceado.
- Lleva perilla y el pecho depilado.

Problemas de salud
- Le escuecen los ojos.
- Siente un dolor punzante en...
- Ha sufrido un desmayo.
- Padece del corazón.
- Sufre gastritis.
- Tiene úlcera.

Medicina
- Buenas, quería cita con el traumatólogo.
- Le recetaré un antibiótico y un antiinflamatorio.
- Deberá someterse a una intervención quirúrgica.

LA MENTE

Carácter
- Es humilde, altruista; son presumidos, aguafiestas...

Sensaciones
- Estar mareado, sediento, agotado...

Sentimientos
- Está como un flan, hecho polvo.
- Me entristece que no vengas.

1.
¿La belleza está en el interior?

Fernando Botero (Medellín, 1932-Mónaco, 2023) fue un pintor, escultor y dibujante colombiano. Su extensa obra lleva impreso un original estilo figurativo, denominado por algunos como "boterismo". El artista daba a sus obras una identidad inconfundible y conmovedora, que se caracteriza por la interpretación de diversas temáticas (la mujer, el hombre, sus sentimientos, pasiones, dolores, creencias, vicios, su cotidianidad, sus relaciones interpersonales, manifestaciones culturales, así como dramas, acontecimientos y personajes históricos, sociales y políticos). Todo ello con una volumetría exagerada y desproporcionada, ligada a una concepción anatómica particular y finos detalles de crítica mordaz, ironía, humor, mensajes sutiles e ingenuidad.

A. **Fíjate en el cuadro y en la frase que hay debajo. ¿Estás de acuerdo? ¿La mujer del cuadro de Botero se diferencia mucho del concepto de belleza actual? Coméntalo con un/a compañero/a y justifica tu respuesta.**

"Si una persona se mira al espejo y no se ve atractiva, podría no estar en lo cierto, es posible que viva en el lugar y en el momento histórico equivocados".

- *Bueno, no estoy totalmente de acuerdo con la afirmación...*

B. **¿Qué partes del cuerpo crees que se relacionan más con la belleza? ¿Son las mismas para los hombres que para las mujeres? Coméntalo en clase.**

- *Yo creo que, para ambos, en la cara reside una parte muy importante de la belleza de una persona, pero...*

C. Completa el asociograma clasificando los adjetivos según las partes del cuerpo con las que se relacionan. Algunos adjetivos pueden ir en más de un lugar. Si fuera necesario usa el diccionario.

arrugado	delicado	respingón	delgado	ancho	depilado
terso	fino	liso	rechoncho	estrecho	de avispa
moreno	canoso	rizado	regordete	firme	amplio
sedoso	grueso	ensortijado	rellenito	generoso	brillante
bronceado	carnoso	teñido	esquelético	abundante	hidratado
áspero	afilado	saltón	musculoso	prominente	lacio
seco	aguileño	rasgado	esbelto	peludo	
graso	chato	hundido	escultural	velludo	

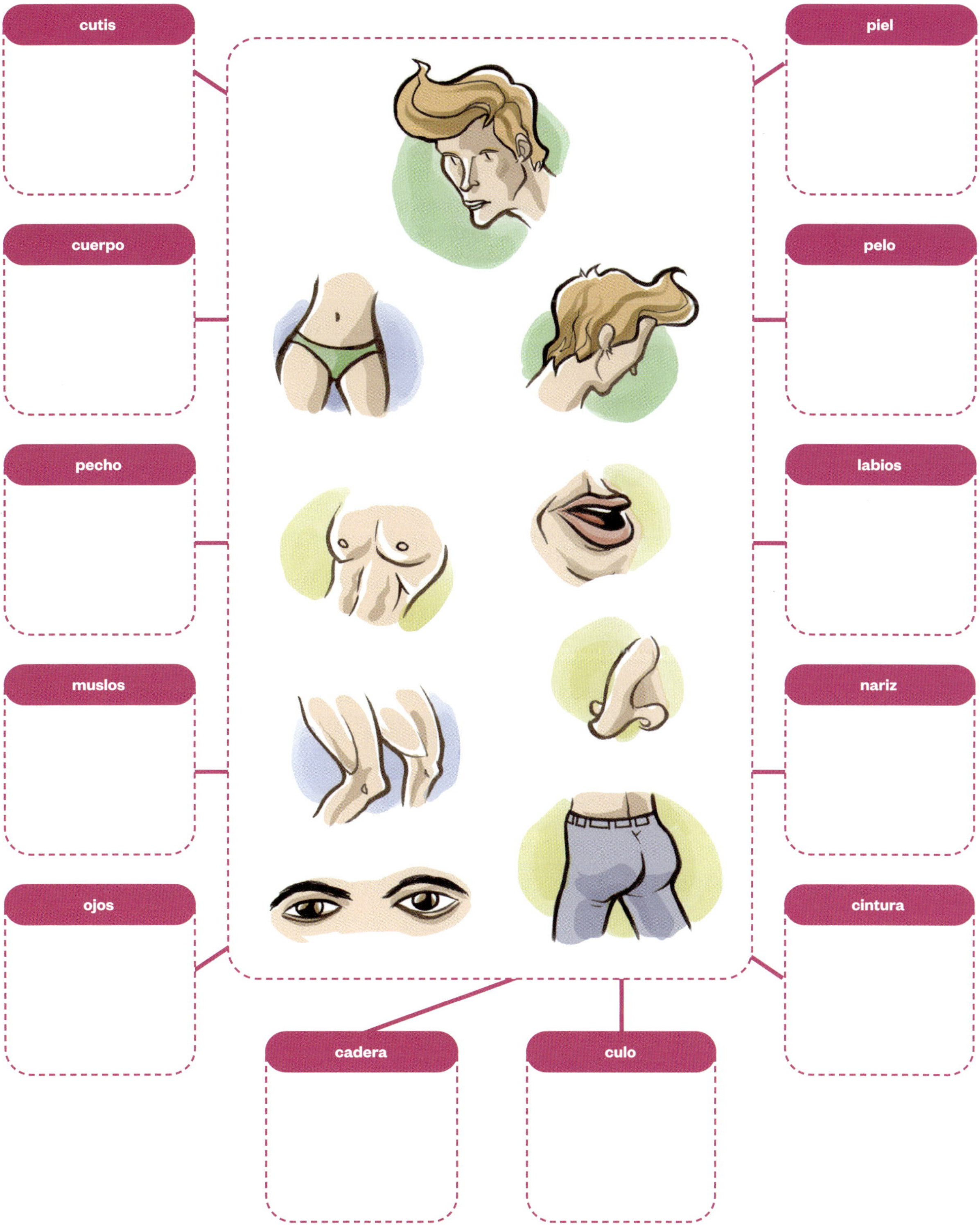

D. **Vas a escuchar un fragmento de un programa donde se habla de la evolución de los cánones de la belleza. Completa el cuadro con las características del ideal de belleza en las diferentes etapas de la historia.**

1

Vas a encontrar una actividad → parecida en el **EXAMEN**. **¡Practica y prepárate!**

ETAPAS		CARACTERÍSTICAS DEL IDEAL DE BELLEZA
Grecia y Roma		
Edad Media y Renacimiento		
Siglo XX	Años veinte	
	Años cincuenta	
	Años sesenta y setenta	
	Años noventa	
Siglo XXI	Hoy en día	

E. **Escucha ahora un segundo fragmento del mismo programa. En él se habla de la obsesión por la perfección del cuerpo en el siglo XXI. Completa las siguientes anotaciones con las expresiones dadas. Sobran cinco.**

2

ser mujer
alcanzar la eterna juventud
estar bronceado y tener un cuerpo esbelto
la delgadez
tener poder adquisitivo
reportar ganancias
sacrificarse
operarse
arreglarse
ganar masa muscular
estar en forma

a. La cultura de .... puede acarrear algunos trastornos.

b. No hay que .... para estar obsesionado por alguna parte del cuerpo.

c. El uso de algunas sustancias para .... no está exento de riesgos para la salud.

d. Cada vez hay un mayor número de personas que decide .... para embellecerse y sentirse mejor consigo mismo.

e. Dado que, según los medios, ... es sinónimo de éxito, perseguir este modelo se ha convertido en el objetivo de las mujeres, independientemente de su edad.

f. El negocio de la belleza y de la cosmética para conseguir la "eterna juventud" no hace más que .... a la industria.

F. **Escribe un párrafo que sirva como conclusión a los fragmentos que has escuchado en el que expreses tu opinión personal sobre el tema.**

Vas a encontrar una actividad → parecida en el **EXAMEN**. **¡Practica y prepárate!**

De los dos fragmentos se desprende que ....

....

....

....

....

....

2. El hombre y el oso cuanto más...

A. **Lee el título de la actividad. ¿Sabes cómo termina este refrán? ¿Estás de acuerdo con lo que dice? Intercambia tu opinión con la clase y comentad qué aspectos de la belleza le preocupan al hombre hoy en día.**

B. **A continuación tienes un artículo sobre tratamientos para la belleza masculina dependiendo de la edad. Léelo y contesta a las preguntas.**

1. ¿Cuáles son las tres etapas de edad que se mencionan en el texto?
2. ¿Qué cuidados personales tienen en común todas ellas?
3. ¿Hay preocupaciones estéticas propias de cada edad?

BELLEZA MASCULINA A CUALQUIER EDAD

Los hombres se cuidan principalmente para sentirse mejor con ellos mismos y tener una buena apariencia, algo que les aporta bienestar anímico y emocional.

El ritual básico de belleza para los veinteañeros es muy simple: limpieza, hidratación y protección solar. Según los expertos, el SPF (Factor de Protección Solar) es la mejor crema antienvejecimiento, ya que previene el daño oxidativo, responsable del envejecimiento prematuro de la piel. La máxima para esta edad puede resumirse en "nunca es demasiado pronto para empezar a cuidarse".

A partir de la treintena aparecen los primeros síntomas de envejecimiento en la piel del hombre, se hacen visibles las arruguitas del contorno de los ojos, las manchas del rostro... por lo que deben empezar a preocuparse por la hidratación, los cuidados del afeitado diario y la elasticidad y luminosidad de su piel. Basta con utilizar un protector solar y algún que otro tratamiento antioxidante para mantener un aspecto joven y saludable.

Hay una serie de productos y tratamientos de belleza específicos para treintañeros. Dos de ellos son el ácido glicólico y el retinol, muy efectivos en la lucha contra las líneas de expresión y la flacidez que, además, estimulan la regeneración celular y mejoran la luminosidad de la piel al instante.

Por otro lado, uno de cada cuatro hombres utiliza habitualmente productos o tratamientos anticaída. Y es que la caída prematura del cabello, es decir, la calvicie prematura, es, junto con la tripa, lo que más preocupa al hombre respecto a su apariencia física.

El perfil del hombre que más se preocupa por su apariencia tiene entre 35 y 45 años, momento en el cual comienza a cuidarse, sobre todo la cara, la barriga, la dentadura y el cabello. Y es que a esa edad, el uso de crema hidratante *anti-age* para el contorno de ojos en la rutina diaria deja de ser recomendable y se convierte en indispensable. Es a partir de esta edad cuando la piel del hombre, aunque sea más gruesa, se vuelve más fina y envejece bruscamente.

Cumplidos los cuarenta hay que empezar a trabajar las zonas más sensibles: en primer lugar el contorno de ojos, donde más se notan los años. El principal problema de esta delicada zona no son tanto las arrugas sino las bolsas que se forman bajo los ojos por falta de drenaje.

(Adaptado de: https://www.vanitatis.elconfidencial.com/estilo/)

C. **Busca en el texto las palabras y expresiones referidas al cuerpo. Después, intenta explicar lo que significan con tus palabras.**

3. Un gesto vale más que mil palabras

A. **Uno de los rostros más enigmáticos es el de la Mona Lisa. Aquí tienes una personal versión realizada por Botero. ¿Puedes describir su expresión?**

Su mirada...

....

....

Su sonrisa...

....

....

B. **¿Dicen mucho los gestos? Comenta en clase algunos de los que se utilizan en tu país y comprueba si los compartís.**

C. **Aquí tienes una encuesta para conocer tu capacidad de descifrar algunos de los que hacen en España.**

1. Encogerse de hombros denota...
A) falta de ánimo para realizar cualquier actividad.
B) no entender o comprender algo.
C) cansancio y fatiga.

2. Cuando alguien arruga o frunce el ceño muestra...
A) indiferencia.
B) enfado.
C) empatía.

3. Si alguien conocido te guiña el ojo, entre esa persona y tú hay...
A) complicidad.
B) hostilidad.
C) resentimiento.

4. Si alguien arquea o levanta las cejas cuando estás hablando, es muy probable que...
A) se sienta defraudado.
B) tenga verdadero interés por lo que estás diciendo.
C) esté deseando que te calles.

5. Cuando alguien afina los labios y los aprieta, está mostrando...
A) afecto.
B) entusiasmo.
C) rabia.

6. Normalmente hacer muecas es una manera de...
A) llamar la atención de alguien.
B) hacerse querer.
C) mostrar una actitud prepotente.

7. Es muy posible que una persona que parpadee constantemente sin tener conjuntivitis denote...
A) entereza y serenidad.
B) vacilación e inseguridad.
C) miedo.

8. Cuando alguien se cruza de brazos mientras está hablando contigo se dice que es porque...
A) se siente cómodo ante una situación.
B) está muy seguro de sí mismo.
C) está a la defensiva.

Respuestas: 1.B; 2.B; 3.A; 4.B; 5.C; 6.A; 7.B; 8.C.

Más de la mitad de las respuestas acertadas:
Eres un/a lince y no se te escapa ni una. No necesitas muchas palabras para saber cómo es y cómo se comporta la gente que tienes alrededor. Seguro que sabes controlar tus gestos para conseguir lo que quieres.

Menos de la mitad de las respuestas acertadas:
No es que seas un/a cegato/a, lo que pasa es que siempre andas con la mirada perdida, ensimismado/a en tus cosas. Tienes que estar más atento/a por si en algún momento tienes un malentendido cultural.

4. Me siento rejuvenecer

Comunicación no verbal

Llamamos comunicación no verbal a aquella que es vehiculada por actos y comportamientos no lingüísticos. En ella se distinguen cuatro aspectos fundamentales.

- El **movimiento corporal** o conducta kinésica comprende los gestos u otros movimientos corporales, incluyendo la expresión facial, el movimiento ocular y la postura.
- El **paralenguaje** comprende las vocalizaciones, ciertos sonidos no lingüísticos (como la risa, el bostezo, el gruñido, etc.), y ciertas distorsiones o imperfecciones del habla, como pausas repentinas y repeticiones.
- La **proxémica** es la utilización del espacio social y personal y la percepción que se tiene de este.
- La **presentación corporal** se refiere a elementos como el color y otras características de la ropa, el olor, los adornos y otros.

Vas a encontrar actividades parecidas a estas (A y B) en el **EXAMEN**. →
¡Practica y prepárate!

A. **¿La juventud o la vejez dependen de la edad que tengamos? Aquí tienes una entrada de blog que habla de este tema. Complétalo con las palabras y frases dadas.**

una losa	desprecio	experiencia vital
etapa de la vida	las canas bien puestas	escotes pronunciados
reivindicar	propios de su edad	
la esperanza de vida actual	tardía	

Me siento rejuvenecer

¿Qué es "propio de la edad"? ¿Qué comportamientos, atuendos o actitudes vitales proceden en cada **1.** ....? ¿Es justo que consideremos inadecuada una conducta basándonos únicamente en la edad biológica de alguien? ¿Tenemos un rasero diferente para enjuiciar esos actos según los ejecute un hombre o una mujer? Mi respuesta sería: nada, ninguno, no, y sí.
Cada **2.** .... es diferente, la situación familiar, el entorno social, las oportunidades o trabas que presenta la vida. La edad biológica cada día mueve sus fronteras, **3.** .... disipa cualquier posible comparación entre nuestro currículum y el de nuestros antepasados. Tenemos estrellas del pop y *rock* que han cumplido los 50, incluso los 60 y siguen siendo *sex symbols* para medio mundo. Hombres maduros y deseables ha habido siempre. Me temo que las mujeres hemos sido menos prejuiciosas a la hora de sentir tentación por **4.** .... Ahora empiezo a escuchar a la chavalería masculina alabando a señoras que podrían ser sus madres.
Hace poco en un programa de televisión se reunieron artistas, intelectuales y líderes de opinión para **5.** .... los términos "cuarentañera" y "cincuentañera" en vez de "cuarentona" o "cincuentona", por entender que estos últimos implican **6.** .... Hace un millón de años que no escucho a nadie llamar "solterona" a una soltera. Pues con todo y esto descubro que con frecuencia seguimos juzgando a las personas por su edad, incidiendo más sobre las mujeres que sobre los hombres. Tener un amanto mucho más joven, seguir llevando minifalda o **7.** ...., salir con las amigas a comerse el mundo... y lo mismo ocurre en sentido inverso, también nos empeñamos en recordar a las adolescentes que mucho maquillaje y taconazos no son **8.** .... ¡Menuda peste! Te pasas tus años de pubertad luchando por tu derecho a desarrollar tu propia imagen y cuando llegas a la madurez **9.** .... te vuelves a encontrar con la misma batalla.
Entre todo lo dicho, permítanme una contradicción. Según cumplo años me doy cuenta de que actitudes, manías y fobias que parecen perdonables en la juventud, resultan bochornosas a medida que se cumplen años. Los pecadillos de juventud se convierten en **10.** .... si no desarrollamos la capacidad de controlar nuestro carácter.

(Extraído de: http://www.elmundo.es/blogs/elmundo/ellas/2011/06/05/cuestion-de-edad.html)

B. **Escribe una entrada de blog donde hagas referencia al texto que has leído, des tu opinión personal y cuentes alguna experiencia que conozcas en relación con el tema.**

Hace poco leí en un texto en el que hablaban sobre la edad... ....

....

....

5. En la salud y en la enfermedad

3

A. Los seres humanos estamos expuestos a miles de enfermedades que se pueden clasificar de acuerdo con sus causas. Vas a escuchar un fragmento de una conferencia médica donde se enumeraban algunas de ellas. Completa el cuadro con la información que escuches.

Enfermedades	Causas y características	Algunos ejemplos de enfermedades	Tratamiento
Bacterianas			antibióticos
Virales			
Parasitarias		malaria	
Desarreglos endocrinos	disfunción de alguna glándula de secreción interna		
Degenerativas			

B. Compara tu cuadro con el de un/a compañero/a. Podéis buscar información sobre las enfermedades que no conozcáis.

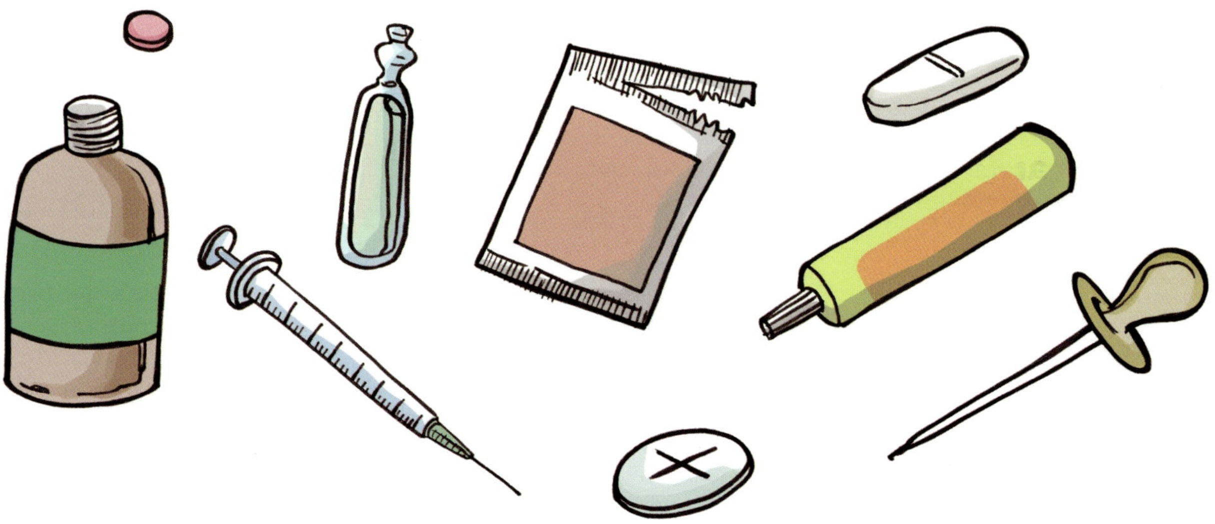

C. **Clasificamos los diferentes medicamentos en función de los efectos que producen. La mayoría de las palabras de medicina provienen del griego. En el caso de los medicamentos nos ayudará saber que el prefijo *an-* significa 'sin', y el prefijo *anti-*, 'contra'. Relaciona cada medicamento con su descripción.**

1. Analgésico
2. Antibiótico
3. Vacuna
4. Antiséptico
5. Antiinflamatorio
6. Antihistamínico
7. Antidepresivo
8. Broncodilatador
9. Diurético
10. Laxante
11. Antipirético
12. Antifúngico

- Es una pequeña cantidad de virus o de bacterias que se administra a una persona con el fin de que el organismo aprenda a defenderse de los mismos. Suele adquirirse con receta médica.
- Se utiliza para favorecer el tránsito intestinal, sobre todo en caso de estreñimiento. Son conocidos por ejemplo los que se aplican en forma de supositorio. La mayoría se puede comprar sin receta médica.
- Es un compuesto medicinal usado para desinfectar. Se aplica normalmente sobre las heridas para evitar que en ellas se propaguen los agentes infecciosos. Entre los más conocidos están el alcohol o el agua oxigenada. Se usan en todos los procedimientos quirúrgicos para evitar la aparición de infecciones. No hace falta receta para comprarlos.
- Es una clase de medicamento destinado a combatir las infecciones provocadas por hongos y desarrolladas en la parte externa o interna del cuerpo humano. En muchos casos se presentan en forma de cremas que se aplican directamente sobre la piel, pero también se administran en pastillas. La mayoría se vende sin receta médica.
- Este tipo de medicamento aumenta el tamaño de las vías respiratorias con el fin de facilitar el proceso de respiración. Suele ser utilizado por las personas asmáticas. Se administra normalmente en forma de inhaladores. Muchos de ellos se pueden comprar sin receta médica.
- Sirve para disminuir los efectos de las reacciones alérgicas, como estornudos, hinchazón de ojos y picores. Depende del producto, pero muchos de ellos se pueden comprar sin receta médica.
- Se usa con el fin de disminuir la fiebre o temperatura corporal. No suele ser necesaria una receta para su adquisición.
- Es utilizado para combatir los síntomas provocados por una depresión. Se suele tomar en forma de pastillas. Puede llegar a generar dependencia. Solo se puede adquirir con receta médica.
- Es el medicamento utilizado para combatir las infecciones bacterianas. La penicilina fue el primero de estos medicamentos que se descubrió. Aunque en teoría se necesita receta, muchos de ellos se venden sin ella.
- Tiene como fin favorecer la expulsión de orina. En muchos casos se receta para reducir la tensión arterial o evitar la retención de líquidos. Muchos de ellos se pueden comprar sin receta médica.
- Usado comúnmente para aliviar o eliminar el dolor, como por ejemplo en caso de cefaleas o para las molestias de la gripe. Se vende normalmente sin receta médica.
- Se usa para reducir la inflamación, calmar el dolor y bajar la fiebre. Suele venderse sin necesidad de receta.

El sistema sanitario público en España

En España existe un sistema sanitario público y gratuito. Se financia a través de las aportaciones salariales de las personas trabajadoras y los impuestos y está gestionado por las comunidades autónomas.
Los Centros de Atención Primaria o **Centros de Salud** son el primer lugar al que hay que dirigirse cuando se tiene un problema de salud o se quiere prevenir una enfermedad. A cada paciente le corresponde un Centro de Atención Primaria en función de su domicilio y se le asigna un **médico o médica de cabecera**.
Para acceder a los servicios de Atención Primaria, la ciudadanía deberá disponer de la **Tarjeta Sanitaria Individual** (TSI), que se solicita en el correspondiente Centro de Salud.
Si el problema de salud requiere una atención especializada, la médica o médico de cabecera remite a su paciente al especialista, excepto en caso de urgencia.
La **Atención Especializada** constituye el segundo nivel de acceso de la ciudadanía a la asistencia sanitaria. Comprende, normalmente, la atención hospitalaria, la atención psiquiátrica y de salud mental, drogodependencias, la rehabilitación...
El sistema sanitario público español no cubre todos los tratamientos dentales ni los problemas ópticos, que se resuelven por vía privada.

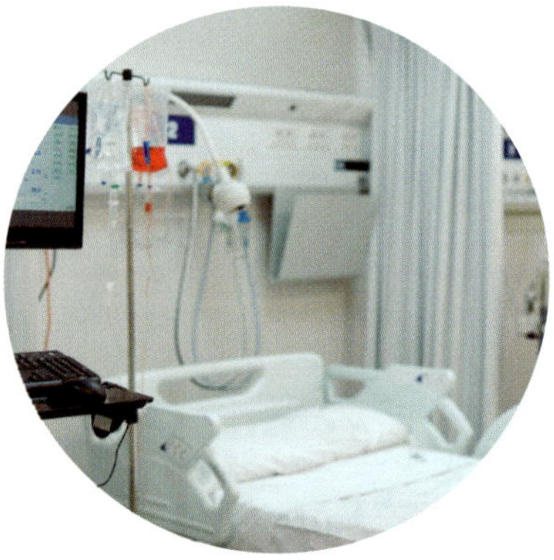

D. **En el cuadro aparecen enfermedades, síntomas, problemas y necesidades relacionados con la salud. ¿Con qué servicio médico los relacionarías?**

	SERVICIO MÉDICO
donar sangre, hacerse un análisis de sangre o recibir una transfusión	....
tener escozor de ojos, pérdida de visión, cataratas	....
la donación de óvulos y espermatozoides, la fecundación *in vitro*	....
gastritis, úlcera, hepatitis, acidez o ardor de estómago, dolor abdominal, diarrea, vómitos	....
fracturas de huesos, esguinces, implantación de prótesis	....
parto por cesárea, embarazo, aborto involuntario	....
accidentes, desmayos, molestias o dolores repentinos que puedan revestir cierta gravedad	....
manchas o quemaduras en la piel, psoriasis, acné	....
un parto prematuro, cuidados en incubadora, cesáreas	....
sesiones de fisioterapia	....
dolor punzante en el pecho, infarto de miocardio, problemas del corazón	....
cuidados tras una operación quirúrgica, enfermedades graves que requieran de monitorización o ventilación asistida	....
realizar una resonancia magnética o una radiografía	....
trastorno bipolar, de ansiedad, depresión	....
tratamientos contra el cáncer	....

1. Aparato digestivo
2. Cardiología
3. Dermatología
4. Hematología
5. Obstetricia y ginecología
6. Oncología
7. Oftalmología
8. Pediatría y neonatología
9. Psiquiatría
10. Radiología
11. Rehabilitación
12. Reproducción asistida
13. Traumatología
14. Uci (unidad de cuidados intensivos)
15. Urgencias

E. **¿Has tenido que ir últimamente a un hospital? ¿Como paciente o para visitar a alguien? ¿Por qué razón? Coméntalo en clase.**

F. **¿Cómo es el sistema sanitario de tu país? Comentad las similitudes y diferencias con el español.**

6. Ser y estar

A. Elige el adjetivo o expresión más adecuados para cada comportamiento.

austero/a	hospitalario/a	humilde
un/a aguafiestas	altruista	un/a blando/a

1. Además de ser un/a gran anfitrión/ona, en tu casa siempre hay huéspedes; eres ....
2. El día de tu boda, en vez de celebrarlo por todo lo alto, haces una ceremonia sencilla sin nada de lujos y con el mínimo de personas invitadas: la novia, el novio, el padrino y la madrina; eres ....
3. Eres médico y, en vez de trabajar en un hospital privado, te haces de Médicos Sin Fronteras porque a ti lo que de verdad te interesa es ayudar al resto; eres ....
4. Perteneces a una familia rica y conocida, pero ni te das aires ni te enorgulleces de ello; eres ....
5. Eres el/la cabeza de familia, pero no sabes imponer tu autoridad ante los caprichos de tus hijos e hijas y les dices a todo que sí; eres ....
6. En una celebración de Navidad, por ejemplo, empiezas a ser desagradable con todo el mundo y pones fin a la diversión; eres ....

B. ¿En qué estado se encuentran estas personas dadas las circunstancias? Puede haber más de una opción.

de buenas	como loco/a	fatigado/a
muerto/a	obeso/a	como un tonel
abatido/a	cansado/a	indispuesto/a
eufórico/a	feliz	que no me lo creo
sordo/a como una tapia	como un flan	hecho/a polvo

1. He perdido el apetito, tengo debilidad y molestias en el estómago, siento malestar general. Estoy ....
2. Qué día. Es que no hemos parado en el trabajo. No puedo con mi alma y me caigo de sueño. Estoy ....
3. Me han concedido la beca, por fin. Es como un sueño. Ya sabéis lo que me ha costado. Estoy ....
4. Ya sabes lo tímida que soy; y eso de tener que hablar en público ahora... Es que me tiembla todo. Estoy ....
5. Podéis pedirme lo que queráis, hoy no os voy a decir que no. Estoy ....
6. Mi mujer acaba de dar a luz. Es el día más maravilloso de mi vida. Estoy ....
7. Últimamente no me cuido nada y me paso el día comiendo lo que pillo. Por eso estoy ....
8. Me han suspendido por cuarta vez el examen del carné de conducir. Me siento fatal. Estoy ....
9. Es que mi jefe está todo el día metiéndose conmigo, que si no hago nada bien, que si llego siempre tarde, que si pierdo mucho el tiempo. En fin, que no sé por qué la tiene tomada conmigo. Estoy ....
10. Desde que tuve ese catarro tan fuerte no oigo nada. Yo creo que tengo que ir al otorrino. Estoy ....

C. Ahora completa las siguientes frases con la forma correcta de ser o estar.

1. Zoilo tenía verdadera obsesión con el peso, y eso que se le notaban hasta los huesos. De verdad que .... como un fideo.
2. ¿Sabes? El otro día invitaron a Zoraida a una fiesta. Era al aire libre y hacía un tiempo radiante, pero en cuanto llegó ella empezó a llover a mares, es que .... muy gafe.
3. Qué calor. ¿No queréis que vayamos a tomar algo? Tengo la garganta seca. .... sediento.
4. Desde que me he levantado no he parado y no he tenido tiempo ni de comer. Y ahora tengo un agujero en el estómago. .... hambriento.
5. El verano pasado hice un crucero y no sé si sería por el oleaje, pero .... mareado todo el tiempo y con unas náuseas horribles.
6. ¿Sabes qué .... los que están obsesionados con la salud y convencidos de que padecen una enfermedad grave sin tenerla? Pues hipocondríacos, como tú.
7. ¿Has visto lo que ha hecho Pablo? Pues ha dejado el trabajo y dice que se va a Tanzania a vivir nuevas experiencias. Para mí que .... como una cabra.

---

7. Expresión de los sentimientos y de las sensaciones

Expresiones de sentimiento y sensación

Estas expresiones se construyen con ***que* + subjuntivo**, si el sujeto de la oración subordinada es diferente de la persona que experimenta la sensación.
- Estamos cansados de **que llegues** tarde.

Pero se construyen con **infinitivo** si el sujeto del segundo verbo coincide con la persona que experimenta la sensación.
- Estamos cansados de **comer** mal.

A. Haz las siguientes preguntas a un/a compañero/a y escribe sus respuestas. Comentad las cuestiones más interesantes.

1. ¿Qué cosas te hacen feliz?

....
....
....
....

2. ¿Te pones triste fácilmente? ¿Qué cosas te entristecen?

....
....
....
....

3. ¿Qué te enfada, te saca de quicio o te hacer perder los nervios?

....
....
....
....

4. ¿Te da vergüenza alguna cosa? ¿Te ruborizas fácilmente?

....
....
....
....

5. Y cuando eras más joven, ¿era igual?

....

....

....

....

6. Y por último, ¿has perdido tu capacidad de asombro, o todavía hay cosas que te sorprenden?

....

....

....

....

B. Comenta en qué aspectos han cambiado tus sentimientos y compara tus respuestas con las de un/a compañero/a para ver qué cosas tenéis o teníais en común.

- *Pues cuando era pequeño era más tímido, me daba mucha vergüenza hablar con personas desconocidas...*

---

8. Marcadores del discurso

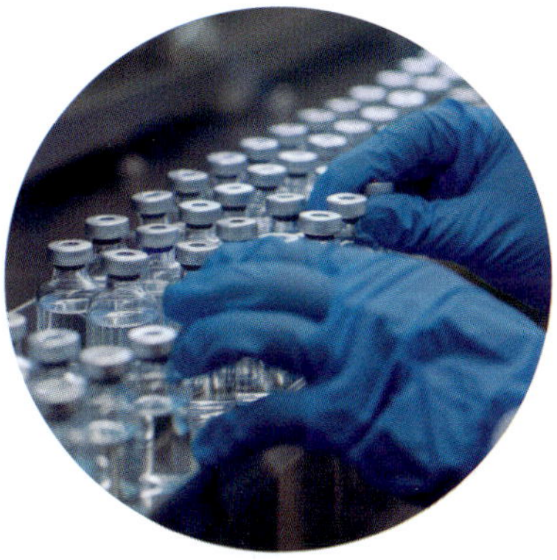

A. Lee la siguiente conversación y observa los conectores marcados en negrita. Busca sinónimos en español y una forma equivalente en tu lengua.

— Gracias a la vacunación se pueden prevenir muchas enfermedades e incluso se pueden llegar a erradicar. **De hecho**, algunas enfermedades, como la viruela, están oficialmente erradicadas y su vacuna ya no se suministra en ningún lugar del mundo.

— **En efecto**, esto es así en algunos casos, pero eso no significa que algunas bacterias o virus no vuelvan a resurgir o no se puedan crear en un laboratorio y ser usados como un arma biológica.

— En mi opinión, eso es casi imposible que suceda, "construir" un virus no está al alcance de cualquiera, **la verdad**.

— Bueno, **en realidad** solo un reducido grupo de personas en todo el mundo estaría, hoy, en condiciones de "ensamblar" virus en laboratorio, pero hay que estar siempre alerta.

— Sí, **sobre todo** la OMS debe mantener las campañas de vacunación contra enfermedades que, aunque hayan sido erradicadas, puedan hacer a personas susceptibles de contagiarse en el futuro.

— Claro, **en el fondo** los dos estamos de acuerdo en que la vacunación es uno de los pilares de la prevención.

B. Aquí tienes algunas frases concluidas con los marcadores y ya está, y punto, y se acabó. Obsérvalas y escribe algún ejemplo donde utilices esos conectores.

1. Dile que no estás dispuesto a aceptar sus condiciones **y ya está**.

....

....

2. Si tienes que hacer el tratamiento para ponerte bien, pues lo haces **y se acabó**.

....

....

3. No admito ni réplicas ni peros, vais a hacer los deberes inmediatamente **y punto**.

....

....

9. Pequeños tiranos

Puedes encontrar una actividad → parecida a esta en el **EXAMEN**. **¡Practica y prepárate!**

A. **Vas a escuchar un programa de radio en el que se habla de un libro de la psicóloga Alicia Banderas, *Pequeños tiranos*. ¿Quiénes pueden ser esos pequeños tiranos de los que habla el libro teniendo en cuenta que lo escribe una especialista en psicología? Coméntalo en clase.**

4

B. **Escucha el programa y contesta a las preguntas. La audición se reproducirá dos veces.**

1. Enumera cinco palabras clave que puedan sintetizar el contenido del programa.

....

....

....

2. ¿Cuáles son las características principales que presentan estos/as niños/as y adolescentes?

....

....

....

3. ¿Cuál es el objetivo del libro?

....

....

....

4. ¿Qué consejos da a las madres y los padres para afrontar el problema?

....

....

....

5. ¿Cuándo y cómo pueden detectar los padres y las madres si tienen un/a hijo/a con este comportamiento?

....

....

....

C. **Ahora lee la transcripción y corrige tus respuestas.**

D. **Y tú, ¿recuerdas cómo era la relación con tu padre y tu madre cuando eras adolescente? Coméntalo con un/a compañero/a.**

10. Una boda tradicional

A. **¿Qué entiendes por boda tradicional? ¿Hay bodas tradicionales en tu país o región? ¿En tu país cómo se suele casar la gente? Coméntalo en clase.**

B. **Aquí tienes un artículo sobre una boda tradicional en México. Excepto el primer párrafo, los demás están desordenados. Ordénalos tú.**

Rituales católicos y prehispánicos prevalecen en las ceremonias

1 SAN BARTOLEMÉ OUAHUIXMÁTLAC, TLAX. Una boda tradicional es un acontecimiento popular que rebasa el ámbito de una fiesta privada. Los novios se casan a la vista del pueblo con la participación estrecha de sus vecinos como si fueran sus parientes, compartiendo el pan y la sal en festejos de un día entero con rituales católicos y prehispánicos, comilonas a reventar y baile hasta la madrugada. La boda religiosa se realiza con apego al ritual cristiano pero con muchos elementos de la cultura prehispánica tlaxcalteca.

Uno de los padrinos entrega un gran canasto de pan que se distribuye entre parientes e invitados junto con cigarros y vino, regalos cuya función es de limpia igual que el copal quemado en los sahumerios. Entonces viene la invitación a la comida, generalmente un banquete brindado con platillos regionales (mole de guajolote, arroz a la mexicana, mixiotes, barbacoa, frijoles y tortillas) profusamente regado con cerveza, pulque y bebidas alcohólicas industrializadas.

En la segunda demanda, previa gestión del sacerdote, el novio y sus padres se acompañan del fiscal mayor de la iglesia y ofrecen a los padres de la novia un ramo de flores, cuatro tlapaloles (canastos con pan y golosinas), refrescos y una botella de caxazehui. Una vez concertada, la ceremonia religiosa se inicia con un recorrido a pie por las calles que llevan de su casa a la iglesia. Tras la misa, los novios visitan la sede de la Fiscalía para recibir la bendición de san Bartolomé y ofrendarle una "lucecita" (cirio).

La fiesta prosigue con un baile animado con música popular mexicana o extranjera en boga, que en muchos casos se realiza en la calle y al que está invitado el pueblo. A medianoche los novios bailan el primer vals y luego cada uno danza con sus padres, abuelos, hermanos, tíos, sobrinos y padrinos hasta agotar sus respectivas parentelas.

El ritual culmina con el Baile del guajolote, danza masiva en círculo, en la que novios, padrinos y parientes danzan. El baile no termina hasta que invitados y parientes aguanten, al día siguiente muchos de estos son convidados al recalentado.

Una vez realizada la visita a la Fiscalía, los novios se dirigen a la casa donde se hará la fiesta. Son recibidos por sus padres, abuelos y padrinos para ser coronados con flores y portar sobre los hombros una cruz enflorada. Con la cruz a cuestas pasan a un altar casero donde se les limpia con copal y rezos. Los padrinos les regalan un cirio grande que ponen en manos de sus padres. Los abuelos y estos les hablan al oído para recomendarles respeto a Dios, a san Bartolomé y a las costumbres. El padre del novio promete proteger a la pareja, mantener viva la lucecita ofrecida a san Bartolomé, y al final de la ceremonia el más viejo de los parientes entrega al novio la nueva "flor del jardín".

Al finalizar el vals la novia lanza su ramo a las muchachas solteras, y el novio, su corbata. Bailan La Víbora de la mar, juego en el que los novios se suben a sillas para que los bailadores, repartidos entre mujeres y hombres, intenten derribarlos mientras pasan por debajo de ellos. Este baile se anima con jarabe tlaxcalteca y música regional.

El primer paso para la celebración de una boda tradicional consiste en la petición de mano de la novia. Esta ceremonia se da en dos tiempos. En el primero, el pretenso y sus padres visitan la casa de esta para hacer la petición formal, la que generalmente es denegada.

(Adaptado de: https://www.elsiglodetorreon.com.mx/noticia/2003/una-boda-tradicional.html/)

C. **Comenta por escrito qué te ha sorprendido del ritual y cuáles son las características comunes que tiene esta boda con las que has presenciado.**

D. **¿Qué otras celebraciones, fiestas o acontecimientos familiares o sociales conoces? Haz una lista y compárala con la de un/a compañero/a. ¿Tenéis coincidencias? ¿Cómo se suelen celebrar?**

11. Terapias alternativas de belleza

A. **¿Sabes lo que es la vinoterapia o la chocolaterapia? Coméntalo en clase. A continuación, lee este reportaje sobre algunas terapias a base de alimentos.**

Masajes con...
vino, chocolate, miel o sidra

Balnearios y *spas* se apuntan a la moda de los masajes con alimentos. Las propiedades del vino, el chocolate o la miel son determinantes en los masajes contra el estrés, para suavizar la piel o para mejorar puntos específicos de nuestro cuerpo.

El uso de aceites perfumados en los masajes es cosa del pasado. A los balnearios y *spas* están llegando los alimentos para completar con sus propiedades los beneficios de amasar el cuerpo con las manos. Vinoterapia y chocolaterapia son las más demandadas porque oxigenan la piel y la rejuvenecen.

Las propiedades de la sidra
La sidroterapia es una de las últimas técnicas descubiertas por los masajistas. Se utilizan productos que tienen como origen la sidra y otros derivados de la manzana. Hay estudios que evidencian las propiedades antioxidantes de la manzana. Los polifenoles y la vitamina E en los productos cosméticos que la contienen combaten el envejecimiento, aumentan la vitalidad celular, renuevan la piel y aportan un efecto tensor en las zona flácidas.

Aceite sobre la piel
Antes y después del verano es conveniente darse un buen masaje con aceite de oliva para nutrir la piel y reparar las agresiones del aire y el sol. Lo utilizaban los atletas griegos del siglo v a. C. para relajar su musculatura y aumentar su rendimiento, y Galeno descubrió que mezclado con agua y cera vegetal era eficaz para suavizar la piel. Los médicos recomiendan el aceite de oliva virgen para prevenir el envejecimiento por el papel que juega en la síntesis del colágeno. ¿Alguien da más? Recomendado durante todo el año para pieles desnutridas.

Vino y juventud
La vinoterapia combinada con el enoturismo es uno de los atractivos turísticos ofrecidos por La Rioja. En esta comunidad hay centros especializados que aprovechan las propiedades terapéuticas de la uva para mejorar la piel. El aceite utilizado en la vinoterapia contiene pepitas de uva, ricas en sustancias antioxidantes, y vitamina E. Previene el envejecimiento, refuerza las paredes y capilares del sistema circulatorio y protege las venas y las arterias.

Del panal a la epidermis

Los babilonios ya utilizaban mascarillas con miel para la cara. Luego se empezó a añadir a jabones y cremas. Lo último es aplicarla directamente al cuerpo para aprovechar al máximo sus propiedades emolientes e hidratantes. Combinada con almendras y limón, actúa como humectante y exfoliante en talones, rodillas, codos y manos. La miel y el yogur mezclados purifican la epidermis.

La chocolaterapia
El chocolate es hidratante, nutriente, desintoxicante y, en contra de lo que siempre se ha pensado, antiacné. Se aconseja consumirlo para calmar la ansiedad y el estrés, pero también aplicarlo en partes dañadas de nuestro cuerpo mediante un masaje por las propiedades regenerativas de los minerales que contiene. La chocolaterapia es apta para todo tipo de piel.

Benéficas huevas de esturión
El caviar aumenta la oxigenación y estimula la actividad celular en la piel, contribuyendo a la elasticidad y a la hidratación de nuestro más preciado envoltorio. Dado el elevado precio de estas huevas de peces, es diluido en un gel y resulta especialmente recomendado para quienes tienen la piel muy seca o dañada por el sol. También es antiedad y ayuda a alisar la epidermis, igualando las arrugas de expresión.

(Extraído de http://www.guialomejordelmundo.com/es/salud-y-bienestar/balnearios-y-spas)

B. **Completa el cuadro con las diferentes terapias mencionadas, su forma de aplicación y sus efectos beneficiosos.**

Terapias	Formas de aplicación	Efectos
miel	*extendida por el cuerpo*	*propiedades emolientes e hidratantes*

C. **¿Existen en tu país balnearios o *spas*? ¿Alguna vez has probado una de estas terapias? Coméntalo en clase y cuenta tu experiencia.**

CONOCER EL FORMATO DEL EXAMEN

Es muy importante para preparar las diferentes pruebas.

EN QUÉ CONSISTE EL DELE C1

El DELE C1 es un examen que tiene 4 pruebas:

Comprensión de lectura y uso de la lengua (CL)
Hay 5 tareas.
La duración de esta prueba es de 90 minutos.

Comprensión auditiva y uso de la lengua (CA)
Hay 4 tareas.
La duración de esta prueba es de 50 minutos.

Expresión, mediación e interacción escritas (EMIE)
Hay 2 tareas.
La duración de esta prueba es de 80 minutos.

Expresión, mediación e interacción orales (EMIO)
Hay 3 tareas.
La duración de esta prueba es de 20 minutos + 20 minutos de preparación.

MATERIAL DE EXAMEN

En el examen vas a tener:

- **Lápiz** para rellenar las Hojas de respuestas de la **Comprensión de lectura y uso de la lengua** y **Comprensión auditiva y uso de la lengua**: En esta prueba no se admiten respuestas escritas a bolígrafo, solo a lápiz.
- **Bolígrafo** para escribir la prueba de **Expresión, mediación e interacción escritas**: En esta prueba no se admiten textos escritos a lápiz, solo a bolígrafo.
- Un **cuadernillo** con las tareas de las pruebas de **Comprensión de lectura y uso de la lengua** y **Comprensión auditiva y uso de la lengua**. (1)
- Una **Hoja de respuestas** para la prueba de **Comprensión de lectura y uso de la lengua**. (2)
- Una **Hoja de respuestas** para la prueba de **Comprensión auditiva y uso de la lengua**. (3)
- Un cuadernillo con las tareas de la prueba de **Expresión, mediación e interacción escritas** (4) y cinco **Hojas de respuestas**. (5)
- **Material** de examen para la prueba de **Expresión, mediación e interacción orales** que se entregará en la sala de preparación.

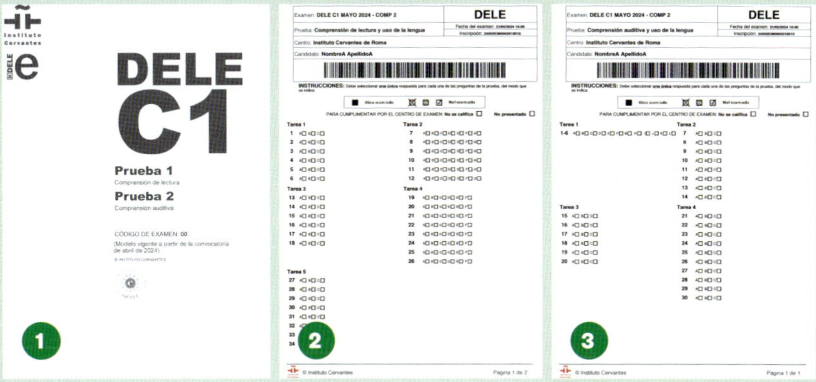

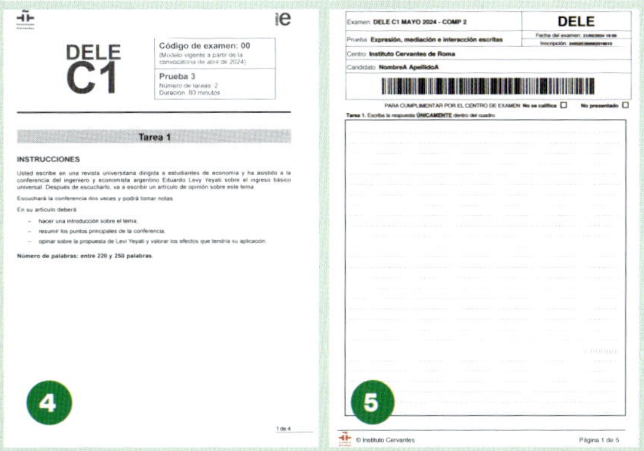

Imágenes de muestra extraídas de C1 - Abril 2024_Modelo 0 (Instituto Cervantes)

En el examen debes marcar todas tus respuestas en la **Hoja de respuestas**.

En el examen vas a encontrar unas instrucciones como estas para rellenar las Hojas de respuestas correctamente.

INSTRUCCIONES

Debe seleccionar una única respuesta para cada una de las preguntas de la prueba, del modo que se indica:

■ **Bien marcado**	☒ ▨ ☑ **Mal marcado**

SABER CÓMO SE EVALÚA EL EXAMEN

Conocer el sistema de calificación es muy útil para la autoevaluación.

Hay dos tipos de evaluaciones: las automáticas y las calificadas por evaluadores/as acreditados/as. Veamos sus características, qué se debe tener en cuenta y cuáles son las pruebas de cada tipo.

- **Pruebas de calificación automática:** como se corrigen automáticamente, es muy importante que las respuestas estén marcadas correctamente a lápiz en las Hojas de respuestas para cada prueba. Las respuestas incorrectas no restan puntos, así que se aconseja responder siempre a todas las preguntas y no dejar ninguna en blanco.
  - Prueba 1 de Comprensión de lectura y uso de la lengua (CL)
  - Prueba 2 de Comprensión auditiva y uso de la lengua (CA)
- **Pruebas calificadas por evaluadores/as acreditados/as:** se evalúan por dos calificadores/as expertos/as. Los criterios de evaluación de ambas pruebas se tratarán con detalle en los siguientes apartados de Claves de este libro.
  - Prueba 3 de Expresión, mediación e interacción escritas (EMIE)
  - Prueba 4 de Expresión, mediación e interacción orales (EMIO)

¿Cómo calcular la puntuación de cada prueba?

Hay un máximo de 25 puntos para cada prueba. El total de ítems de cada una es:

- Comprensión de lectura y uso de la lengua: 40
- Comprensión auditiva y uso de la lengua: 30

Por ejemplo, si se tienen 22 respuestas correctas de un total de 40 en la comprensión lectora, el cálculo se haría así:

$$\frac{\text{22 correctas} \times \text{25 puntos máximos}}{\text{40 ítems en total}} = \text{13,75 sería la puntuación de esta prueba.}$$

RECUERDA

La Prueba 1 (CL) hace media aritmética con la Prueba 3 (EMIE). Ocurre igual con las Pruebas 2 (CA) y 4 (EMIO). La media entre los puntos de las dos pruebas debe alcanzar 30 puntos para aprobar el examen.

¿Cómo se calcula la puntuación de las Pruebas 3 y 4 (EMIE y EMIO)?

Se evalúan según una escala de calificación. Se asigna una puntuación del 0 al 3 para cada categoría de esa escala. Por tanto, la puntuación máxima que se puede obtener en la prueba de EMIE es 3. Igualmente ocurre en la prueba de EMIO. Esta puntuación directa se transforma a su equivalencia en una calificación de 25 puntos.

Por ejemplo, si la puntuación media directa ha sido de 2 sobre 3 en la prueba de EMIE, los puntos se calcularían así:

$$\frac{\text{2 (puntuación directa)} \times 25}{\text{3 (puntuación máxima posible)}} = \text{16,67 (puntuación final Prueba 3 EMIE)}$$

¿Cómo se calcula la calificación general del examen?

La puntuación máxima que puede alcanzarse en el examen es de 100 puntos. A efectos de calificación, las distintas pruebas se agrupan de esta manera:

- **Grupo 1:** CL (25 puntos) + EMIE (25 puntos). El mínimo para aprobar el examen con APTO es 30 puntos en este grupo.
- **Grupo 2:** CA (25 puntos) + EMIO (25 puntos). El mínimo para aprobar el examen con APTO es 30 puntos en este grupo.

*Ambas partes deben llegar a los 30 puntos para aprobar el examen.

Esta información puede ayudar a tu autoevaluación cuando practiques con los modelos de exámenes. Así sabrás en qué pruebas debes esforzarte más y en qué pruebas te sientes más cómodo/a. Para más información del examen, consulta: https://examenes.cervantes.es/sites/default/files/guia_examen_dele_c1.pdf

Comprensión de lectura y uso de la lengua

Las claves de la TAREA 1

¿QUÉ SE EVALÚA?

- La comprensión de **las ideas principales y complementarias** de un texto.
- La capacidad de **localizar información específica** en textos formales y complejos.

¿QUÉ TENGO QUE HACER?

- Leer **un texto**.
- Contestar a **seis preguntas** con tres opciones de respuesta cada una (A, B o C). Se debe elegir la opción correcta según la información del texto.

¿QUÉ MATERIAL VOY A LEER?

- **Textos de tipo administrativo, jurídico o comercial:** instrucciones, normas, prospectos, contratos e informes, etc., del ámbito público, académico o profesional, siempre en un registro formal y de extensión larga (650-750 palabras).

INSTRUCCIONES

A continuación, leerá un artículo con indicaciones sobre cómo entender el prospecto de un medicamento. Conteste a las preguntas (1-6) seleccionando la opción correcta (A, B o C).

Marque las opciones elegidas en la **Hoja de respuestas**.

ENTENDER EL PROSPECTO DE UN MEDICAMENTO

El prospecto es la información escrita que acompaña al fármaco, dirigida al consumidor o usuario y es conveniente conservarlo por si nos surgiera cualquier duda. Es importante leer el prospecto del medicamento, aunque nos haya sido recetado por el médico, porque en él tendremos por escrito la información que nos dio y porque en el caso de haber olvidado comentarle alguna alergia u otra información, en el prospecto encontraremos la información para saber si lo podemos tomar o no. Aun así recuerda que, siempre que acudimos al médico, es importante hacerle saber todos los medicamentos que utilizamos, así como las alergias u otras enfermedades que podamos tener, para que pueda recetarnos el tratamiento más seguro para nuestro caso particular. Nuestro/a médico/a no puede adivinar lo que no le contamos.

El prospecto de un medicamento se encuentra estructurado en una serie de puntos:

1. Qué es y para qué se utiliza
Aquí se detalla el tipo de forma farmacéutica así como su aspecto y su mecanismo de acción, es decir, cómo actúa sobre nuestro organismo. También se detallan aquellas enfermedades para las que se ha estudiado y está aprobado el uso del medicamento.

2. Antes de tomar
No todas las personas pueden utilizar los mismos medicamentos. Pueden existir problemas de salud o puede que se estén utilizando otros fármacos que impidan la administración de un medicamento determinado. También es posible que sea necesario tener ciertas precauciones o realizar ajustes especiales en cada persona, de ahí la importancia de no automedicarse. El médico siempre va a tener en cuenta nuestra historia clínica a la hora de recetarnos un medicamento para elegir el tratamiento más adecuado a cada paciente.

- *No tome si:* aquí se enumeran las contraindicaciones del medicamento.
- *Tenga especial cuidado con:* aquí se enumeran advertencias y precauciones especiales de empleo.

- *Uso con alimentos y bebidas:* donde se especifica si puede tomarse con o sin alimentos, y también si se pueden tomar bebidas alcohólicas.
- *Embarazo:* por lo general suele estar desaconsejado el uso de medicamentos en mujeres embarazadas. En caso de embarazo, lo aconsejable es consultar con el médico.
- *Lactancia:* muchos medicamentos pueden eliminarse a través de la leche materna, por lo que en esos casos se aconseja interrumpirla mientras se esté utilizando el medicamento.
- *Conducción y uso de máquinas:* aquí se detalla si el uso del medicamento puede afectar a la capacidad para conducir vehículos u operar maquinaria.
- *Uso de otros medicamentos:* en este apartado se detallan las posibles interacciones con otros medicamentos así como las recomendaciones en supuestos específicos para cada medicamento.

3. Cómo tomar

En este apartado aparecen las instrucciones de uso. Se detallan las dosis que deben administrarse según la finalidad para la que se esté utilizando el medicamento. Eso sí, siempre debemos seguir la recomendación que nos haya dado nuestro/a médico/a. Lo que no deberemos hacer nunca es cambiar la dosis sin consultar previamente con él/ella. Dentro de este apartado también encontramos la información necesaria para el caso de "Si Vd. toma más de lo que debiera" o "Si olvidó tomar".

4. Posibles efectos adversos

Los medicamentos pueden producir otros efectos que se consideran "indeseados", es decir, los efectos secundarios. En la lista de reacciones adversas de cada medicamento aparecen todos los efectos que cualquier paciente ha podido experimentar al utilizar un medicamento, ya sea durante las fases de investigación del fármaco o después de su comercialización.

Lo que tiene que quedar bien claro es que estas reacciones no tienen por qué producirse en todos los pacientes, ya que pueden deberse a diferentes factores propios de cada persona o a otros como como las dosis, la cantidad de medicamentos utilizados al mismo tiempo, etc. No obstante, de notar algún efecto no deseado, es importante hacérselo saber al médico lo antes posible para que vea de qué forma puede corregirlo.

5. Conservación

Es importante mantener las condiciones de temperatura y humedad recomendadas porque de lo contrario la fecha de caducidad del medicamento se verá alterada.

Por supuesto, se recuerda la importancia de mantener los medicamentos fuera del alcance de los niños.

(Extraído de: https://www.pfizer.es/salud/uso-responsable-de-los-medicamentos/entender-el-prospecto-de-un-medicamento)

PREGUNTAS

1. La información que aparece en el prospecto...
A) se corresponde exactamente con la prescripción de cada especialista.
B) nos permite seguir todas las instrucciones de uso sin necesidad de ir la consulta.
C) debe leerse por si el/la médico/a desconociera parte de nuestro historial médico.

2. En general, en caso de tomar un fármaco, los prospectos desaconsejan...
A) ponerse al volante de un vehículo.
B) amamantar a un bebé.
C) estar bajo otro tratamiento farmacológico.

3. Si se quieren consultar las instrucciones sobre la posología, se pueden encontrar en el apartado...
A) "Antes de tomar".
B) "Cómo tomar".
C) "Posibles efectos adversos".

4. La administración del fármaco...
A) deberá restringirse a la prescripción médica.
B) corre a cargo del fabricante del medicamento.
C) varía según la edad de cada paciente.

5. Según la información del prospecto...
A) el fármaco podría sufrir alteraciones tras vencer el tiempo estipulado de consumo.
B) la fecha de caducidad tendrá validez siempre y cuando se sigan las recomendaciones de conservación.
C) la humedad puede afectar a la eficacia e integridad de los medicamentos.

6. Según este folleto, otro aspecto que considerar al tomar un medicamento es que...
A) puede ser perjudicial bajo determinadas circunstancias.
B) no se detallan todos los efectos secundarios y pueden surgir reacciones inesperadas.
C) hay que adquirir siempre el medicamento con receta médica.

TAREA 1

Explicación de las respuestas

1. A☐ B☐ C■

La opción **C** de leer el prospecto es la correcta porque es posible que hayamos olvidado mencionarle al/a la médico/a alguna información sobre nuestro historial. Por eso, leyendo el prospecto, comprobaríamos si hay alguna incompatibilidad con nuestro historial médico.

Las opciones **A** y **B** son incorrectas porque la dosis prescrita por el/la médico/a puede ser diferente según cada paciente, sus antecedentes... Se debe seguir lo prescrito por el/la profesional, y acudir al prospecto solo en caso de una duda puntual.

2. A☐ B■ C☐

La opción **B** de amamantar a un bebé es la correcta porque el texto dice que "se aconseja interrumpir la lactancia materna mientras se esté utilizando el medicamento"; es decir, la acción de amamantar a un bebé.

La opción **A** de ponerse al volante de un vehículo es incorrecta porque se advierte, pero no se desaconseja.

La opción **C** de estar bajo otro tratamiento no es correcta porque se llama la atención sobre las interacciones con otros medicamentos, pero no se recomienda evitar tomarlos.

3. A☐ B■ C☐

La opción **B** "Cómo tomar" es la respuesta correcta porque la posología trata de la dosis en que debe administrarse un medicamento.

4. A■ B☐ C☐

La opción **A** restringirse a la prescripción médica es la opción correcta ya que "administrar" en este caso se refiere a la manera de tomar el medicamento, que debe ser siempre la que indique el/la médico/a.

5. A☐ B■ C☐

La opción **B** de la fecha de caducidad es la opción correcta porque en el texto se dice que "Es importante mantener las condiciones de temperatura y humedad recomendadas porque de lo contrario la fecha de caducidad del medicamento se verá alterada".

La opción **A** sobre las alteraciones tras vencer el tiempo estipulado no es correcta. Aunque pudiera serlo, no se menciona en el folleto.

La opción **C** de la humedad es incorrecta porque en el texto se dice que hay que mantener las condiciones de humedad para su conservación, y solo en el caso de que no se sigan las recomendaciones el medicamento puede verse afectado.

6. A■ B☐ C☐

La opción **A** de ser perjudicial bajo determinadas circunstancias es la correcta ya que en el apartado "Antes de tomar" se mencionan contraindicaciones y se aconseja bajo qué circunstancias no utilizarlo.

La opción **B** sobre los efectos secundarios no es correcta porque en el folleto sí aparecen detallados todos los efectos secundarios.

La opción **C** de adquirir los medicamentos siempre con receta médica es incorrecta porque, aunque es una recomendación que se da por diferentes medios, no aparece como tal en el prospecto.

Elige el orden de realización de las cinco tareas de la prueba de Comprensión de lectura y uso de la lengua, según tus habilidades y preferencias.

Las tareas de esta Prueba 1 no se tienen que hacer necesariamente en orden. Puedes empezar y terminar por la tarea que quieras. Así, aprovecharás mejor el tiempo total de la prueba (máximo 90 minutos) y lo distribuirás de una manera más eficaz.

Después de haber practicado con este libro, podrás elegir el orden en que prefieres hacer las cinco tareas, ya que habrás observado tus habilidades y preferencias: en cuál necesitas más tiempo y en cuál menos, cuál te resulta más sencilla y cuál te pide más concentración, etc.

En general, normalmente se recomienda este orden:

- Empezar por el final, la **Tarea 5**. El texto es más corto y el sistema de rellenar huecos es más rápido que el tipo de preguntas de las demás tareas.
- Continuar con la **Tarea 2**, en la que se debe reconstruir un texto. Esta técnica exige más tiempo y concentración, por lo que es mejor hacerla cuando aún no se está cansado/a de haber hecho otras tareas.
- Hacer el resto por este orden: **Tarea 1**, **Tarea 3** y **Tarea 4**.

Esto es una recomendación general. Cada candidato/a debe elegir su orden de preferencia antes de hacer el examen y distribuir el tiempo según el tipo de tarea que se le da mejor o peor. **NO** se recomienda improvisar el orden en el examen porque perdería en ello varios minutos muy valiosos.

Ten en cuenta el tiempo máximo recomendado para realizar cada tarea.

Calcula que, de media, dispones de un máximo de 18 minutos por tarea, ya que la prueba dura 90 minutos. Según la estrategia que hemos explicado antes, quizá puedas usar menos tiempo (por ejemplo, 15-16 minutos) en la tarea que sueles hacer más rápido y dejar así 20 minutos para la que te resulta siempre más difícil.

Si no tienes seguridad en alguna respuesta y eso te hace demorarte mucho, déjala para después y vuelve a ella tras haber respondido al resto. Pero no dejes ninguna en blanco.

RECUERDA: NO se aceptan las respuestas marcadas en el cuaderno de examen u otro papel. Deben ir a lápiz en la Hoja de respuestas aparte.

Para la Tarea 1 de esta prueba es importante desarrollar la competencia léxica en los registros formales de la lengua.

1. Clasifica las siguientes palabras según el campo semántico al que pertenecen. Algunas pueden incluirse en más de uno.

sucursal	remunerar	proveer	expedir	derogar
vigente	presupuesto	antecedentes penales	trámite	patrocinio
contribuyente	resguardo	convalidar	abastecimiento	infringir

Campo semántico propio de		
A. textos administrativos	**B. textos jurídicos**	**C. textos comerciales**
....	....	....
....	....	....
....	....	....
....	....	....
....	....	....

2. Completa las siguientes frases con algunas de las palabras de la actividad anterior.

A. Según la ley ...., está prohibido el acceso de vehículos al recinto.

B. Debe solicitar el certificado de .... en la sede electrónica. No se preocupe, es un .... muy sencillo.

C. Mañana tengo cita en el ministerio para .... mi título universitario.

D. Lo siento, debe acudir a esta oficina. En su distrito no tenemos .... No olvide traer el .... para que podamos llevar a cabo la devolución.

E. En la secretaría podrán .... el certificado con la fecha de hoy.

DICCIONARIOS RECOMENDADOS

- *Diccionario panhispánico del español jurídico*
- *Glosario de la administración pública*
- *Diccionario de términos jurídicos*
- *Diccionario de términos jurídico-policiales*

Es importante identificar rápidamente el género textual para activar los conocimientos previos sobre el tema y el léxico específico.

A veces los textos de las tareas de CL llevan un título y basta con leerlo para identificar el género textual al que pertenecen. Otras veces hay que echarles un vistazo en su conjunto para identificarlos por su estructura, o incluso hacer una lectura rápida del primer párrafo para saber de qué tema trata.

3. Para practicar esta estrategia, relaciona estos cuatro fragmentos (A-D) con el tipo de documentos al que pertenecen (1-4).

1. Contrato de alquiler vacacional
2. Bases para la participación en unos premios
3. Solicitud de materiales en una hemeroteca
4. Reclamación en un aeropuerto

A. En el caso de las reproducciones que se entregan en calidad de alquiler o préstamo, el/la usuario/a se compromete a devolver el material fotográfico en perfectas condiciones en un plazo no superior a tres meses. En caso contrario, [...]. El Servicio de Documentación suministrará como máximo 25 reproducciones fotográficas por cada petición, las cuales podrán ser recogidas en un plazo de...

B. En caso de retraso, la queja deberá efectuarse, como máximo, después de veintiún días a partir de la fecha en que el equipaje haya sido puesto a disposición del/de la pasajero/a. Deberá hacerse por escrito y ser entregada o expedida dentro de los plazos mencionados. Si no recibe contestación de la compañía o esta no le satisface, puede acudir a los tribunales antes de transcurridos dos años a partir de la llegada de la aeronave o...

C. 1.2. A estos efectos, se deja constancia de que el inmueble no constituirá la vivienda habitual ni permanente del/de la inquilino/a ni de ninguno/a de sus ocupantes, sino que su arrendamiento será temporal por motivos turísticos.

1.3. En relación con el uso del inmueble, queda estrictamente prohibido:

a) Cualquier otro tipo de uso distinto al indicado en la cláusula anterior...

D. Podrá participar cualquier persona física o jurídica implicada en la orientación académica, salvo los/las estudiantes en prácticas y los/las patrocinadores/as del certamen [...]. Será galardonado un único proyecto, con una dotación de 3000 euros. El jurado podrá considerar asignar Menciones de Honor en cada categoría si se da el caso de proyectos que merezcan este reconocimiento.

ATENCIÓN ↑ Las palabras subrayadas en cada fragmento son características de cada uno de estos géneros textuales. Esta **técnica de subrayado** puede resultar muy útil para practicar con estos textos formales antes del examen.

Para una mejor comprensión de los textos de esta tarea, revisa a fondo las siguientes estructuras gramaticales.

4. Lee este fragmento de un texto sobre las normas de uso para los/las miembros de un club de ocio y deporte. Relaciona cada color con una estructura gramatical de las siguientes.

Voz pasiva:
— impersonal
— con el verbo "ser"

Gerundio simple y gerundio compuesto

Oraciones condicionales

Una vez haya sido reservado por este sistema cualquiera de los espacios o servicios del club, la reserva podrá ser cancelada siempre y cuando se haga con al menos 48 horas de antelación al uso del servicio, pero la fecha y hora de reserva no podrán ser modificadas a través de la aplicación móvil. Primero habría de anularse la reserva y luego, en el caso de que ese espacio o servicio estuviese aún disponible, se tendría que proceder a realizar una nueva.

Igualmente, respecto a los servicios que requieren un pago extra, como fisioterapia o entrenamiento personal, habiéndose abonado el coste del servicio no se tiene derecho a la devolución del importe, a menos que se haya avisado su cancelación con un mínimo de 48 horas de antelación. Ahora bien, de ausentarse el/la usuario/a en la fecha y hora del servicio sin aviso previo, habiéndose justificado debidamente con un certificado médico o algún documento que demuestre que la ausencia se debió a una causa mayor y disponiendo del bono correspondiente al servicio reservado, podrá solicitar la devolución siguiendo los pasos indicados al efecto en nuestra web.

Estas estrategias y actividades pueden serte muy útiles también para preparar la Tarea 5 de esta prueba de CL.

5. Ahora reescribe el texto anterior con un estilo más sencillo, usando las estructuras condicionales con si y sin utilizar la voz pasiva con el verbo ser ni los gerundios. Puede resultar útil para acostumbrarse a "descifrar" los textos formales administrativos.

....

....

....

....

....

....

....

....

....

....

....

....

....

Comprensión auditiva y uso de la lengua
Las claves de la TAREA 1

¿QUÉ SE EVALÚA?

- La **comprensión** de las **ideas principales** de un monólogo y los detalles que las apoyan.

¿QUÉ TENGO QUE HACER?

- Escuchar **un monólogo** de entre 4,5 y 5,5 minutos de duración.
- Elegir, entre 12 enunciados, los **seis** que corresponden al texto.

¿QUÉ MATERIAL VOY A ESCUCHAR?

- **Textos auditivos del ámbito público, académico o profesional:** charlas, conferencias, presentaciones, reportajes, documentales, crónicas, etc.

ATENCIÓN ↑ En todas las tareas de Comprensión auditiva se escucha cada texto dos veces. Durante la primera audición puede que respondas solamente a algunas preguntas, pero tienes una segunda audición para poder responder a las demás.

INSTRUCCIONES

5

Usted va a escuchar un programa de radio sobre psicología del que se tomaron algunas notas. Entre las 12 opciones que aparecen debajo (A-L) usted deberá elegir las seis que corresponden a lo que se dice en este programa. Escuchará la audición dos veces.

Marque las opciones elegidas en la **Hoja de respuestas**.

Ahora dispone de un minuto para leer las opciones.

OPCIONES

A.	Aunque no padezcamos ningún trastorno psicológico, nuestro carácter es menos flexible de lo que imaginamos.
B.	Al psicólogo le encargaron preparar una charla sobre la importancia de la flexibilidad para ser felices.
C.	Solemos tratar de persuadir a las demás personas y evitar que nos persuadan.
D.	Nuestra cabezonería a veces nos puede poner entre la espada y la pared.
E.	Nuestros argumentos tienen una serie de rasgos que los hacen más débiles de lo que pensamos.
F.	El cerebro humano tiende a desechar dudas y matices y opta por simplificar.
G.	Se cita una paradójica frase de un premio nobel para ilustrar los límites de nuestro cerebro.
H.	La preocupación excesiva por el futuro hace que olvidemos nuestras verdaderas convicciones.
I.	Una tradición navideña sirve como ejemplo para explicar el quinto rasgo de nuestros esquemas mentales.
J.	Cuando aceptamos una realidad que no queríamos ver, la reacción de nuestro cerebro es protegerse.
K.	Las fábulas presentan personajes que cambian su forma de pensar por alguna experiencia enriquecedora.
L.	En el cuento, el árbol y la caña sobreviven gracias a los consejos que se habían intercambiado.

TAREA 1
Explicación de las respuestas

A■ B□ C■ D□ E■ F■ G■ H□ I■ J□ K□ L□

Correctas

La opción **A** es correcta ya que “trastorno psicológico” y “psicopatología” son términos similares. “Flexible” significa lo contrario de “rígido” e “imaginar” y “pensar” aquí son equivalentes.

Incorrectas

La opción **B** no es correcta porque no le encargaron la charla sobre ese tema. El tema de la flexibilidad fue una idea del propio psicólogo cuando ya la preparaba.

Correctas

La opción **C** es correcta ya que "tratar de persuadir" es lo mismo que "intentar convencer". "Evitar que nos persuadan" es igual a "no dejarnos convencer".

La opción **E** es correcta porque en el texto se enumeran cinco características (es decir, "rasgos") que poseen nuestras convicciones o esquemas mentales y el psicólogo argumenta que no son tan sólidos como parecen.

La opción **F** es correcta ya que "desechar" es "rechazar, apartar". "Optar por" es "elegir". En el texto se habla de "neuronas" y de "encasillar", es decir, clasificar con criterios poco flexibles y simplistas ("simplificar").

La opción **G** es correcta ya que la "paradoja" es una figura retórica que consiste en presentar una aparente contradicción. La frase del científico aquí sirve de ejemplo para representar la limitación de nuestro cerebro, pero de una manera paradójica.

La opción **I** es correcta porque los Reyes Magos son una importante tradición española navideña y el psicólogo menciona la ilusión de los/las niños/as por recibir regalos ese día para poner un ejemplo de lo blindados (o "protegidos", "aislados") que son nuestros esquemas mentales.

Incorrectas

La opción **D** es incorrecta porque en el texto no se dice en ningún momento que nuestra falta de flexibilidad mental ("cabezonería") nos ponga en situaciones límite, muy difíciles y comprometidas (que es el significado de la expresión "poner entre la espada y la pared").

La opción **H** no es correcta porque, aunque el texto habla de cierta ansiedad por el futuro en la cuarta característica (invisibles), no dice que sea la causa de olvidar nuestras creencias y convicciones ni tampoco que las olvidemos.

La opción **J** no es correcta porque el texto dice que nuestros esquemas mentales están blindados ("protegidos") y cuando se rompen "se nos ha caído la venda de los ojos", expresión que significa que aceptamos una realidad que no queríamos ver. Es decir, primero está protegido y luego se desprotege.

La opción **K** tampoco es correcta porque en el texto las fábulas se ponen como un ejemplo de algo que nos puede hacer cambiar ciertas convicciones, pero no dice que sus personajes cambien su forma de pensar ni habla de experiencias enriquecedoras.

La opción **L** no es correcta porque, según la fábula (cuento), la caña no compartió ningún comentario con el roble (el árbol) y además este se parte en dos y no sobrevive, solo se salva la caña.

Empieza leyendo las opciones de respuestas y marca las palabras clave.

Si ya conoces cómo funciona la tarea, empieza a leer directamente las doce opciones de respuesta. Así, el minuto que se da para ello te servirá para marcar las palabras clave de las opciones y familiarizarte con el tema (se puede pensar en sinónimos, identificar qué preguntas son más generales y cuáles exigirán entender una información más específica, etc.).

Si terminas la prueba de CL antes del tiempo fijado, aprovecha para leer y marcar estas opciones.

Las opciones siempre siguen el orden del texto que se va a escuchar.

1. Vas a escuchar unos fragmentos extraídos de una entrevista a un conocido pianista. Lee las siguientes frases y ordénalas según aparezca en la grabación la información correspondiente a cada una.

6

- ☐ A) El pianista ve una correspondencia entre la interacción de las personas y la de las notas musicales.
- ☐ B) Un componente musical que nos provoca sensaciones de forma inconsciente se compara con otro.
- ☐ C) Se puede establecer una especie de conversación a varias voces mediante la música.

Identifica qué frases se dicen en el texto y cuáles no.

En esta tarea se pide identificar si lo que dice cada opción es realmente lo mismo que lo que se dice en el audio o solo lo parece. Para adquirir esta destreza se recomienda practicar la reformulación de frases, por ejemplo, mediante sinónimos.

2. Escucha de nuevo los fragmentos del pianista. Localiza en cada fragmento un sinónimo de la palabra dada.

6

Fragmento 1: conversación	Fragmento 2: provocar	Fragmento 3: interacción
....	....	....

Expresión, mediación e interacción escritas

Las claves de la TAREA 1

¿QUÉ SE EVALÚA?

- La **mediación de un texto auditivo (monólogo)** para un contexto específico a través de resúmenes escritos.
- Valorar textos y **expresar opinión**.
- La **estructura** del texto y la **claridad** de las ideas.
- La **adecuación** a la situación y al tipo de texto indicados en las instrucciones.

¿QUÉ TENGO QUE HACER?

- Escuchar un **monólogo** dos veces y **tomar notas** durante la escucha.
- **Escribir un texto** del ámbito público, educativo o profesional que contenga un **resumen**, una **valoración** del texto y una **opinión** sobre el tema.
- Extensión recomendada: **220-250 palabras**.

¿QUÉ MATERIAL VOY A TENER?

- **Instrucciones** para redactar el texto.
- **Texto auditivo** de entrada: fragmento de **conferencia, charla, discurso o presentación** de 4,5-5,5 minutos de duración (se escucha dos veces).

ATENCIÓN ↑ En la prueba de Expresión, mediación e interacción escritas dispondrás de un total de 80 minutos para redactar las Tareas 1 y 2, pero debes tener en cuenta que eso incluye el tiempo de audio de la Tarea 1 (unos 12 minutos).

INSTRUCCIONES

7

Usted escribe en una revista de salud y nutrición. Ha asistido a la presentación de un estudio sobre "dietas milagrosas". Después de escuchar la presentación, va a escribir un artículo de opinión sobre el tema para la revista.

Escuchará la presentación dos veces y podrá tomar notas.

En su artículo deberá:

- hacer una introducción sobre el tema;
- resumir los puntos principales de la presentación;
- valorar los resultados del estudio presentado y dar su opinión sobre las dietas de adelgazamiento.

Número de palabras: entre 220 y 250 palabras.

Anota las palabras clave del audio y elabora un esquema.

Durante la primera audición anota las palabras clave, conceptos o ideas que pueden ser más pertinentes para tu escrito, y tras la segunda audición elabora un esquema en el que deberás marcar las ideas o argumentos principales y los datos que refuerzan estos argumentos o ideas.

1. Escucha el audio de la tarea de nuevo y señala qué seis palabras de las siguientes aparecen en la presentación y son importantes para resumir sus ideas principales.

7

carencia	azúcares	revista	fármacos	salud
obesidad	trastornos	nutrientes	bulimia	ayuno
calorías	minerales	peso		

2. Escucha de nuevo el audio y completa estas anotaciones. Puedes añadir alguna anotación en tu cuaderno.

7

Estudio realizado por una **1.** ______.

Analiza **2.** ______ "dietas milagro".

En estas dietas faltan **3.** ______. Por eso, pueden provocar **4.** ______.

Tampoco son útiles para **5.** ______; cuando se dejan, generalmente se **6.** ______ más aún.

Las dietas de **7.** ______ (ej. piña, zanahoria...) son desequilibradas.

Problemas que provocan: trastornos digestivos y **8.** ______, como insomnio, ansiedad, etc.

Una buena dieta tiene más de **9.** ______ al día.

Problema de la dieta Detox: **10.** ______ de ácidos grasos, algunas vitaminas y proteínas.

Valora el contenido del texto y expresa tu opinión sobre el tema.

No olvides valorar las ideas del texto y expresar tu opinión. Revísalo para mejorar o retocar algún aspecto. No solo se van a tener en cuenta la corrección gramatical y la estructura, sino también la riqueza léxica y la adecuación al formato exigido.

3. En la lista siguiente hay siete expresiones de valoración y siete de opinión. Marca en rojo las que expresan valoración y en azul las que expresan opinión. Hay otras que no se deben elegir.

de eso nada	resulta vergonzoso que	le ruego que	desde mi punto de vista
me arrepiento de	me entran ganas de	da verdadera lástima que	me alegra que
es lamentable que	llama la atención que	a mi juicio	estoy a favor de
coincido con	comparto la idea de	propongo que	me sorprende que
me temo que	me parece inadmisible que	alucino con	a mi modo de ver

4. Ahora usa las anotaciones de la actividad 2 y algunas de las expresiones de la actividad 3 para redactar el artículo de opinión que se te pide en la tarea. Luego, compáralo con el siguiente "Ejemplo de producción escrita".

TAREA 1
Ejemplo de producción escrita

Recientemente se ha presentado un estudio realizado por la Asociación de Dietistas de Navarra, basado en el análisis de 36 de las supuestas "dietas milagrosas". Según dicho estudio, estos regímenes no solo no consiguen un adelgazamiento duradero, sino que también pueden acarrear problemas de salud, debido a la carencia de ácidos grasos, proteínas, calorías u otros elementos nutricionales.

Asimismo, recomienda que antes de comenzar cualquier tratamiento dietético cada cual se pregunte: ¿Realmente necesito adelgazar? En caso de ser necesario, el tratamiento más eficaz se basa en una dieta personalizada a partir de tres enfoques: el médico, el dietético y el psicológico, puesto que el exceso de peso puede deberse a diferentes factores que el/la médico/a debe identificar previamente. El apoyo psicológico también será necesario para fomentar unos hábitos alimenticios y un estilo de vida saludables. Respecto a la cirugía, solo se recomienda cuando la obesidad sea grave.

La presentación **me ha parecido muy detallada y útil**, pues **desde mi punto de vista** ha tratado todos los aspectos posibles de las dietas alimentarias. **Sin duda, coincido con la idea** de no recurrir a dietas extremas ni "milagrosas" ni a la cirugía, salvo en los casos en que la obesidad deriva de problemas genéticos o es muy grave. **Lo que deberíamos hacer** es llevar una vida sana y equilibrada, combinando una buena nutrición con el ejercicio físico. **A mi modo de ver**, promover una buena educación nutricional en la sociedad y en las escuelas evitaría el exceso de peso y las enfermedades que provoca.

Expresión, mediación e interacción orales
Las claves de la TAREA 1

¿QUÉ SE EVALÚA?

- La **mediación de textos escritos extensos y complejos** a través de un resumen oral.
- La capacidad de **valorar** el texto **y expresar la opinión** sobre el tema de forma argumentada.

¿QUÉ TENGO QUE HACER?

- Elegir una de las **dos opciones** de tarea que se ofrecen.
- Leer un texto y **tomar notas** para preparar una exposición oral (monólogo).
- **Presentar la exposición oral** ante el/la entrevistador/a.

¿QUÉ MATERIAL VOY A TENER?

- **Instrucciones** para desarrollar la presentación.
- Texto escrito del ámbito académico o profesional: un **artículo periodístico** de 750-850 palabras.
- Papel borrador para tomar notas.

ATENCIÓN ↑ El tiempo de preparación de la prueba oral es de 20 minutos para preparar las Tareas 1 y 2. Conviene emplear más tiempo en la Tarea 1, pero dejar siempre unos minutos para preparar también la Tarea 2.

INSTRUCCIONES

Usted debe hacer una presentación oral sobre el texto adjunto. Su exposición debe incluir los siguientes puntos:

- resumir los puntos principales del texto;
- valorar el texto (interés, novedad, claridad, intención de su autora, lógica de los argumentos, etc.);
- opinar sobre el tema.

Dispone de entre tres y cinco minutos para hablar. Puede consultar sus notas, pero la presentación no puede limitarse a una lectura de las mismas.

LA REVOLUCIÓN FAMILIAR

Bebés fuera del matrimonio, segundas parejas, madres solas, padres homosexuales, hijos de laboratorio o adoptados en la otra punta del mundo... Nuevos modelos conviven orgullosos con la familia clásica. Mientras algunos creen que vive su hora más difícil, sociólogos y demógrafos hablan del momento más rico y diverso de la institución mejor valorada en España.

Elena García Barón y su madre, Beatriz, son una nueva familia. Literalmente. Hace unas pocas décadas la reproducción asistida no existía. Victoria Anna Sánchez fue la primera niña nacida en España por fecundación *in vitro*, en 1984. Desde entonces, decenas de miles de niños y niñas han nacido en España gracias a estas técnicas que han hecho posible la maternidad y la paternidad no solo a parejas con problemas de infertilidad, sino a mujeres que, como Beatriz, deseaban ser madres sin necesidad de tener un compañero.

Beatriz no es una madre soltera en sentido estricto. En esta casa no hay padre, ni presente ni ausente. Son madre e hija. Una familia completa en sí misma. "Mucha gente que antes no quería o no podía formar una familia tradicional, ahora sí puede crear una. No la clásica, la de siempre, sino la suya propia. Seguramente, si no hubiera tenido la vía de la inseminación, ahora yo estaría sola. Habría una familia menos", dice la madre de la criatura.

La ciencia, el aumento de la esperanza de vida en más de quince años, la creciente independencia de las mujeres, el desarrollo económico y la tolerancia social hacia el ejercicio de las libertades personales están detrás de la historia de Beatriz y Elena y de otras muchas familias españolas. Se trata de una metamorfosis que se viene gestando de puertas adentro en los hogares desde hace unos 40 años. La revolución familiar.

La aprobación en el Congreso de los Diputados, el 21 de abril de 2005, de la ley de matrimonio entre parejas del mismo sexo fue un episodio más de una serie de cambios complejos que se han venido produciendo en el entramado familiar de este país. La familia nuclear clásica, compuesta por un hombre y una mujer casados y con voluntad de tener hijos, sigue siendo el modelo mayoritario, pero, desde luego, ya no es el único que se practica abiertamente y que goza de plena aceptación social.

Surgen, orgullosos, otros tipos de familia que antes o no existían –como la maternidad asistida y en solitario de Beatriz–, o no contaban con gran prestigio social –segundas parejas, madres o padres separados con sus hijos, individuos que viven solos–, o, directamente, permanecían en la semiclandestinidad, como las parejas y familias homosexuales con hijos.

La transformación se veía venir. En los años ochenta, en los noventa, cada vez con más frecuencia y en todas las clases sociales, todo el mundo empezó a tener amigos divorciados, familiares que se iban a vivir juntos sin casarse, vecinos que vivían solos porque sí o algún conocido que convivía con una pareja del mismo sexo. Pero la demografía no es una ciencia de respuesta rápida y diez años es el periodo que se considera mínimo para revisitar una población y comprobar qué hay de nuevo. Fue el censo de 2001 el que puso las cartas sobre la mesa.

Aquel año más de un millón de personas vivían en pareja sin estar casadas. Uno de cada cinco bebés nacía fuera del matrimonio. Había casi medio millón de hogares encabezados por una persona (mujer, en un 87 %) divorciada con sus hijos a cargo. Casi tres millones de españoles vivían solos. Y, por primera vez en la historia de la demografía española, 10 500 hombres y mujeres declaraban libremente su homosexualidad y que convivían con sus parejas afectivas del mismo sexo. Esas cifras han seguido aumentando hasta la actualidad y es una realidad de la vida familiar española. Algunos de sus protagonistas han querido presentarnos a su familia.

–Esta es Lidia –dice Martina a sus amigas del cole en la fiesta de su noveno cumpleaños señalando a una invitada más pequeña, siete años, que el resto de la panda.

–¿Y Lidia quién es?

–Pues la hija de la novia de mi padre.

Martina es tan explícita como Elena. Los niños dicen siempre la verdad. En la jerga sociológica, una familia reconstituida. Una de las más de 300 000 que se declaran como tales en el censo de estos últimos años. Javier y Sandra, de unos cuarenta años, divorciados de sendos primeros matrimonios, crearon un nuevo hogar cuando tuvieron a Sara, de dos años, su única hija común. Javier tiene una hija de su anterior esposa: Martina. Sandra, dos: Miguel y Lidia. Viven todos juntos. Bueno, Martina viene y va. Este curso escolar le toca estar con su padre, pero el anterior y el próximo estuvo y estará con su madre, dado que ambos excónyuges tienen la custodia compartida de la niña. La madre de Sandra es viuda y vive en casa por temporadas para cuidar de todos mientras su hija, azafata de una compañía aérea, vuela por el mundo. No, las teleseries no se inventan nada. La realidad es mucho más interesante.

(Adaptado de: https://elpais.com/diario/2005/10/09/eps/1128839212_850215.html)

TAREA 1
Ejemplo de producción oral

8

En este artículo se habla de los nuevos tipos de familia, que cada vez tienen más presencia en la sociedad española y que “conviven orgullosas” con la familia clásica.

Se mencionan varios modelos familiares nuevos: parejas que conviven sin estar casadas, parejas o madres solas con hijos nacidos de la reproducción asistida, padres y madres que se han se han separado y tienen hijos, familias reconstituidas, parejas homosexuales o personas que viven solas. La autora del artículo subraya que muchos de ellos no son realmente “nuevos”. Existían, pero no eran bien vistos por la sociedad o vivían de espaldas a ella (como es el caso de muchas parejas homosexuales, que tenían que esconderse). Se podría deducir, por lo tanto, que lo nuevo no son los modelos de familia, sino la forma en la que la sociedad los ve ahora: con normalidad.

Según la autora del artículo, varios son los factores que han hecho posible esta transformación, que ya es visible desde los años 80: el avance de la ciencia (que hace posible que decenas de miles de niños/as hayan nacido por fecundación *in vitro* en España), la creciente independencia de las mujeres, el desarrollo económico, la tolerancia social hacia el ejercicio de las libertades personales y la aprobación de leyes como la ley de matrimonio entre parejas del mismo sexo, en 2005.

El artículo dedica una atención especial a la reproducción asistida, que ha permitido que muchas mujeres puedan tener hijos sin necesidad de tener un compañero. Cuenta la historia de Beatriz, que pudo tener a su hija Elena por fecundación *in vitro*. Beatriz dice que de no haber podido recurrir a esta técnica, ahora ella estaría sola y habría una familia menos. También cuenta la historia de Javier y Sandra, que viven con su hija Sara y con la descendencia que tuvieron cada uno de ellos con su expareja: Martina, Lidia y Miguel. Familias reconstituidas como la suya son cada vez más visibles en nuestro entorno.

Muchas personas que antes no habrían tenido nunca una familia o que se habrían sentido excluidas por la sociedad viven hoy felices y sienten que forman parte de ella como cualquier otra persona. Por eso, aunque hay quienes creen que la familia es una institución que está en crisis, multitud de sociólogos y demógrafos afirman que la familia en España nunca ha sido tan diversa ni tan rica como ahora, con lo que estoy totalmente de acuerdo.

Sin embargo, aunque me parece que realmente el artículo ofrece una perspectiva histórica muy interesante, pienso que es un tanto conservador, o bien quizá se haya limitado a ciertos modelos familiares ya no tan nuevos por falta de espacio. En mi opinión, faltan más ejemplos sobre los últimos cambios sociales en materia de género, como la transexualidad y el género no binario o fluido, y, sobre todo, creo que omite un aspecto que para mí es esencial: la adopción y el controvertido tema de la gestación subrogada, también llamada “vientres de alquiler”. Tal vez estaría bien que la autora realizase un seguimiento del tema, como una segunda parte del artículo, ¿no? A mí al menos me gustaría leerlo porque me parece que en las últimas novedades en materia de género no existe todavía la misma aceptación que para los modelos familiares mencionados en el artículo y me da curiosidad saber cómo enfocaría la autora esos fenómenos.

Se te entregarán dos textos y tendrás que seleccionar uno.

En la sala de preparación solo se ofrecen dos opciones de texto y se ha de elegir uno en aproximadamente medio minuto, así que lo mejor es guiarse por los títulos de los textos y leer muy rápido las primeras líneas de cada uno.

Se recomienda elegir según el tema que más te interese y del que creas que sabes más. Es decir, si por ejemplo no eres aficionado/a al deporte y hay un tema sobre las lesiones en el deporte, mejor evitarlo y elegir el otro: el tema con el que sientas más comodidad de entrada, sin darle muchas vueltas. Es importante porque, además, laTarea 2 será una entrevista relacionada con el mismo tema, así que mejor sentirse cómodo/a.

Hacer un esquema del contenido del texto.

Siempre se debe presentar un resumen del texto, así que primero se recomienda:

- Hacer un esquema, es decir, anotar las ideas principales del texto y diferenciarlas de las ideas complementarias. Si las ideas complementarias son muchas, es mejor seleccionar un par de ellas y resumirlas.

  Hay que recordar que no se puede subrayar ni anotar en el material que se recibe en la sala de preparación del examen, con lo que el esquema debe hacerse en un papel borrador aparte.
- Una vez terminado el esquema se debe practicar mentalmente: en la sala de preparación no se puede practicar en voz alta. Se ha de imaginar lo que se va a decir, esto es, cómo desarrollar los distintos puntos del esquema y repetirlo varias veces para memorizar las partes más dificultosas.
- Luego se debe redactar una breve introducción (2-3 líneas) que dé seguridad para empezar la presentación. Se repite mentalmente hasta memorizarla y, finalmente, se anotan un par de frases para valorar el texto y dos o tres ideas para expresar tu opinión sobre el tema. Es importante diferenciar la valoración del texto en sí de la opinión personal que se tenga sobre el tema tratado.
- Después, hay que dejar unos minutos del tiempo total de preparación (20 minutos) para pensar en posibles preguntas y respuestas de la entrevista sobre el tema, que es la Tarea 2.

1. Lee este texto y haz una ficha resumen en tu cuaderno que incluya: tema, ideas principales, causas, efectos, información de apoyo y diferentes puntos de vista.

El síndrome de Diógenes digital

¿Cuántas fotos y vídeos tenemos acumulados en el móvil? Y ya no solo los que hacemos nosotros mismos, sino también los que nos envían. Nuestros móviles están hasta arriba y parece ser que no borramos información hasta que el propio teléfono móvil nos avisa de que la memoria está llena. Este almacenamiento compulsivo de archivos digitales puede pasar factura.

Los psicólogos ya conocen este comportamiento, se llama Síndrome de Diógenes digital. "Empiezan a almacenar compulsivamente información digital. Les da miedo y les angustia perderlo. Y eso que es una información desorganizada", explica la psicóloga Alba García.

El tiempo, la vaguería o frases como "luego se va todo a la nube", son algunas de las excusas utilizadas. Más del 70 % de las personas entre 25 y 50 años no recuerda haber borrado archivos antiguos en el último mes, y a 9 de cada 10 les costaba diferenciar lo que querían conservar de lo que no necesitaban en sus teléfonos, según un estudio del Instituto de Marketing Digital TEDKI.

Pero subir sus fotos a la nube no es tan inocuo como puede parecer. Necesita servidores en la tierra y eso contamina, ya que consumen espacio y, con ello, energía. El sector de las Tecnologías de la Información y de la Comunicación (TIC) es responsable de la emisión de un 4 % de los gases de efecto invernadero. Un porcentaje que parece pequeño a no ser que lo comparemos con otros sectores. "El transporte ocupa más o menos el 25 % de estos gases", cuenta Ignacio Olmeda, del Laboratorio de Finanzas Computacionales UAH.

Por este motivo, hacer el esfuerzo de borrar es bueno para nuestra salud y la del planeta, ya que no solo se suben nuestras fotos a la nube. Estos servidores almacenan también grandes cantidades de datos de, por ejemplo, hospitales. Unos datos necesarios que requieren de espacio. Por lo que quizá podemos plantearnos qué almacenamos en la nube, antes de subirlo.

(Extraído de https://www.rtve.es/noticias/20240912/sindrome-diogenes-digital-almacenamiento-compulsivo-fotos-puede-pasarnos-factura/16246247.shtml)

2. **Ahora compara tu resumen con este ejemplo. Señala qué recursos te pueden servir para hacer esquemas y resúmenes para este tipo de tareas.**

Tema: Síndrome de Diógenes digital. Nuevo fenómeno: acumular archivos en móvil (esp. fotos, vídeos).

Ideas principales:

- \+ gente no piensa qué guardar/eliminar → acumulan.
- No parece, pero es importante: efectos en salud mental + medioambiente.

↓

Causas:

- Falta tiempo
- Pereza
- Pensar: va a nube virtual
- Ignorar efectos negativos

Efectos:

- Salud mental: miedo, angustia a perder algo.
- Medioambiente: contaminación x servidores → gases efecto invernadero

Información de apoyo y puntos de vista:

- Psicóloga Alba García: "conducta compulsiva"
- Sg. Estudio (instituto márquetin):
  - 70 % (personas 25-50 años) **NO** borran archivos último mes.
  - 9 de cada 10 **NO** sabe qué sí/no conservar.
- TIC → 4% gases efecto invernadero: sg. experto, no tan bajo comparadas con transportes (25 %).
- Conclusión: El artículo nos hace reflexionar → mejor eliminar archivos xq hay datos + importantes q necesitan espacio en la nube (p.ej. de hospitales).

3. **Con el esquema hecho y revisado, redacta una breve introducción (2-3 líneas) para empezar tu presentación.**

....

....

....

4. **Finalmente, anota un par de frases para valorar el texto y dos o tres ideas para expresar tu opinión sobre el tema.**

Valoración: ....

....

....

RECUERDA: Es importante diferenciar la valoración del texto en sí de la opinión personal que se tenga sobre el tema tratado.

Opinión: ....

....

....

5. **Por último, practica la presentación en voz alta (como si estuvieras en el examen) y reflexiona sobre cómo estas actividades te han ayudado a prepararla.**

A vivir, que son dos días

UNIDAD

2

En esta unidad vamos a hablar de los servicios públicos y administrativos de las ciudades, aprenderemos a dirigirnos por escrito a las instituciones que ofrecen estos servicios y a los medios de comunicación. Además, nos daremos un paseo por los diferentes tipos de vivienda y descubriremos aspectos de la vida política y social de los países de habla hispana.

Para ello vamos a aprender:

RECURSOS PARA LA COMUNICACIÓN

- → Redactar cartas y artículos de opinión
- → Comprender artículos relacionados con la política y la sociedad de diferentes países y compararlos con nuestro país
- → Describir artículos y blogs

LÉXICO

- → Los medios de comunicación
- → La sociedad, su organización política y social, sus servicios, la ley y el ejército
- → La organización de la vivienda, la vida en comunidad y los servicios de las ciudades

GRAMÁTICA

- → Usos de los conectores discursivos: consecutivos y justificativos
- → Conectores para estructurar la información al comienzo, durante el desarrollo y al final
- → Los verbos anunciadores del discurso indirecto para comentar o interpretar

CULTURA

- → La visión de diferentes artistas de origen hispano sobre los conflictos bélicos

TEXTOS

- → Textos informativos
- → Textos descriptivos

VIVIR EN SOCIEDAD

Servicios públicos
- ¿El número de Protección Civil, por favor?
- ¡La grúa municipal se ha llevado el coche!

Opinión pública
- Deseo expresar mi desacuerdo con...
- Mucho me temo que debamos exigir...

Medios de comunicación
- Me suscribí por sus exclusivas.
- ¡Este reportaje es una primicia! ¡Va en portada!
- ¿En qué canal retransmiten la final?

Vivienda
- Quiero una eco-vivienda acorde con el entorno.
- Dado que no pagan, les cortaremos el suministro.

Sistema político y judicial
- Los/Las secretarios/as de Estado son altos cargos.
- El procesado fue condenado por hurto.
- Mañana comparecerá ante el juez.

1. Servicios de una ciudad real

A. Aquí tienes las secciones de una página web sobre Ciudad Real, España. Clasifica cada sección en su sector correspondiente.

1. Alcantarillado y basuras
2. Autobuses urbanos
3. Averías (agua, electricidad y gas)
4. Ayuda contra la drogadicción
5. Ayuntamiento
6. Bomberos y ambulancias
7. Cámara de Comercio e Industria
8. Centro de información juvenil
9. Centros de salud
10. Centro joven de nuevas tecnologías
11. Confederación provincial de empresarios
12. Correos
13. Cruz Roja
14. Diputación Provincial
15. Emergencias de Ciudad Real
16. Escuela oficial de idiomas
17. Estación de autobuses interurbanos
18. Grúa municipal
19. Hoteles
20. Hospital Nuestra Señora del Carmen
21. Oficina de empleo
22. Oficina municipal de información al consumidor
23. Oficina de turismo
24. Patronato municipal de minusválidos
25. Protección Civil
26. Renfe
27. Servicio de parques y jardines
28. Taxis
29. Teatro Municipal Quijano
30. Universidad de Castilla-La Mancha

TRANSPORTES

ATENCIÓN A LA CIUDADANÍA

SANIDAD, VIVIENDA Y CIUDADANÍA

EDUCACIÓN, CULTURA Y TIEMPO LIBRE

EMPLEO Y SERVICIOS SOCIALES

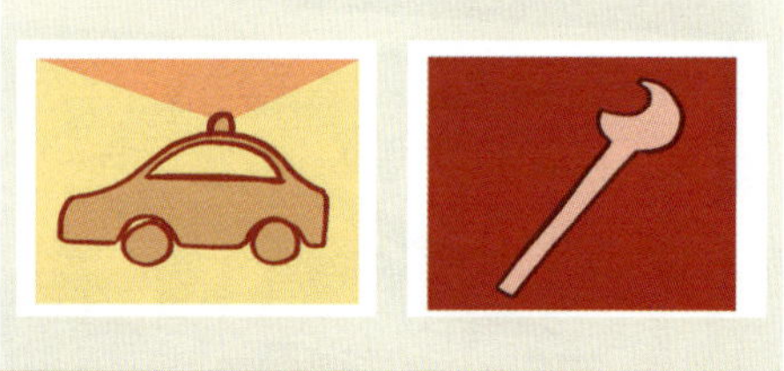
EMERGENCIAS Y AVERÍAS

COMERCIO Y TURISMO

ADMINISTRACIONES Y OTROS

Los servicios públicos en España

El artículo 128.2 de la Constitución española de 1978 reconoce la iniciativa pública en la actividad económica y permite reservar al sector público recursos o servicios esenciales, pero también permite acordar la intervención de empresas privadas cuando así lo exige el interés público o general. Actividades de servicio público son aquellas que en todo momento deben ser garantizadas por el Estado, como la educación, la sanidad, etc.

9

B. Vas a escuchar a unas personas que hablan por teléfono con algún servicio de la lista anterior. ¿Puedes decir con cuáles?

1. ....
2. ....
3. ....
4. ....
5. ....
6. ....

2. Hablemos del D. F.

A. **Aquí tienes dos titulares de periódico sobre dos aspectos diferentes de una gran ciudad: México D. F. Léelos y comenta en clase sobre qué crees que pueden tratar las noticias que encabezan.**

México, a la vanguardia en servicios periciales: FGR

Taxis, un sector con muchos pendientes

La población de México

Los españoles llegaron al actual México en 1519. Se estima que en ese momento la población alcanzaba los 10 millones de personas.
A diferencia de lo que ocurrió en otros países colonizados, las personas indígenas mexicanas fueron la base del imperio que construyeron los españoles. Esta peculiaridad se refleja claramente en la diversidad étnica del México de nuestros días. Actualmente, el país cuenta con más de 15 millones de indígenas que hablan cerca de 60 lenguas y dialectos.

B. **A continuación, relaciona cada titular con uno de los fragmentos dados. Luego, comprueba tus hipótesis del apartado anterior.**

1. ....

LOS PRINCIPALES: AJUSTE DE TARIFA Y REGULACIÓN DE SERVICIOS TOLERADOS. La revisión de la tarifa, la conclusión de la renovación del parque vehicular, la introducción de nuevos servicios, como son los exclusivos para las mujeres, o la llegada de los vehículos eléctricos, pero también el surgimiento de otras formas, no reguladas, de la prestación del servicio individual de pasajeros, son los pendientes y retos que enfrenta este sector en la ciudad.

(Extraído de: https://archivo.eluniversal.com.mx/ciudad/109240.html)

2. ....

El titular de la Fiscalía General de la República (FGR), Alejandro Gertz, afirmó que México es líder en Latinoamérica en la prestación de servicios periciales, que son fundamentales para que los delincuentes paguen por sus delitos. En su visita a los laboratorios de Coordinación de Investigación Forense y Servicios Periciales de la FGR y ante la presidenta María Seberina Ortega López, indicó que con estas instalaciones se dio un paso fundamental para el mejor desempeño del Ministerio Público y en el éxito del combate a la delincuencia organizada.

C. **Señala en el texto las palabras que tienen que ver con los servicios públicos, administrativos o jurídicos e intenta explicar qué tipo de servicio ofrecen.**

- *El **parque vehicular** debe de ser el conjunto de medios de transporte, público o privado, que está en activo en una ciudad. Por ejemplo, los taxis pertenecen a este parque y ofrecen transporte.*

3. La opinión de la ciudadanía

A. Una profesora de una universidad pública ha escrito esta carta a la directora de un periódico. Este tipo de cartas o artículos de opinión suelen repetir la misma estructura. Escribe la función que tiene cada párrafo de la carta.

conclusión o cierre | presentación de la remitente | exposición de los hechos | motivo de la carta | opinión personal

Coherencia política

1. ....

LAURA GARCÍA RACÉN - Profesora de la Facultad de Educación de la UTS

2. ....

Sobre la manera en que nuestros gobernantes y políticos utilizan los servicios públicos, **observo que** una buena parte de ellos a menudo ha recurrido a la sanidad pública para atender sus problemas de salud. **Me temo que** esto no se deba a una verdadera convicción, sino más bien a dar una imagen ante los ciudadanos coherente con lo que promocionan. **La opinión pública no vería con buenos ojos que** acudieran a recibir tratamiento en lujosas clínicas privadas, supongo.

3. ....

En esta misma línea, habría que preguntarse entonces por qué desechan la educación pública como opción en sus vidas y las de los suyos. ¿No entra en la misma categoría que la sanidad, o sea, un servicio público de calidad? La cuestión es que la mayoría de los políticos matriculan a sus hijos en colegios privados o concertados de renombre, de modo que siguen fomentando los privilegios educativos para una pequeña élite, privilegios heredados, por cierto, de siglos pasados que de ese modo los líderes públicos actuales continúan promoviendo. Y pagando con el dinero de todos, claro está. Me parecería más coherente, además de ético, que los responsables del ámbito público también utilizaran los servicios educativos que administran. De hecho, creo que se les debe exigir esa coherencia.

4. ....

La mayoría de nuestros dirigentes han recibido educación en instituciones privadas, contribuyendo así a la continuidad de la desigualdad educativa. **No es lógico que** la educación pública, que dispone de los mejores profesionales y recursos, sea menospreciada de esa forma precisamente por quienes están a cargo de ella.

5. ....

Lo que es bueno para la población también ha de serlo para ellos. ¿O es que no son seres humanos y parte de la ciudadanía? Claro que sí, faltaría más. **Deseo que** sus hijos tengan la oportunidad de acceder a una educación de alta calidad como es la pública, al igual que la disfrutan los nuestros. Sería injusto privarlos de ese privilegio.

B. En el texto aparecen algunas expresiones marcadas en negrita. Con la ayuda del diccionario o de tu docente reformula las frases usando otras formas que expresen lo mismo.

Sobre la manera en que nuestros gobernantes y políticos utilizan los servicios públicos, **observo que** una buena parte de ellos a menudo ha recurrido a la sanidad pública para atender sus problemas de salud.

En lo que concierne al uso..., puedo señalar que muchos de ellos...

1. **Me temo que** esto no se deba a una verdadera convicción, sino más bien a dar una imagen ante los ciudadanos...

....

2. **La opinión pública no vería con buenos ojos que** acudieran a recibir tratamiento en lujosas clínicas privadas...

....

3. En esta misma línea, habría que preguntarse entonces por qué desechan la educación pública como opción en sus vidas y las de los suyos.

....

4. La mayoría de nuestros dirigentes han recibido educación en instituciones privadas, contribuyendo así a la continuidad de la desigualdad educativa.

....

5. No es lógico que la educación pública sea menospreciada de esa forma precisamente por quienes están a cargo de ella.

....

6. Deseo que sus hijos tengan la oportunidad de acceder a una educación de alta calidad como es la pública.

....

Puedes encontrar una actividad parecida en el **EXAMEN**. →
¡Practica y prepárate!

C. Escribe una carta al periódico proponiendo alguna posible solución o comentario a alguna de las cuestiones propuestas más abajo, pero referidas a tu ciudad. Para ordenar tu discurso, usa los conectores de la izquierda y las expresiones del apartado B.

- los medios de transporte en tu barrio
- el horario o el sistema de recogida de basuras
- el alumbrado
- las instalaciones deportivas
- otros

Conectores para ordenar el discurso

- De inicio: **antes que nada, en primer lugar...**
- De continuidad: **de igual forma, de igual manera, del mismo modo...**
- De cierre: **a modo de conclusión, para concluir, para terminar, en resumen...**

TÍTULO: ....

PRESENTACIÓN DE QUIEN ENUNCIA LA CARTA: ....

....

MOTIVO DE LA CARTA: ....

....

....

....

EXPOSICIÓN DEL HECHO: ....

....

....

....

OPINIÓN PERSONAL: ....

....

....

....

CONCLUSIÓN O CIERRE: ....

....

....

....

4. Los entresijos de los medios de comunicación

RTVE

Radio Televisión Española (RTVE) es una corporación audiovisual pública que comprende a:

- Televisión Española (TVE), que incluye canales temáticos (24h, Teledeporte, Clan...) y TVE Internacional (con StarHD).
- Radio Nacional de España, que incluye Radio Nacional, Radio 5, Radio Exterior de España y Podcast.
- La aplicación RTVE Play: https://www.rtve.es/play/.
- El centro de formación RTVE Instituto.
- Orquesta Sinfónica y Coro de RTVE.
- Impulsa Visión.

Para más información, consultar: https://www.rtve.es/

A. Une cada uno de los siguientes términos relacionados con los medios de comunicación con su definición correspondiente.

1. Declaración
2. Índice de audiencia
3. Primicia
4. Comunicado
5. Periodismo de investigación
6. Titular
7. Editorial
8. Ciberespacio
9. Internauta

a. Nota o anuncio que se divulga para conocimiento público.

b. Es el que se realiza a través de la iniciativa y el trabajo del/de la periodista.

c. Título de las noticias y artículos que, en periódicos y revistas, aparece en letras de cuerpo mayor.

d. Manifestación o explicación pública.

e. Noticia que se da a conocer por primera vez.

f. Conjunto de personas que en un momento dado siguen un programa de radio o televisión.

g. Usuario/a de la red informática de comunicación internacional.

h. Ámbito de comunicaciones constituido por una red informática.

i. Artículo de fondo que recoge el criterio de la dirección de una publicación sobre un asunto.

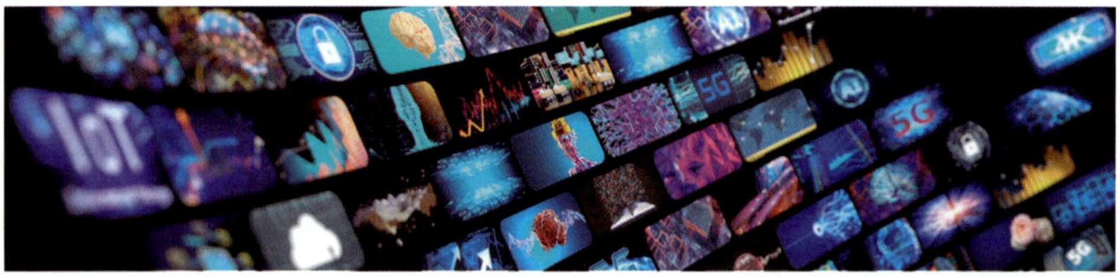

B. ¿Con qué medio relacionas las siguientes frases? En algunos casos hay más de una opción posible.

	TELEVISIÓN	RADIO	PRENSA ESCRITA	INTERNET
1. Me he abonado a *El País Digital*, los artículos son muy buenos.				
2. Han vendido la exclusiva para que se publique mañana, ¡va a ser una bomba!				
3. Ciertas noticias hay que aprender a leerlas entre líneas.				
4. Ha salido en portada la manifestación de ayer.				
5. ¿Sabes si se va a retransmitir la final de la Copa Davis?				
6. Yo oigo las noticias en la Cadena SER mientras voy conduciendo.				

C. **Busca en internet información sobre los medios de comunicación de un país de Hispanoamérica y completa el siguiente esquema para presentarlo en clase.**

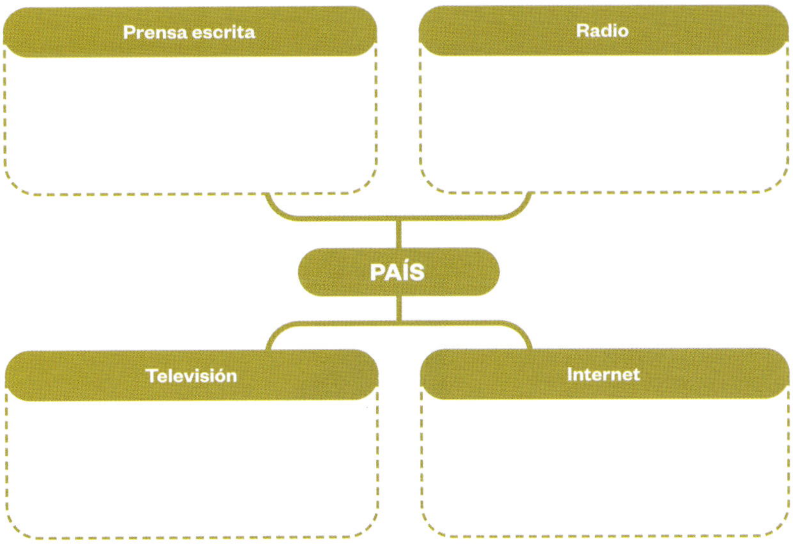

5. Pisos, departamentos, casas

A. **Subraya en estos anuncios las diferentes palabras que significan lo mismo y agrúpalas.**

Piso en venta

Superf. 110 m², 2 habitaciones dobles, salón, un baño, terraza, suelos de gres, garaje comunitario, armarios empotrados, portero automático, vidrios dobles, aire acondicionado. Exterior, orientación sur, soleado, cocina americana equipada, calefacción central, impresionantes vistas al mar, ascensor, reformado, a 150 m de la playa. Sin gastos añadidos. En el centro de Valencia.

Departamento completísimo

$ 4800, 2 CUARTOS, 60 M²
Departamento acogedor en México D. F. Sala-comedor, cocina integral con barra de servicio, piso laminado, cuarto de lavado, zona de estudio, baño completo, dos recámaras amplias. Conjunto cerrado con vigilancia 24 horas, lugar para dos autos (en un solo cajón), área de tendido en azotea. Áreas verdes comunes. Muy cerca de Bodega Aurrerá. A 5 minutos de la UAM-X. Llamar después de las 12:00 p. m. Sr. Homero. Fiador indispensable.

Departamento impecable

INFORMACIÓN IMPORTANTE
Dirección: Pinzón 200 (Necochea y Ministro Brin), La Boca, Capital Federal, Buenos Aires. Disponible desde: 30/11
Salas: 2 dormitorios, 1 baño, cocina, comedor, *living*, cocheras cubiertas: 1.
Transportes cercanos: 20, 25, 29, 33, 46, 53, 64, 86, 152, 159, 168.

DESCRIPCIÓN
Amplio PH de 3 ambientes. Planta baja. Muy luminoso y ventilado. Al frente. Compuesto por dos dormitorios, cocina, *living*-comedor, lavadero y un patio. Sin expensas. A 130 m de la Av. Alte. Brown. Reciclado a nuevo. Agua caliente: termotanque.

La vivienda sostenible

Aunque normalmente se piense que los coches y la industria son los principales contaminantes, las viviendas y los edificios emiten un 48 % de los gases de efecto invernadero, lo que supera con creces las emisiones del sector de los transportes (27 %) o de la industria (25 %). Del mismo modo, las edificaciones consumen el 76 % de la energía producida por las plantas energéticas, según investigaciones del Instituto Norteamericano de Arquitectos.
Las viviendas sostenibles son una realidad asequible para propietarios/as exigentes, que aspiran a mejorar su calidad de vida. Los tres elementos principales de una vivienda sostenible son el control de la climatización, la integración de la vivienda en el territorio y la elección adecuada de materiales.

B. ¿Sabes lo que es una ecovivienda? ¿Cuáles de las siguientes palabras relacionarías con este concepto de vivienda? Discútelo con tu compañero/a y después lee el texto.

hormigón	barro	naturaleza	calefacción central
yeso	parqué	sol	orientación
escayola	moqueta	gas	iluminación
paja	medioambiente	electricidad	

¿Qué es una ecovivienda?
Es una vivienda construida con materiales que no dañan el medioambiente ni al futuro usuario.
Son viviendas sanas que favorecen el desarrollo psicosomático del usuario, que están acordes con su entorno físico así como con el medioambiente y que optimizan los recursos.
Son pues construcciones que tienen en cuenta los condicionantes ambientales y que "funcionan" mejor en el ámbito energético, tanto en la gestión de manutención como en la de calidad del espacio que se crea.

¿Cuáles son los beneficios?
- Es de mayor calidad que las convencionales.
- Se comercializa a precios muy competitivos, por lo que resultan más económicas que las construidas con sistemas tradicionales.
- Hay una optimización de las utilidades de la vivienda: electricidad, agua, gas y drenaje.
- Disminuyen el riesgo de posibles enfermedades, como las alergias.
- Posibilitan una mejor y más estrecha relación con nuestro entorno.

(Adaptado de: www.arquba.com/monografias-de-arquitectura/ecovivienda)

C. Imagina que tu compañero/a y tú queréis comprar una casa. En principio, os inclináis por una ecovivienda, pero no os convence del todo. Haced una lista de las ventajas y de los inconvenientes que puede tener adquirir y habitar una vivienda ecológica.

- *Me parece que este tipo de viviendas suele estar lejos de los núcleos urbanos, por lo que sería necesario tener uno o dos vehículos para poder desplazarnos a nuestros trabajos.*
- *Sí, pero por otro lado, la vida en las afueras es mucho más saludable y tranquila. Podríamos, incluso, tener un huerto ecológico propio y ahorraríamos mucho en alimentación.*

Ventajas	Inconvenientes
contacto con el entorno	accesibilidad

6. Intercambio de casa

10

A. Laura es española, de Almería, y Sandra es mexicana, de Guadalajara. Van a hacer un intercambio de casa para las vacaciones. Escucha su conversación telefónica y anota la información que da cada una sobre su casa y sobre cómo llegar a ella.

LAURA	SANDRA

Coger un taxi e indicar al taxista que tome la dirección de la playa.	

B. Esta conversación tuvo lugar hace dos semanas. Reescribe ahora en estilo indirecto las cosas que se dijeron la una a la otra. Utiliza los verbos propuestos.

rogar	advertir	susurrar
responder	indicar	aclarar
prohibir	pedir	aconsejar

Laura le aconsejó que cogiera un taxi y le indicara al taxista que tomase la dirección de la playa.

1. ……
2. ……
3. ……
4. ……
5. ……
6. ……
7. ……
8. ……
9. ……
10. ……

7. La vida en una comunidad

Puedes encontrar una actividad → parecida en el **EXAMEN**. **¡Practica y prepárate!**

Conectores

- Consecutivos: **de ahí que, así pues, por consiguiente...**
  El consumo de gasolina no deja de subir. **De ahí que** el gobierno haya decidido aumentar los impuestos.
- Justificativos: **pues, debido a, a causa de, gracias a, en virtud de, dado que, por culpa de...**
  Logró sobrevivir **gracias a** que llevaba puesto el cinturón de seguridad.

A. Aquí tienes algunos fragmentos de un artículo divulgativo sobre movimientos vecinales y urbanismo. Complétalos con los conectores propuestos. Sobran tres de ellos. En algunos casos hay más de una solución posible.

de ahí que · así pues · por consiguiente · dado que · pues · si bien · aunque · a pesar de que · a menos que · gracias a

1. Los vecindarios están compuestos por muchas personas, ... sea necesario el entendimiento y buena comunicación entre todos.

2. Una comunidad de vecinos es un grupo social en el que las personas no siempre están de acuerdo con las acciones que tienen que llevar a cabo, ... en la mayoría de las ocasiones tienen intereses personales comunes que pueden llevar al entendimiento.

3. Los vecindarios forman parte de los barrios y estos necesitan servicios públicos, ... la existencia de estos, la calidad de vida de los habitantes será mejor o peor.

4. El servicio de alumbrado, así como el de alcantarillado, debe cumplir con unas normativas públicas .... son servicios públicos esenciales que pagan los contribuyentes.

5. Los suministros de electricidad, agua y gas pueden sufrir cortes o averías debido a la mala gestión administrativa de una ciudad, ... los ciudadanos tienen derecho a presentar reclamaciones.

6. Los vertederos municipales deben situarse a la distancia estipulada por las normas de seguridad nacionales o internacionales, ... normalmente todos ellos se encuentren en el extrarradio.

7. La gestión de las áreas peatonales, los carriles bici y el saneamiento de las áreas públicas son puntos clave en las políticas de gobierno de un ayuntamiento, ... representan un punto importante en la calidad de vida del ciudadano.

B. La semana pasada el presidente de una asociación vecinal, Jorge Juan Pérez, habló con un periodista sobre las iniciativas solidarias de su asociación. Lee sus declaraciones e intenta resumir la idea principal de cada una en dos líneas.

1. En la asociación de vecinos que presido se ha creado una plataforma que organiza charlas sobre urbanismo y solidaridad; en ellas se hace hincapié en la importancia que tienen la acogida y la asistencia a los recién llegados, entendiendo que los nuevos vecinos son transmisores de una pluralidad lingüística, cultural y religiosa beneficiosa. Para que la comunidad funcione es necesario que todos sintamos que formamos parte de ese grupo, cuya conciencia social puede conseguir objetivos importantes siempre que actúe con altruismo.

Jorge Juan Pérez declaró que... ....

....

2. En nuestra plataforma de vecinos nació la idea de solicitar asilo para aquellos inmigrantes que venían de países que tienen conflictos bélicos y que, a pesar de eso, se sienten discriminados y marginados por la sociedad de acogida. La inadaptación y la marginalidad son fenómenos que van muy unidos y nuestra plataforma trabaja para no permitir que estos degeneren y creen entre los más necesitados situaciones insostenibles.

Además, Jorge Juan Pérez explicó cómo... ....

....

3. El compromiso ético de nuestros asociados no tolera que la coacción ejercida por ciertas mafias se dé en el interior de nuestra comunidad, por lo que cualquier manifestación de exclusión, segregación o denigración será denunciada por los vecinos. De ese modo, toda persona que se haya podido sentir ultrajada podrá confiar en nuestra asociación.

Para terminar, Jorge Juan Pérez advirtió que... ....

....

8. Instituciones políticas y órganos de gobierno

A. Lee el siguiente texto sobre el Gobierno de España y escoge la respuesta correcta para cada pregunta.

El Gobierno español se compone del presidente, del vicepresidente o vicepresidentes, en su caso, de los ministros y de los demás miembros que establezca la Ley, según indica el artículo 98 de la Constitución y el artículo 1.2. de la Ley 50/1997, de 27 de noviembre, del Gobierno. Destacamos por ello, que la existencia de los vicepresidentes no es obligatoria en la composición del Gobierno, quedando a la elección del presidente del Gobierno en cada caso concreto. Quedan fuera del Gobierno, por tanto, los secretarios de Estado, zanjándose de esta forma una vieja polémica sobre la pertenencia o no de los mismos a dicho órgano constitucional.

El presidente dirige la acción del Gobierno y coordina las funciones de los demás miembros del mismo, sin perjuicio de la competencia y responsabilidad directa de estos en su gestión.

Los miembros del Gobierno no podrán ejercer otras funciones representativas que las propias del mandato parlamentario, ni cualquier otra función pública que no derive de su cargo, ni actividad profesional o mercantil alguna.

Será de aplicación, asimismo, a los miembros del Gobierno el régimen de incompatibilidades de los altos cargos de la Administración General del Estado.

Para ser miembro del Gobierno se requiere: ser español, mayor de edad, disfrutar de los derechos de sufragio activo y pasivo, no estar inhabilitado para ejercer empleo o cargo público por sentencia judicial firme.

(Adaptado de: https://app.congreso.es/consti/constitucion/indice/titulos/articulos)

Vas a encontrar este tipo de actividad en el **EXAMEN**. → **¡Practica y prepárate!**

1. Según el texto, el cargo de vicepresidente...
- ☐ A) es un problema en el Gobierno actual.
- ☐ B) es innecesario, aunque siga existiendo.
- ☐ C) se cubrirá si el presidente del Gobierno lo decide así.

2. La composición del Gobierno...
- ☐ A) es siempre la misma y solo la puede cambiar la Constitución.
- ☐ B) está fijada por ley.
- ☐ C) no considera la figura del secretario de Estado.

3. La competencia principal del presidente del Gobierno...
- ☐ A) está limitada a unas pocas cuestiones específicas.
- ☐ B) es la de supervisar el trabajo de todos los ministros sin menoscabo de la autoridad de estos.
- ☐ C) es determinar las funciones de todos los demás cargos.

4. Ejercer una actividad extragubernamental...
- ☐ A) está prohibido para todos los cargos políticos.
- ☐ B) es ilícito en el caso de los componentes del Gobierno.
- ☐ C) es factible para los altos cargos de la Administración pública.

5. Solo pueden ser miembros del Gobierno...
- ☐ A) los elegidos por un partido político.
- ☐ B) los nacidos o nacionalizados españoles.
- ☐ C) los censados en algún ayuntamiento español.

B. ¿Por qué no son válidas las respuestas que no has seleccionado? Argumenta tu respuesta según el modelo.

- *En la primera pregunta lo que se dice en el texto es que ha habido polémicas con este cargo pero no problemas.*

9. Se hizo justicia

Puedes encontrar actividades parecidas a estas (B y C) en el **EXAMEN**. **¡Practica y prepárate!**

11

A. Escucha la siguiente ponencia en la que explican conceptos jurídicos y escribe una frase que resuma cada uno de los siguientes aspectos tratados.

- Sistema jurídico: ....
- Estado y Derecho: ....
- Autotutela: ....
- Autocomposición: ....
- Proceso judicial: ....

B. Escucha otra vez la audición y haz un resumen de unas 150 palabras con las ideas principales.

C. Los siguientes titulares sobre cuestiones judiciales son realmente insólitos. Elige uno y redacta la noticia correspondiente. Puedes utilizar las palabras del recuadro.

Condenan a una mujer a solo un año de cárcel por asesinar al hombre que la insultaba

UN SOSPECHOSO POR ROBO HURTA A LA JUEZA EN SU PROPIO JUICIO

UN JUEZ CONDENA AL AYUNTAMIENTO DE ALICANTE A NO PAGAR OBRAS QUE SE EMPEÑÓ EN PAGAR

CONDENADO POR MOJAR CON LA DUCHA A SU ESPOSA

Sustituir al marido por otro para obtener un poder notarial no es usurpación si se hace solo una vez

LÉXICO JUDICIAL

Personas	Acciones	Otros
magistrado/a	comparecer	calumnia, injuria
juez/a	llevar a juicio	extorsión, corrupción
acusación	declarar	robo, hurto
fiscal	testificar	delito, infracción
delincuente	cumplir una pena/sanción	código civil/penal
procesado/a	legislar	libertad vigilada/provisional
acusado/a	estar bajo/prestar juramento	culpable, inocente
víctima	infringir la ley	juicio civil/penal
agresor/a	dictar sentencia	juzgado de primera instancia
	salir bajo fianza	juzgado de paz

10. Guerra y paz

A. **Lee las siguientes citas sobre la guerra y los ejércitos y comenta con tu compañero/a la opinión que os merece cada una de ellas.**

A

— ¿Van a matar a mucha gente, papá?

— Nadie que conozcas, querido. Solo extranjeros.

John Le Carré

B

Sin malo, la película no se puede hacer. Y si no hay gente peligrosa, ¿qué hacemos con los gastos militares? El mundo tiene que defenderse. El mundo tiene una economía de guerra funcionando y necesita enemigos. Si no existen los fabrica. No siempre los diablos son diablos, y los ángeles, ángeles.

Eduardo Galeano

C

No sé con qué armas se luchará en la Tercera Guerra Mundial, pero sí sé con cuáles lo harán en la Cuarta Guerra Mundial: palos y mazas.

Albert Einstein

12

B. **Escucha a cuatro personas que hablan sobre algunos conflictos bélicos y relaciona lo que dicen con los siguientes textos.**

Esta mañana al salir a patrullar,
hallamos muerto al soldado Adrián.
Como manda el reglamento procedimos a buscar
los objetos que llevara. Solo hallamos esta carta:
"Querida Milagros, llevo seis días aquí.
Te echo de menos, no puedo vivir sin ti.
He visto las explosiones brillando a mi alrededor.
Tengo miedo, no lo oculto, solo me queda tu amor".

Canción: *Querida Milagros*
Intérprete: El último de la fila

Papá, cuéntame otra vez esa historia tan bonita
de aquel guerrillero loco que mataron en Bolivia,
y cuyo fusil ya nadie se atrevió a tomar de nuevo,
y cómo desde aquel día todo parece más feo.

Papá, cuéntame otra vez que tras tanta barricada
y tras tanto puño en alto y tanta sangre derramada,
al final de la partida no pudisteis hacer nada,
y bajo los adoquines no había arena de playa.

Canción: *Papá, cuéntame otra vez*
Intérprete: Ismael Serrano

Para la libertad sangro, lucho, pervivo.
Para la libertad, mis ojos y mis manos,
como un árbol carnal, generoso y cautivo,
doy a los cirujanos.

Para la libertad siento más corazones
que arenas en mi pecho: dan espumas mis venas,
y entro en los hospitales, y entro en los algodones
como en las azucenas.

Para la libertad me desprendo a balazos
de los que han revolcado su estatua por el lodo.
Y me desprendo a golpes de mis pies, de mis brazos,
de mi casa, de todo.

Poema: *El herido*
Autor: Miguel Hernández

Una joven cordobesa de origen rural viaja a Madrid, en plena posguerra, para estar cerca de su hermana, embarazada y en prisión. La joven conoce a un valenciano que lucha junto con su cuñado en la sierra de Madrid. Hortensia es juzgada y condenada a muerte. La ejecución no se llevará a cabo hasta después del parto. Pepita intenta por todos los medios y en todas las instancias que condonen la ejecución.

Película: *La voz dormida*
Director: Benito Zambrano

Comprensión de lectura y uso de la lengua

Las claves de la TAREA 2

¿QUÉ SE EVALÚA?

- La capacidad de **identificar la estructura** y la **relación entre las ideas** de un texto extenso y complejo.

¿QUÉ TENGO QUE HACER?

- Leer **un texto** con seis huecos y **reconstruirlo** eligiendo, entre los siete fragmentos disponibles, el que corresponde a cada hueco.
- Extensión: 550-650 palabras.

¿QUÉ MATERIAL VOY A LEER?

- **Textos periodísticos** o **literarios** de carácter **expositivo**, **narrativo o descriptivo** pertenecientes al **ámbito público**, **educativo o profesional**: artículos divulgativos o de opinión, cuadernos de viaje, relatos o ensayos...

INSTRUCCIONES

Lea el siguiente cuento, del que se han extraído seis fragmentos. A continuación lea los siete fragmentos propuestos (A-G) y decida en qué lugar del texto (1-6) hay que colocar cada uno de ellos.

Hay un **fragmento** que no tiene que elegir.

Marque las opciones elegidas en la **Hoja de respuestas**.

TIRSO Y LAS ESTATUAS

Un chico de siete años corría de mesa en mesa, hasta que se detuvo en la del vendedor de estatuas. No era un chico travieso, y sin embargo una secreta enemistad los unía. **1.** ______; les tenía el mismo miedo que se les tiene a los payasos y a las mascaritas.

En un corralón de al lado el vendedor de estatuas tenía su taller. Grandes letras anunciaban sobre la puerta de entrada: "Octaviano Crivellini. Copias de estatuas de jardines europeos, de cementerios y de salones"; y ahí estaba un batallón de estatuas temibles para los compradores que no sabían elegir. Había mandado construir una pequeña habitación para poder vivir confortablemente. **2.** ______. Sentado en la mesa del comedor Octaviano Crivellini era un hombre devorado de angustias. Estaba delante de los fiambres desganado y triste, repitiendo: "No tengo que preocuparme por estas cosas", "No tengo que preocuparme por estas cosas".

Tirso, el chico de siete años, se alojaba detrás de la silla y con perversidad malabarista le daba pequeñas patadas invisibles. Esta escena se repetía diariamente, pero eso no era todo. Las diversas molestias que ocasionaba eran constantes. No había adónde acudir para librarse de él. Hacía ya una semana de aquella noche en que se había escapado de la casa detrás de él. **3.** ______.
El chico se rio destempladamente y cabalgó sobre un león con melena suelta y abultada. La luna hacía de la tierra un lago relleno de sombras donde lloraban ángeles de cementerio, alguna Venus de ojos vacíos, alguna Diana Cazadora corriendo contra el viento, algún busto de Sócrates. Octaviano, al ver a Tirso cabalgando sobre uno de sus leones preferidos, abrevió rápidamente su despedida nocturna y se fue abrumado de vergüenza y terror.

Creyendo que el vendedor inmóvil de estatuas no lo había visto, Tirso sintió que tenía un poder prodigioso de

invisibilidad, y volvió a acostarse en puntas de pie con la sensación de haber presenciado un milagro. Desde ese día todas las noches lo había seguido hasta el corralón, se había familiarizado con las estatuas, con las manos y los pies de yeso guardados en los armarios, con los perros blancos. **4.** ______.

Un día, cuando terminaron de comer, Octaviano se levantó como un chico en penitencia, sin postre –él, que hubiera deseado que Tirso se quedara sin postre. Se ató un pañuelo alrededor del pescuezo y salió como de costumbre. Tirso lo siguió. **5.** ______. Tirso lo desalojaba, le robaba su tranquilidad, lo asesinaba subterráneamente. Era inconmovible e independiente como lo son raras veces los grandes criminales. Cuando volvió a acostarse, al querer cerrar la puerta de su cuarto sintió una fuerza gigante que la retenía; hizo tentativas inútiles por cerrarla, hasta que de pronto se le vino encima, aplastándole casi el brazo. Pocos minutos después la puerta volvió a abrirse. No era necesario ver quién abría la puerta con esa fuerza, no podía ser sino Tirso; y esta escena, como las otras, se repitió todas las noches.

En el fondo del corralón había un gran armario donde el hombre desesperado se refugió una noche. Tirso, al ver que no estaba allí el vendedor de estatuas, se fue decepcionado. Pero persistió en sus cabalgatas nocturnas. **6.** ______; por eso sacó su cortaplumas para grabarlos, como en los árboles, de una manera más segura.

Una noche llena de perros que ladraban a la luna, el vendedor de estatuas se retiró más temprano que de costumbre en el refugio del armario. Tirso no se resolvía a bajarse de encima del león, pero al fin empezó a trotar en círculos y semicírculos enloquecidos, arrastrando un ruido de fierros oxidados por el suelo. El vendedor de estatuas después de un rato no oyó más nada; el silencio y el bienestar habían entrado de nuevo en la noche circundante. Iba a salirse del armario cuando oyó dar a la llave dos vueltas que lo encerraban.

(Adaptado de *El vendedor de estatuas*, de Silvina Ocampo: https://ciudadseva.com/texto/el-vendedor-de-estatuas/)

FRAGMENTOS

A.	Empezó a notar que sus actos eran tan invisibles como su cuerpo: los nombres que había trazado en las estatuas, no los encontraba nunca la noche siguiente
B.	Sin duda lo había visto repartir besos sobre las cabezas de yeso que se movían en la noche con frialdad de estrella
C.	Para el vendedor de estatuas aun el beso de un chico era una travesura peligrosa
D.	Sin embargo, en el fondo de la casa la enorme sala llena de estatuas que él había cuidado siempre con afán estaba abandonada
E.	Empezaba a grabar su nombre con tiza colorada en las estatuas y Octaviano creía enloquecer de pena
F.	Mientras tanto vivía en la pensión de al lado y antes de dormirse les decía buenas noches a las estatuas
G.	En cambio, Octaviano se había distanciado de sus estatuas, las limpiaba ahora con escasas caricias delante del chico

TAREA 2
Explicación de las respuestas

1. A☐ B☐ C■ D☐ E☐ F☐ G☐

La opción **C** es correcta porque el adjetivo "peligrosa" del fragmento se relaciona directamente con la palabra "miedo" del texto. También el chico representa a la infancia y el fragmento habla de "payasos" y "mascaritas", que son elementos del circo que se suelen relacionar con la niñez. "Les" se refiere en este caso a todos los chicos, los niños.

2. A☐ B☐ C☐ D☐ E☐ F■ G☐

La opción **F** es correcta porque en la frase anterior se dice que ha mandado construir una habitación. Es decir, aún no está construida, así que "mientras tanto" vive en otro lugar (una pensión). El resto de la información del fragmento (Octaviano da las buenas noches a las estatuas) es lógico dentro del relato: se acaba de explicar que es el vendedor de estatuas y luego se dice que es un hombre angustiado, huraño, solitario...

3. A☐ B■ C☐ D☐ E☐ F☐ G☐

La opción **B** es correcta porque al final del párrafo se describen las estatuas y se dice que Octaviano se retira con "vergüenza". ¿Qué le ha causado esa vergüenza? El hecho de que el niño, que además "se rio destempladamente", haya invadido su intimidad y lo haya visto despidiéndose de las estatuas por la noche ("su despedida nocturna").

4. A□ B□ C□ D□ E□ F□ G■

La opción **G** es correcta porque aquí la autora del texto establece una especie de contraste: mientras que el chico se familiariza con las estatuas, Octaviano se distancia de ellas y no les muestra afecto como antes ("escasas caricias"), porque siente vergüenza de mostrarlo delante del chico, como ya hemos visto antes (3B).

---

5. A□ B□ C□ D□ E■ F□ G□

La opción **E** es correcta porque en el texto posterior al fragmento vemos que Tirso, el chico, le provoca un efecto negativo, algún tipo de daño a Octaviano ("le robaba", "le asesinaba"), con lo cual se puede relacionar esta idea con la frase "y Octaviano enloquecía de pena" del fragmento. "Enloquecía de pena" porque Tirso le pintaba las estatuas con tiza roja ("colorada").

---

6. A■ B□ C□ D□ E□ F□ G□

La opción **A** es correcta porque el texto nos ha mencionado antes que Tirso se creía invisible. Como ahora no encuentra los dibujos que les ha hecho a las estatuas (se puede deducir que Octaviano los ha limpiado), cree que sus actos son invisibles también. Entonces, en lugar de usar tiza, los "graba" con un "cortaplumas" (una especie de cuchillo) como en la corteza de un árbol, para que no se puedan borrar.

La opción **D** es incorrecta: aunque tiene sentido como frase y gramaticalmente podría colocarse en varios huecos, no tiene un significado coherente con el relato en ninguno. Se desecha como opción por eliminación.

En una primera lectura, identifica la voz narradora y/o al autor o la autora del texto y marca las apariciones de las diferentes personas o personajes.

Identificar enseguida la voz narradora (en los textos de ficción) permite saber desde qué punto de vista se nos cuenta la historia y seguir el hilo conductor.

Identificar el/la autor/a (en los textos de no ficción) nos permite saber si el/la autor/a interviene en primera persona, dando su opinión o comentando algo que ha dicho otra gente, o en tercera persona.

1. **Lee la siguiente columna de opinión de Elvira Lindo y subraya los elementos donde la autora aparece como personaje. Rodea con un círculo las apariciones de los demás personajes. Márcalos tanto en el texto como en los fragmentos. Luego, trata de utilizar esta estrategia para completar el texto.**

1. ______. Cuando comenzaban las canciones lentas, los chicos encendían el mechero y lo pasaban frente a las chicas, eligiendo a quién invitar a bailar. Este primer juicio sobre nuestro físico nos marcaba profundamente.
2. ______, donde la cantante mencionó que tardó en ponerse falda en el escenario porque quería ser juzgada por su música, no por su apariencia. **3.** ______. Chrissie Hynde, líder de los Pretenders, también ha narrado en sus memorias cómo fue pasar de ser *groupie* a liderar su propia banda, enfrentándose a un mundo que no valoraba del mismo modo a las mujeres.
4. ______. Esto refleja cómo en la música, lo que antes se consideraba *sexy* ha dado paso a una hipersexualización de las mujeres, enfocada en partes del cuerpo como el trasero y los pechos, bajo el disfraz de empoderamiento. La paradoja es evidente: **5.** ______. Luz no necesitó el cuerpo de una Kardashian para ser increíblemente atractiva; su experiencia y talento la hacen más hermosa.

(Adaptado de https://elpais.com/opinion/2023-04-23/escucha-y-aprende-de-la-mujer-madura.html)

Fragmentos

A.	Me sorprendió que, tras sincerarse Luz sobre la presión que sentía por su físico, Mejide respondiera con un comentario despectivo sobre su cuerpo
B.	El episodio más humillante de mi adolescencia ocurrió en mi primer verano de discoteca
C.	Los críticos, casi siempre hombres, se centraban en su ropa, algo que no hacían con sus colegas varones
D.	Luz Casal, una mujer madura y experimentada, expone cómo fue condicionada por su físico, y recibe como respuesta otro juicio sobre su apariencia
E.	Recordé esa sensación al ver una entrevista de Risto Mejide a Luz Casal

2. Ahora mira un ejemplo de mapeo de este texto en el Solucionario y compáralo con las marcas que has hecho tú. ¿Te ha servido esta estrategia para saber dónde colocar los fragmentos? Anota también otros elementos que te hayan ayudado a relacionar los fragmentos con el texto.

Señala en el texto los marcadores temporales y ordena las acciones en una línea temporal. Marca también los demás conectores.

Identifica en qué plano temporal se desarrolla el texto (presente, pasado, futuro). Observa si hay cambios temporales en los verbos y en los conectores de tiempo y márcalos. Ordena las acciones de la narración en tu cabeza o usa el cuadernillo de examen como borrador.

Además de los temporales, es importante conocer una amplia variedad de conectores y marcadores discursivos de diferente tipo. Te ayudarán a relacionar los fragmentos con el texto.

Esta estrategia es también muy importante para preparar la Tarea 5 de esta prueba. En Las claves de la Tarea 5 tienes una actividad que incluye el uso de conectores y puede serte útil.

3. Lee el texto y los fragmentos de la actividad 1 de nuevo: ¿Hay cambios temporales en los verbos? Marca los conectores, tanto los de tiempo como el resto. Recuerda hacerlo tanto en el texto como en los fragmentos.

Presta atención al fragmento que sobra (distractor).

El fragmento distractor que sobra al final suele ser muy parecido a los otros seis: contiene léxico del texto, está redactado en el mismo estilo y suele comenzar con un conector que parece adecuado para rellenar algunos huecos. No se identifica como incorrecto a primera vista. Se desecha por eliminación, después de probar si tiene sentido en cada hueco. Por eso, una vez que hayas decidido el orden de los fragmentos, vuelve a leer todo el texto para comprobar que no hay ningún problema de continuidad y coherencia.

4. Lee estos fragmentos de texto y elige cuál crees que sería el mejor distractor para el artículo que has leído antes.

a. Sin embargo, decidió someterse a un régimen estricto, hacer ejercicio diariamente y cuidar más su estilismo, igual que la mayoría de las cantantes de aquella época discotequera.
b. En aquel momento, se intercambiaron los papeles, convirtiéndose ella en entrevistadora y el pobre periodista en el encuestado, temeroso de las preguntas que le lanzaría la artista.
c. Pronto las fanes empezaron a imitar su vestimenta y su inconfundible estilo roquero conquistó las portadas de las revistas de música y de moda de entonces, tanto patrias como internacionales.

5. ¿Por qué crees que es el mejor distractor? ¿Es parecido a los otros fragmentos? ¿En qué? Reflexiona sobre ello y trata de redactar aquí otra frase como distractor para el mismo texto.

....

....

Comprensión auditiva y uso de la lengua
Las claves de la TAREA 2

¿QUÉ SE EVALÚA?

- La **comprensión de información** específica en diferentes **diálogos**.
- La **capacidad de inferir información implícita** en diferentes diálogos, identificando opiniones, emociones, intenciones y actitudes de cada hablante a través de fórmulas de interacción social.

¿QUÉ TENGO QUE HACER?

- **Escuchar cuatro conversaciones** y responder a dos preguntas con tres opciones de respuesta cada una (A, B o C) sobre cada conversación.
- Duración: 6-8 minutos **(1,5-2 minutos por conversación)**. Cada conversación se escucha dos veces.

¿QUÉ MATERIAL VOY A ESCUCHAR?

- **Cuatro conversaciones de carácter personal y transaccional entre dos personas**, normalmente entre una mujer y un hombre. Pertenecen al ámbito personal, público o profesional. Pueden ser en persona o por teléfono y suelen ser más bien informales. Pueden tratar sobre una amplia variedad de temas, incluidos los abstractos y complejos.

INSTRUCCIONES

13

Usted va a escuchar cuatro conversaciones. Escuchará cada conversación dos veces. Después debe contestar a las preguntas (1-8). Seleccione la opción correcta (A, B o C) para cada pregunta.

Marque las opciones elegidas en la **Hoja de respuestas**.

CONVERSACIÓN 1

1. Para solicitar los premios, la señora...
A) tiene varias posibilidades.
B) solo lo puede hacer a través del número que le han dado.
C) se lo tiene que decir a su hija para que le dé permiso.

2. La señora se despide del trabajador de Telefon...
A) riendo y feliz.
B) decepcionada.
C) rabiosa.

CONVERSACIÓN 2

3. El hombre perdió el vuelo porque...
A) en el control de seguridad se encontró con problemas.
B) su impresora no funcionaba.
C) había huelga de funcionarios/as del aeropuerto.

4. La taxista es una mujer muy...
A) segura de sí misma.
B) optimista.
C) preocupada por la situación de la ciudadanía.

CONVERSACIÓN 3

5. Las ocupaciones ilegales...
A) son un problema típico de Chile.
B) suceden en varios países.
C) son culpa de los/las propietarios/as de las casas.

6. A pesar de todos sus problemas, la mujer...
A) piensa que las cosas pueden mejorar.
B) encuentra una solución definitiva.
C) se siente desdichada.

CONVERSACIÓN 4

7. Los periódicos se centran sobre todo en...
A) las noticias deportivas.
B) los problemas del mundo.
C) las artes y el mundo del espectáculo.

8. Las perspectivas de futuro son...
A) de crisis.
B) reconfortantes.
C) motivo de reivindicación.

TAREA 2
Explicación de las respuestas

1. A ■ B □ C □

La opción **A** tiene varias posibilidades es la correcta porque a lo largo de la conversación se descubre que la señora puede solicitar los premios, sea a través del número que le han dado, sea por internet. Es cierto que lo tendría que hacer su hija porque es la titular de ese número de móvil, pero no se habla de ningún permiso especial.

La opción **B** solo se puede hacer a través del número dado es incorrecta porque también los puede solicitar por internet.

La opción **C** su hija le tiene que dar permiso es incorrecta porque, aunque debería solicitarlos su hija, ya que es la titular, no tiene que darle ningún permiso especial.

2. A □ B □ C ■

La opción **C** "rabiosa" es la correcta porque la señora repite la palabra "norma" como no creyéndose que existe una norma al respecto y pensando que en verdad no la quieren ayudar, lo que le produce rabia y enfado. A veces el interlocutor retoma la última palabra que ha escuchado y la repite para enfatizar o para mostrar desacuerdo.

La opción **A** riendo y feliz es incorrecta porque, aunque al final dice "me río yo de las normas", lo que expresa es desprecio e ironía hacia las normas de esa empresa, no felicidad.

La opción **B** decepcionada tampoco es correcta, ya que en ningún momento expresa que el trato no es el que se esperaba.

3. A ■ B □ C □

La opción **A** de los problemas en el control de seguridad es la correcta ya que el hombre indica que perdió el vuelo porque no se veía bien el código de barras de su tarjeta de embarque, lo que significa que en el control de seguridad no le permitieron pasar.

La opción **B** su impresora no funcionaba es incorrecta porque no sabe si el problema lo causó la impresora. Esta funcionaba, aunque no correctamente.

La opción **C** de la huelga de funcionarios/as es incorrecta porque la huelga afecta al tráfico de la ciudad, pero no al vuelo que el hombre ha perdido.

4. A □ B □ C ■

La opción **C** de la preocupación por la situación de la ciudadanía es la correcta porque por lo que dice se puede ver que es una persona que está preocupada por los problemas que encuentra la ciudadanía a la hora de desplazarse.

La opción **A** que es segura de sí misma es incorrecta porque no se indica nada al respecto.

La opción **B** de optimista es incorrecta porque parece que la taxista suele ver más la parte negativa de las cosas. Por ejemplo, dice "cuanto mejor lo intenta hacer uno, peor le va".

5. A □ B ■ C □

La opción **B** que sucede en varios países es la correcta ya que se habla de "okupas" en España, donde vive la mujer que habla, pero también en Chile, donde el proyecto que la mujer estaba realizando se vio afectado, entre otras cosas, por las ocupaciones ilegales.

La opción **A** son un problema típico de Chile es incorrecta porque se ha dicho que ocurre también en España.

La opción **C** son culpa de los/las propietarios/as de las casas es incorrecta porque se dice que la mujer tiene problemas legales con el propietario de su casa alquilada, pero no que él u otros/as propietarios/as sean responsables de las ocupaciones ilegales. Al contrario, está preocupado por que la casa se pueda ocupar ilegalmente.

6. A ■ B □ C □

La opción **A** que piensa que las cosas pueden mejorar es la correcta porque al final de la conversación ella dice "mientras hay vida, hay esperanza", que es una frase hecha para decir que la esperanza es lo último que se pierde y que la situación puede mejorar.

La opción **B** en la que encuentra una solución definitiva es incorrecta porque la solución de alojamiento que encuentra es temporal: quedarse un tiempo en casa de su vecino.

La opción **C** se siente desdichada es incorrecta porque la frase no es lógica: no te puedes sentir infeliz aunque tengas problemas, sino porque tienes problemas.

7. A☐ B■ C☐

La opción **B** de los problemas del mundo es la correcta porque aunque los periódicos hablan mucho de deportes, en esta conversación los comentarios se centran en problemas y conflictos.

La opción **A** en las noticias deportivas es incorrecta porque el hombre dice que los periódicos dan más importancia al fútbol que a la corrupción del Gobierno, pero no dice que sean lo más importante de las noticias.

La opción **C** en las artes y el mundo del espectáculo es incorrecta porque en ningún momento hablan sobre ello siquiera.

8. A☐ B☐ C■

La opción **C** de motivo de reivindicación es la correcta porque al final de la conversación hablan de grupos, sobre todo la juventud que está socialmente activa y lucha por sus ideales, independientemente de su color político.

La opción **A** de crisis es incorrecta porque no hablan de que el mundo vaya a sufrir un cambio a peor (crisis) y la mujer al final dice un comentario esperanzador sobre gente que lucha por sus ideas.

La opción **B** que son reconfortantes es incorrecta porque todo lo que comentan sobre la actualidad es negativo.

En una primera escucha, identifica el tema o la acción principal de cada uno de los cuatro diálogos.

Recuerda que en esta tarea hay cuatro diálogos independientes entre sí, cada uno con un tema diferente y dos preguntas. Normalmente, **la primera pregunta es sobre el contenido**, en el que hay que centrarse en la primera escucha (saber qué ocurre).

En la **segunda escucha** confirmamos la información que habíamos entendido en la primera y tratamos de **identificar la actitud**, opinión o emociones de cada hablante. Esa suele ser la clave para la **segunda pregunta**: inferir esa información, que se expresa de manera indirecta (tono de voz, una expresión coloquial, una exclamación, etc.).

Para preparar esta tarea es importante familiarizarse con los elementos propios de la comunicación oral.

Como en todas las lenguas, la interacción oral cotidiana e informal entre hablantes de español está llena de modismos, frases hechas, coletillas y muletillas. Para esta tarea es importante conocer al menos los más frecuentes porque pueden ser la clave para inferir las distintas actitudes y emociones de cada hablante.

1. Relaciona cada expresión con la frase correspondiente, según lo que expresen. Luego, comprueba tus hipótesis con el audio.

14

1. ¡Ni soñando!
2. Total, que...
3. ¡Anda!
4. ¿Cómo que no?
5. ¡Ojo!

a. No sabía que también te habían invitado a ti a la boda.
b. En el examen no va a ser tan fácil, eh.
c. ¡Pero si tienes doce años! ¿Cómo vas a irte solo de viaje?
d. Al final se dejaron de hablar y hasta hoy.
e. ¡Ya veremos si puedo! ¡Y tanto que puedo!

2. Ahora relaciona las expresiones con la función comunicativa que cumplen.

1. ¡Ni soñando!
2. Total, que...
3. ¡Anda!
4. ¿Cómo que no?
5. ¡Ojo!

a. Expresar sorpresa y desacuerdo
b. Rechazar rotundamente
c. Llamar la atención de algo
d. Expresar sorpresa
e. Resumir o concluir

3. **Escucha estas cinco frases y relaciónalas con lo que expresan. Las escucharás dos veces. Presta atención a la entonación, te puede servir de ayuda.**

15

Frase 1 ◯
Frase 2 ◯
Frase 3 ◯
Frase 4 ◯
Frase 5 ◯

a. Cambiar de tema
b. Expresar decepción
c. Expresar cortesía ante una petición
d. Indicar pesadez o insistencia
e. Contradecir

4. **Luego, anota en la línea de puntos las expresiones utilizadas para introducir cada frase.**

Frase 1:...
Frase 2:...
Frase 3:...
Frase 4:...
Frase 5:...

Amplía tu repertorio de expresiones idiomáticas.

En la comunicación oral suelen emplearse también muchas expresiones idiomáticas. A menudo son imágenes o metáforas que hay que "descifrar". En este nivel de lengua conviene habituarse a ellas y utilizar las más frecuentes.

5. **Vuelve a escuchar el audio de la tarea e identifica en qué diálogo se dicen las siguientes expresiones y frases hechas.**

13

Conversación 1 **Conversación 2** **Conversación 3** **Conversación 4**

1. Mientras hay vida hay esperanza ◯
2. No pedir peras al olmo ◯
3. Dar gato por liebre ◯
4. Ser un pez gordo ◯
5. Estar patas arriba ◯
6. ¡Vaya por Dios! ◯
7. Cogerle el toro (a uno/a) ◯
8. Necesitar Dios y ayuda ◯

6. **Anota qué crees que significa cada una. Luego, comprueba tus hipótesis con ayuda de un diccionario.**

1. Mientras hay vida hay esperanza:...
2. No pedir peras al olmo:...
3. Dar gato por liebre:...
4. Ser un pez gordo:...
5. Estar patas arriba:...
6. ¡Vaya por Dios!:...
7. Cogerle el toro (a uno/a):...
8. Necesitar Dios y ayuda:...

VE PELÍCULAS Y TELEVISIÓN PARA AMPLIAR TU LÉXICO DE LA LENGUA COTIDIANA
Para familiarizarte con estos modismos y expresiones propios del lenguaje oral, te recomendamos que veas películas, series y programas de televisión que traten sobre la vida cotidiana actual de las personas hispanohablantes. Sobre todo presta atención a las escenas en que los personajes interactúan en el trabajo, en tiendas y servicios públicos y en reuniones sociales y fíjate en la entonación. Hoy día, gracias a la TV por internet (como https://www.rtve.es/play), puedes repetir esos fragmentos cuantas veces quieras y tienes la ayuda de los subtítulos en español y otros idiomas.

Expresión, mediación e interacción escritas

Las claves de la TAREA 2

¿QUÉ SE EVALÚA?

- La **elaboración de textos formales** adecuados para un contexto específico **a partir de** estímulos **gráficos o escritos**.

¿QUÉ TENGO QUE HACER?

- Elegir entre dos opciones:
  - **Redactar un texto académico**, **informe o artículo** que responda a un contexto dado a partir de información gráfica.
  - **Redactar una carta o correo formal** (reclamación, solicitud, recomendación, etc.) en respuesta a un texto breve.
- Extensión recomendada: 180-220 palabras.

¿QUÉ MATERIAL VOY A TENER?

- **Instrucciones** que proporcionan un contexto (finalidad, género textual y destinatario/a) y unas pautas que se deben cumplir para redactar el texto.
- **Estímulo para escribir:** Para la **opción 1**, gráfico, infografía o diagrama; para la **opción 2**, un texto bastante breve: anuncio, noticia breve, reseña, fragmento de artículo de opinión, carta al periódico, etc.
- Los textos pertenecerán al **ámbito público**, **educativo o profesional**, dependiendo de la situación dada.

INSTRUCCIONES

Elija solo una de las dos opciones que se le ofrecen a continuación.

Número de palabras: entre 180-220 palabras.

OPCIÓN 1

Usted escribe en una revista digital sobre la actualidad social española y le han pedido un artículo de opinión sobre los resultados de una encuesta de satisfacción con los servicios públicos realizada recientemente entre la ciudadanía española. Para ello, dispone de la información de los siguientes gráficos.

En su artículo deberá:

- presentar el tema;
- valorar los datos que considere más significativos;
- dar su opinión sobre las posibles causas de insatisfacción de los/las españoles/as respecto a algunos servicios públicos;
- expresar su opinión sobre los servicios públicos españoles y proponer alguna/s medida/s de mejora.

Grado de importancia/satisfacción de los servicios públicos entre la población española

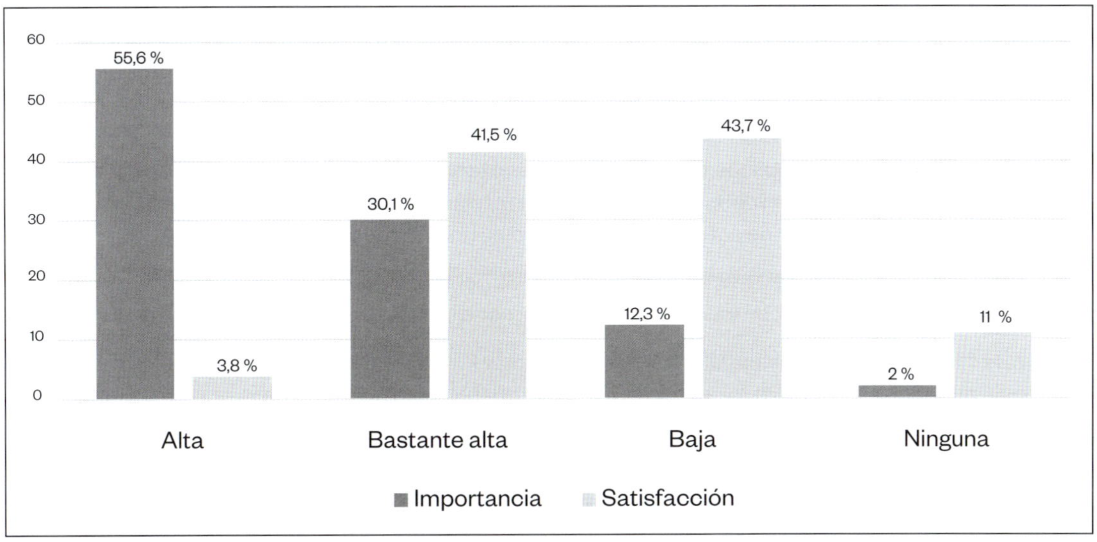

(Extraído de https://www.cis.es/es/detalle-ficha-estudio?origen=estudio&codEstudio=3430)

Grado de satisfacción ciudadana con los distintos servicios públicos

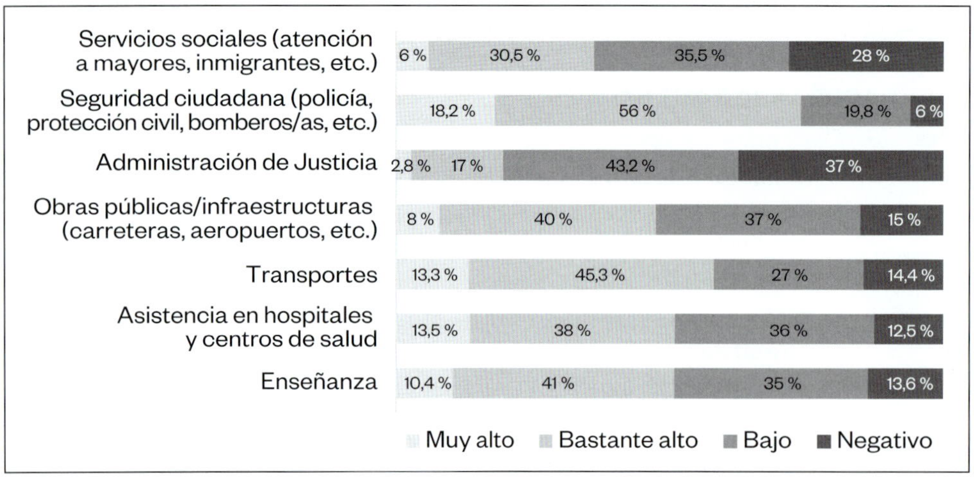

(Extraído de https://www.cis.es/es/detalle-ficha-estudio?origen=estudio&codEstudio=3430)

OPCIÓN 2

Usted ha tenido un problema con su teléfono móvil y la compañía telefónica no termina de resolverlo. Por este motivo deberá escribir una carta de reclamación a la dirección del departamento comercial de la compañía.

EL SECTOR DE LA TELEFONÍA ES EL QUE GENERA MÁS RECLAMACIONES

EN LOS ÚLTIMOS TRES AÑOS LAS RECLAMACIONES A LAS COMPAÑÍAS DE TELECOMUNICACIONES HAN AUMENTADO VERTIGINOSAMENTE.

Suelen estar motivadas principalmente por desacuerdos en la facturación, altas y bajas fraudulentas, impugnación de llamadas no realizadas a números de tarificación adicional y problemas de conexión a internet.

(Extraído de: https://www.aytotarifa.com/notice-category/mercado/)

En la carta deberá incluir:

- presentarse, exponer los hechos y explicar los motivos de la reclamación;
- especificar qué documentación aporta para justificar su reclamación;
- valorar de forma argumentada el servicio que ha recibido;
- opinar sobre la gestión de las compañías telefónicas y pedir una compensación.

TAREA 2 (opción 1)

Ejemplo de producción escrita

La justicia, el servicio público peor valorado por la sociedad española

Un estudio reciente del CIS revela datos interesantes sobre cómo ve la sociedad española los servicios públicos de su país. Por un lado, la gran mayoría cree que los servicios públicos son importantes. Sin embargo, solo la mitad de la población se siente satisfecha con ellos, lo cual puede estar avisándonos de deficiencias en el sistema o de que los/las españoles/as quizá seamos demasiado exigentes. Por otro lado, el grado de satisfacción tampoco es homogéneo.

La seguridad ciudadana es el servicio más valorado: casi tres cuartas partes de las personas encuestadas dicen estar satisfechas con él. Ojalá se les premie pronto su magnífico trabajo con una subida de sueldo, por ejemplo. No estaría mal como agradecimiento.

También superan el 50 % de satisfacción los transportes, la asistencia sanitaria y la enseñanza. Las obras públicas e infraestructuras se valoran positivamente, aunque solo rozan ese 50 %. Sin embargo, solo un tercio de la población está satisfecha con los servicios sociales.

Pero lo más grave es que, según las encuestas, apenas una de cada cinco personas españolas está satisfecha con la administración de la justicia. Me parece urgente agilizar los procesos judiciales contratando a más personal y modernizando sus equipos, puesto que la eficacia de la justicia es indispensable en un Estado de derecho. Además, sin ella, también los servicios públicos acabarían perdiendo calidad.

El texto debe tratar todos los puntos de las instrucciones. Aquí trata antes el contenido del primer gráfico porque su información general permite hacer la introducción del tema. Luego, destaca los datos más significativos del segundo gráfico, sin describirlo completamente porque entonces no se adecuaría a un artículo de opinión, sino a un informe. Por la misma razón, la valoración de los datos, las opiniones, las posibles causas y la propuesta de alguna/s medida/s requeridas en las instrucciones aparecen integradas en el resumen de los datos, no en un párrafo aparte.

Finalmente, el texto se centra en el resultado más bajo de la encuesta, y al ser un artículo de opinión, también debe ponérsele un título y cerrarse con alguna conclusión.

TAREA 2 (opción 2)
Ejemplo de producción escrita

A la atención de la directiva del Dpto. Comercial de Telefón:

Me llamo Claudia Ramos Esteban y me dirijo a ustedes para reclamar un error en la facturación de mis llamadas.

Hace dos meses empecé a recibir llamadas de números desconocidos. Al contestar, nunca había respuesta. Tampoco cuando yo devolvía la llamada, pero entonces me llegaba un mensaje comunicándome que la llamada realizada había tenido un coste de 20 euros. Viendo que se repetían, me puse en contacto con ustedes. El operador que me atendió me recomendó que no contestara, pero esa opción era poco práctica. Debido a mi trabajo, debo responder a llamadas sin número registrado. Se lo expliqué, pero no supo darme una solución y, por más que les llamo e insisto, siguen sin dármela. La última factura indica que pagué más de 300 euros por culpa de esta especie de fraude.

Además, hace ya dos semanas les envié copias de esos misteriosos mensajes y la última factura con los números desconocidos señalados. En definitiva, me parece indignante que todavía no me hayan respondido. Es vergonzoso que las compañías telefónicas solo llamen a sus clientes cuando les conviene. En consecuencia, además de la resolución urgente del problema, les exijo una indemnización para compensarme el tiempo perdido en estas gestiones.

Quedo a la espera de una pronta respuesta.

Un saludo.

En el texto de entrada (la noticia) se dan varias opciones como motivo de la reclamación. En este caso la candidata ha elegido el problema de facturación unido al del cobro de llamadas no realizadas. Luego se ha asegurado de dirigirla al destinatario que se pide en las instrucciones: a la atención de la directiva del departamento comercial de la compañía.

Después se han seguido las pautas indicadas en las instrucciones: se ha presentado, ha indicado el motivo principal de su carta y ha expuesto los hechos que han ocurrido y que motivan la reclamación.

En un segundo párrafo cumple con el resto de las pautas: especifica qué documentación justificativa ha aportado ya, valora el servicio de la empresa (indignante, porque aún no le han respondido), da su opinión general sobre las compañías telefónicas (es vergonzoso que...) y pide una indemnización (compensación económica). Finalmente se despide de manera formal y adecuada a la situación planteada.

Lee las dos opciones que se te ofrecen y elige con criterio. Administra bien el tiempo de la prueba.

Asegúrate de que entiendes bien la situación que se plantea en cada opción y lo que piden las instrucciones. Elige la opción según el tema y el tipo de texto (informe, artículo de opinión, carta, correo, etc.) que te resulten más familiares, y también el léxico y las estructuras gramaticales que te va a exigir el texto.

En la Tarea 1 se suele emplear más tiempo que en esta, te quedarán algo más de 35 minutos para la Tarea 2. Usa solo 1-2 minutos para elegir la opción y, una vez empieces a prepararla, no la cambies. Perderías bastante tiempo en volver a empezar.

No empieces a escribir directamente en la Hoja de respuestas del examen. Tómate tu tiempo para preparar el texto en un papel borrador (puedes dedicar hasta 15-20 minutos a prepararlo). Si lo estructuras bien, basta con emplear luego otros 15-20 minutos para terminar de escribirlo en la Hoja de respuestas y revisarlo.

Utiliza el papel borrador para tomar notas y organizar la estructura de tu texto. Luego, revísalo bien.

Divide el texto en párrafos separados: lo mejor es desarrollar cada pauta de las instrucciones en un párrafo diferente. Usa marcadores discursivos para ordenar los distintos párrafos y conectores para relacionar las ideas dentro de un mismo párrafo.

Comprueba que has escrito la puntuación y las tildes correctamente, que has usado un léxico variado y diversas estructuras gramaticales y conectores, y que has tratado todos los puntos de las instrucciones: no olvides expresar tu valoración y tu opinión. Revisa también que tu texto se corresponde con el género textual que se pide.

Para la opción 1, primero analiza la información del texto de entrada y selecciona los datos que vas a usar.

Antes de escribir, elige solo los datos más significativos de los gráficos, aquellos que presentan diferencias sustanciales. **Recuerda:** no se trata de incluir toda la información ni tampoco de "transcribir" los datos numéricos. Se deben seleccionar, resumir y reformular. También se recomienda contrastarlos (a veces lo exige la propia instrucción de la tarea).

Aprovecha los datos para elaborar el primer párrafo de introducción al tema, además del resumen que se suele pedir en las instrucciones.

1. Relaciona los datos numéricos con su lectura correspondiente en la columna derecha.

- **a.** 1%
- **b.** 2,3%
- **c.** 9%
- **d.** 23%
- **e.** 25%
- **f.** 30%
- **g.** 33%
- **h.** 38%
- **i.** 48%
- **j.** 50%
- **k.** 51%
- **l.** 55%
- **m.** 67%
- **n.** 75%
- **o.** 85%
- **p.** 90%
- **q.** 95%
- **r.** 97%

1. más de la tercera parte de...
2. una aplastante mayoría de...
3. las tres cuartas partes de...
4. casi un tercio de...
5. solo una pequeña minoría de...
6. roza la mitad de...
7. apenas uno de cada diez...
8. la mitad de...
9. es ligeramente superior a la mitad de...
10. dos de cada tres...
11. uno de cada tres...
12. una cuarta parte de...
13. una amplia mayoría de...
14. solo uno de cada diez no...
15. es significativamente inferior al resto de...
16. prácticamente la totalidad de...
17. supera la mitad de...
18. es algo inferior a la cuarta parte de...

2. Marca qué expresa el conector "mientras que" en la siguiente frase.

A Juan le encanta el tenis, **mientras que** Pablo prefiere el baloncesto.

- ☐ A) Simultaneidad
- ☐ B) Contraste
- ☐ C) Condición

3. Vuelve a mirar los gráficos de la opción 1. Selecciona los datos más significativos y haz un resumen de unas 6 líneas (50-60 palabras) como introducción al texto. Utiliza elementos de las dos actividades anteriores y otros conectores (*según, en cuanto a, respecto a, sin embargo, aunque*, etc.).

Expresión, mediación e interacción orales
Las claves de la TAREA 2

¿QUÉ SE EVALÚA?

- La capacidad de **participar en entrevistas** respondiendo a preguntas de carácter complejo, argumentando y ejemplificando una postura.

¿QUÉ TENGO QUE HACER?

- **Preparar la entrevista.**
- **Responder a preguntas de tu examinador/a** sobre el tema de la Tarea 1 (ámbito educativo o profesional) durante **4-6 minutos**. Las preguntas se agrupan en tres tipos:
  - Ampliación.
  - ¿Qué haría usted?
  - Personalización del tema.

¿QUÉ MATERIAL VOY A TENER?

- El **texto de la Tarea 1** e **instrucciones** para la entrevista.

INSTRUCCIONES

El/La examinador/a le hará una entrevista sobre el tema del texto de la Tarea 1.

Le formulará algunas preguntas para concretar, ampliar o personalizar el tema.

Responda a las preguntas argumentando sus opiniones y añadiendo ejemplos o detalles a sus explicaciones. La entrevista durará entre cuatro y seis minutos.

LA REVOLUCIÓN FAMILIAR

Bebés fuera del matrimonio, segundas parejas, madres solas, padres homosexuales, hijos de laboratorio o adoptados en la otra punta del mundo... Nuevos modelos conviven orgullosos con la familia clásica. Mientras algunos creen que vive su hora más difícil, sociólogos y demógrafos hablan del momento más rico y diverso de la institución mejor valorada en España.

Elena García Barón y su madre, Beatriz, son una nueva familia. Literalmente. Hace unas pocas décadas la reproducción asistida no existía. Victoria Anna Sánchez fue la primera niña nacida en España por fecundación *in vitro*, en 1984. Desde entonces, decenas de miles de niños y niñas han nacido en España gracias a estas técnicas que han hecho posible la maternidad y la paternidad no solo a parejas con problemas de infertilidad, sino a mujeres que, como Beatriz, deseaban ser madres sin necesidad de tener un compañero.

Beatriz no es una madre soltera en sentido estricto. En esta casa no hay padre, ni presente ni ausente. Son madre e hija. Una familia completa en sí misma. "Mucha gente que antes no quería o no podía formar una familia tradicional, ahora sí puede crear una. No la clásica, la de siempre, sino la suya propia. Seguramente, si no hubiera tenido la vía de la inseminación, ahora yo estaría sola. Habría una familia menos", dice la madre de la criatura.

La ciencia, el aumento de la esperanza de vida en más de quince años, la creciente independencia de las mujeres, el desarrollo económico y la tolerancia social hacia el ejercicio de las libertades personales están detrás de la historia de Beatriz y Elena y de otras muchas familias españolas. Se trata de una metamorfosis que se viene gestando de puertas adentro en los hogares desde hace unos 40 años. La revolución familiar.

La aprobación en el Congreso de los Diputados, el 21 de abril de 2005, de la ley de matrimonio entre parejas del mismo sexo fue un episodio más de una serie de cambios complejos que se han venido produciendo en el entramado familiar de este país. La familia nuclear clásica, compuesta por un hombre y una mujer casados y con voluntad de tener hijos, sigue siendo el modelo mayoritario, pero, desde luego, ya no es el único que se practica abiertamente y que goza de plena aceptación social.

Surgen, orgullosos, otros tipos de familia que antes o no existían –como la maternidad asistida y en solitario de Beatriz–, o no contaban con gran prestigio social –segundas parejas, madres o padres separados con sus hijos, individuos que viven solos–, o, directamente, permanecían en la semiclandestinidad, como las parejas y familias homosexuales con hijos.

La transformación se veía venir. En los años ochenta, en los noventa, cada vez con más frecuencia y en todas las clases sociales, todo el mundo empezó a tener amigos divorciados, familiares que se iban a vivir juntos sin casarse, vecinos que vivían solos porque sí o algún conocido que convivía con una pareja del mismo sexo. Pero la demografía no es una ciencia de respuesta rápida y diez años es el periodo que se considera mínimo para revisitar una población y comprobar qué hay de nuevo. Fue el censo de 2001 el que puso las cartas sobre la mesa.

Aquel año más de un millón de personas vivían en pareja sin estar casadas. Uno de cada cinco bebés nacía fuera del matrimonio. Había casi medio millón de hogares encabezados por una persona (mujer, en un 87 %) divorciada con sus hijos a cargo. Casi tres millones de españoles vivían solos. Y, por primera vez en la historia de la demografía española, 10 500 hombres y mujeres declaraban libremente su homosexualidad y que convivían con sus parejas afectivas del mismo sexo. Esas cifras han seguido aumentando hasta la actualidad y es una realidad de la vida familiar española. Algunos de sus protagonistas han querido presentarnos a su familia.

–Esta es Lidia –dice Martina a sus amigas del cole en la fiesta de su noveno cumpleaños señalando a una invitada más pequeña, siete años, que el resto de la panda.

–¿Y Lidia quién es?

–Pues la hija de la novia de mi padre.

Martina es tan explícita como Elena. Los niños dicen siempre la verdad. En la jerga sociológica, una familia reconstituida. Una de las más de 300 000 que se declaran como tales en el censo de estos últimos años. Javier y Sandra, de unos cuarenta años, divorciados de sendos primeros matrimonios, crearon un nuevo hogar cuando tuvieron a Sara, de dos años, su única hija común. Javier tiene una hija de su anterior esposa: Martina. Sandra, dos: Miguel y Lidia. Viven todos juntos. Bueno, Martina viene y va. Este curso escolar le toca estar con su padre, pero el anterior y el próximo estuvo y estará con su madre, dado que ambos excónyuges tienen la custodia compartida de la niña. La madre de Sandra es viuda y vive en casa por temporadas para cuidar de todos mientras su hija, azafata de una compañía aérea, vuela por el mundo. No, las teleseries no se inventan nada. La realidad es mucho más interesante.

(Adaptado de: https://elpais.com/diario/2005/10/09/eps/1128839212_850215.html)

TAREA 2
Ejemplo de producción oral

16

Entrevistador/a: Usted ha hablado de la revolución familiar. ¿Qué opinión le merece el tema?

Candidato/a: Bueno, pues yo creo que es cierto lo que la autora afirma en cuanto a los cambios sociales en la familia. Antes existía un único modelo, las familias estaban compuestas por un padre, una madre y sus hijos, si es que estos llegaban. Ahora es todo diferente. La sociedad, la globalización, la economía y otros aspectos son los que marcan el ritmo de la creación de la familia, de hecho el concepto en sí ha cambiado muchísimo. Ahora una familia puede estar compuesta por dos hombres, o dos mujeres, o una mujer y su hijo, etc. No lo veo ni bien ni mal, simplemente es así. Nos vamos adaptando a los cambios sociales y con ellos los modelos de familia, pues claro, evolucionan, ¿no?

Entrevistador/a: Pero usted afirma que una madre y un hijo son un núcleo familiar. ¿No cree que le falta algo?

Candidato/a: Bueno, sociológicamente es una familia, porque la falta de un compañero o padre no impide que bajo ese techo haya un tipo de relaciones que podamos describir como familiares. Es que, si una madre y un hijo no son una familia, ¿cómo tendríamos que definirlo?

Entrevistador/a: Bueno, sí, claro, pero quizás se le podría dar otro nombre.

Candidato/a: Sí, pero ahora mismo yo no sabría cuál. Para mí es una familia, como también lo son una pareja que no tenga hijos.

Entrevistador/a: Entonces, tiene que haber más de una persona bajo un techo para que se llame así.

Candidato/a: Pues sí, porque una persona sola para mí no es una familia, aunque quizás se debería contar como tal puesto que paga los impuestos correspondientes. De todas formas, si yo quisiera hijos y estuviera solo, me plantearía la adopción.

Entrevistador/a: Pero en muchos países no existe la adopción para personas solteras.

Candidato/a: Sí, eso es cierto, habría que cambiar las leyes, porque creo que todas las personas deberíamos ser libres a la hora de decidir si deseamos tener o no un hijo. Además, una persona sola puede dar mucho amor a un niño que no tenga padre ni madre. No entiendo por qué todos estos impedimentos.

ENTREVISTADOR/A: ¿Cree que todas las parejas podrían tener la posibilidad de adoptar?

CANDIDATO/A: Bueno, esa es una cuestión controvertida, todo el mundo expresa sus opiniones o juicios sobre este tema, pero yo no lo tengo claro. Aunque si hay personas que tienen amor suficiente para dar a niños abandonados, ¿por qué no?

ENTREVISTADOR/A: De acuerdo, pasemos a la siguiente tarea.

El/La examinador/a, que actúa de entrevistador/a, va a intentar tocar puntos que quizás has expresado más o menos fugazmente en el monólogo que has realizado; por eso aparecen frases como: "usted ha dicho", "con respecto a lo que ha mencionado", "según su opinión", etc.

Además, el/la examinador/a hará preguntas concretas sobre puntos específicos del tema que tendrás que desarrollar, por ejemplo, en este caso se habla en profundidad del concepto social de familia o de la adopción.

En algunos momentos te puede parecer que las preguntas son difíciles, no por cómo se plantean, sino por el contenido.

Si no se tiene una respuesta concreta, se puede rodear el tema generalizándolo o incluso expresando que no se tiene una opinión al respecto.

El/La examinador/a intentará provocar una interacción contraponiendo temas o pidiendo aclaraciones. En este caso lo hace con la aclaración del concepto de familia; es siempre recomendable defender la idea que se tiene al respecto y no cambiarla solo porque el/la entrevistador/a haya creado un momento de contraposición.

Utiliza una parte del tiempo de preparación previo al examen para pensar en algunas preguntas que el/la entrevistador/a puede hacerte y preparar la respuesta.

El/La entrevistador/a puede hacerte tres tipos de preguntas:

- **Ampliación del tema:** preguntas para ampliar la información de algunos puntos que has tratado en tu monólogo durante la Tarea 1. Escribe dos o tres preguntas sobre los puntos del texto que son más interesantes o polémicos, o bien sobre algún punto que hayas tratado menos en tu monólogo.
- **¿Qué haría usted?:** preguntas hipotéticas en las que debes responder qué harías si fueras una de las personas de las que trata el texto o si fueras miembro del Gobierno para solucionar un problema determinado, etc. Escribe también dos preguntas de este tipo. En estas preguntas presta atención al uso correcto de las estructuras condicionales.
- **Personalización del tema:** preguntas sobre tu experiencia personal en relación con el tema del texto o sobre personas que conoces a las que les haya ocurrido lo mismo que en el texto, etc. Estas son más imprevisibles, pero está bien si te preparas dos o tres de este tipo también.

Cuando escribas estas preguntas en la sala de preparación, ve contestándolas por escrito. Luego, subraya palabras clave de tus respuestas e intenta memorizarlas un poco repitiéndolas mentalmente. Quizá en la entrevista no te hagan exactamente las preguntas que habías preparado, pero solo el hecho de preparártelas te ayudará a responder a otras y probablemente no sean tan diferentes.

1. Lee el siguiente artículo y escribe dos preguntas de cada tipo (ampliación, qué haría usted y personalización del tema) que podría hacerte el/la entrevistador/a sobre el tema del texto. Luego respóndelas imaginando que estás en la entrevista.

LA OCU ALERTA SOBRE EL TIMO TELEFÓNICO EN EL QUE TODO EL MUNDO PICA

La Organización de Consumidores y Usuarios (OCU) ha alertado sobre un nuevo tipo de estafa telefónica que afecta a muchos españoles, relacionada con la tecnología 5G. En este fraude, los estafadores se hacen pasar por representantes de compañías de telecomunicaciones y presionan a los usuarios para que cambien sus *routers* domésticos a unos supuestamente compatibles con 5G. Argumentan que hay un plazo urgente de un mes para realizar el cambio y que, aunque el costo oscila entre 90 y 170 euros, este será cubierto por una promoción.

Una táctica común es ofrecer una rebaja en la tarifa de servicios, haciendo que la oferta parezca atractiva.

Sin embargo, los estafadores están vinculados a otra empresa que no forma parte del grupo de la compañía original, como ellos afirman. Tras aceptar, el consumidor recibe una segunda llamada para hacer la portabilidad de su línea telefónica, limitando así la posibilidad de revertir la situación.

La OCU recomienda a los usuarios desconfiar de llamadas no solicitadas que propongan cambios en tarifas o servicios sin previo aviso por escrito. La normativa exige que cualquier modificación contractual sea comunicada con al menos 30 días de antelación. Si ya se ha aceptado la oferta fraudulenta, es crucial desistir antes de que un técnico instale nuevos equipos, evitando así indemnizaciones. La OCU aconseja denunciar el incidente a la policía y contactar con el operador anterior para volver a las condiciones originales.

Entre las tácticas más utilizadas en este tipo de fraudes telefónicos se incluyen el "vishing" (suplantación de empresas para obtener datos personales), "llamadas fantasma" (sin interlocutor para tarificar servicios adicionales), y "grabaciones de voz" que buscan respuestas simples como "sí" para engañar al usuario. Para protegerse, es esencial no proporcionar información personal por teléfono, bloquear números sospechosos y evitar devolver llamadas a números desconocidos. Mantenerse alerta puede prevenir caer en estas estafas.

(Adaptado de https://okdiario.com/curiosidades/ocu-alerta-sobre-timo-telefonico-que-todo-mundo-pica-12452273)

2. Ahora escucha una parte del examen en la que el entrevistador le hace preguntas relacionadas con este texto a una candidata. ¿Coinciden con tus preguntas? ¿Preguntan lo mismo de diferente forma? ¿Las respuestas que has dado son parecidas?

17

Si no sabes qué responder a una pregunta, haz una contrapropuesta.

Puedes decir que la pregunta no tiene nada que ver con tu ámbito profesional o con tu entorno y que sobre eso no sabrías qué opinar, pero que sí tienes algo que decir sobre otro aspecto de ese tema.

Una parte del juego de la entrevista es que el/la entrevistador/a siempre te contradiga.

Si es así, no te preocupes. El objetivo es provocarte una reacción que te lleve a hablar más. Lo importante es que defiendas tus ideas adecuándote al registro e interactuando con naturalidad. En la entrevista se puede tutear, no hablar en la forma "usted". Mantén el registro informal, pero no demasiado coloquial.

Si eres consciente de algún error importante, autocorrígete.

Si te das cuenta de que una respuesta o una frase que has dicho no está bien expresada o es confusa, siempre puedes decir: "No sé si me he expresado bien, lo que quería decir es que..." y autocorregirte.

¡Hora de trabajar!

UNIDAD

3

En esta unidad vamos a hablar del mundo laboral y sobre el ámbito empresarial y financiero. Daremos un paseo por la economía española y el mercado laboral español.

Para ello vamos a aprender:

RECURSOS PARA LA COMUNICACIÓN
- → Redactar cartas de presentación y textos expositivos
- → Leer y entender artículos sobre economía y finanzas
- → Describir y comparar trabajos y productos financieros
- → Hablar sobre la economía del país propio y compararla con la de otros lugares

LÉXICO
- → El mundo del trabajo
- → Las finanzas y la economía

GRAMÁTICA
- → Uso de los conectores concesivos, causales y finales
- → Uso de los tiempos del pasado
- → Uso del subjuntivo en oraciones temporales

CULTURA
- → Economía y situación del mercado laboral en España
- → Los sectores de la economía chilena

TEXTOS
- → Textos descriptivos
- → Textos informativos

ECONOMÍA Y TRABAJO

El mundo laboral
- Soy funcionario, pero a media jornada.
- Se precisa químico para cubrir vacante en empresa alimentaria.
- En el currículum adjunto comprobarán mis aptitudes para...
- Ser informático seguirá teniendo muchas salidas.

El mundo empresarial
- Hizo un negocio redondo, pero se fue a pique por culpa de la inflación.
- Iremos a la quiebra, salvo que cerremos esta operación.
- Mientras podamos, les abasteceremos con lo que produzcamos.
- Unos emprendedores solicitan financiación para poner en marcha su proyecto.

El mundo económico y financiero
- La tasa de paro del país alcanza el 8,7 %, pero el PIB ha aumentado en un 6 %.
- Las economías subbancarizadas suelen depender de las remesas.
- Las *fintech* son clave para la inclusión financiera.
- Esta guía de ahorro doméstico ayuda a eliminar gastos superfluos.

1. El mundo del trabajo

A. **Lee este cuestionario que un instituto de empleo juvenil entrega a jóvenes demandantes de empleo y rellénalo.**

INSTITUTO DE EMPLEO JUVENIL

Nombre: ....

Edad: ....

Domicilio: ....

¿Has trabajado anteriormente? Sí ☐ No ☐

En caso afirmativo completa la siguiente información:

Puesto de trabajo: ....

Empresa: ....

Tipo de contrato: ....

Puesto de trabajo: ....

Empresa: ....

Tipo de contrato: ....

Puesto de trabajo: ....

Empresa: ....

Tipo de contrato: ....

¿Cuáles crees que son las profesiones más demandadas actualmente?

....

¿Has pensado alguna vez en crear un negocio? ¿De qué tipo?

....

B. **Comenta tus respuestas en clase.**

C. **Vas a leer tres fragmentos de una conversación que tres directivas de una gran empresa tuvieron en una comida tras una reunión de trabajo. Una vez los hayas leído, relaciona las expresiones de la columna izquierda con los enunciados de la columna derecha.**

EVA: Marta, ¿sabes si Jaime **ha asumido ya el cargo** de director en su departamento?
MARTA: Creo que sí, el director de Recursos Humanos tenía mucha prisa por **cubrir la vacante** que había quedado tras la marcha de Elena.
OLGA: Ya era hora, creo que será la persona ideal para **negociar las condiciones laborales** con los trabajadores y las trabajadoras. Por cierto, ¿adónde ha ido Elena? ¿Ha cambiado de empresa?

OLGA: ¿Habéis oído lo de Juan? Ha decidido crear una empresa de **suministro de productos** para hostelería. Por lo visto conoce bien ese mundo ya que su familia tiene dos hoteles en Benidorm.
MARTA: Espero que le vaya muy bien. La verdad es que ha sido un buen compañero de trabajo. ¿Sabes si tiene a mucha gente trabajando para él?
EVA: No sé cuánta, pero lo que sé es que no contrata, la gente que está en su oficina **trabaja como autónoma**.

MARTA: ¿Habéis leído qué dice el periódico?: "Según la nueva ley, a partir del próximo mes será necesario haber trabajado como mínimo tres años para **solicitar el subsidio de desempleo**". Pues vaya, no sé qué hará la juventud cuando se le acaben sus contratos.
OLGA: Sí, y más en los días que corren, que parece que **ampliar un contrato** es tan difícil como que te toque la lotería.
EVA: Chicas, yo me voy, tengo que coger el tren. Me voy a Zaragoza pitando que hoy **cerramos una operación** muy importante con una cadena hotelera de allí, hasta luego.

1. Asumir el cargo
2. Cubrir la vacante
3. Negociar las condiciones laborales
4. Suministrar productos
5. Trabajar como autónomo/a
6. Solicitar el subsidio de desempleo
7. Ampliar el contrato
8. Cerrar una operación

a. Llegar a un acuerdo comercial y formalizarlo
b. Fijar horarios, salarios, días de vacaciones...
c. Tener un trabajo sin depender de una empresa u otra persona
d. Ocupar un puesto de trabajo que ha quedado libre
e. Hacerse cargo de una responsabilidad dentro de la empresa
f. Vender lo necesario a una empresa para su actividad
g. Pedir una ayuda económica al Estado en caso de fin de contrato o despido
h. Prolongar la relación laboral con la empresa

2. Mi trabajo es...

18

A. Vas a escuchar a tres personas que hablan de cómo son sus respectivas profesiones. Completa la tabla con las características de los trabajos que realizan.

	1	2	3
Es funcionario/a		*Es funcionaria. Trabaja como...*	
Es autónomo/a			
Trabaja en una multinacional			
Es un/a emprendedor/a			
Está pluriempleado/a			
Trabaja a media jornada			

18

B. Vuelve a escuchar la audición y resume lo que dice cada persona.

1. ....
2. ....
3. ....

3. El primer trabajo

A. Marcos ha empezado a buscar trabajo. Aquí tienes su carta de presentación. Léela y piensa qué trabajos podría desempeñar.

Muy señores/as míos/as:

Hace tres meses terminé los estudios de Administración y Dirección de Empresas, en la especialidad de Marketing, en la Universidad de Cádiz (uno de los cursos lo realicé en la Universidad de Glasgow).

En el currículo que les adjunto comprobarán que hice un programa de prácticas durante seis meses en el Departamento Comercial de la empresa Smith & Jones de Bristol (Reino Unido). Además de ser mi primer contacto con el mundo comercial, supuso para mí una profundización en el conocimiento de la economía británica.

A pesar de estar especializado en *marketing* me considero apto para llevar a cabo diferentes trabajos dentro de la gestión empresarial. Soy una persona responsable, abierta a nuevos retos y con una gran capacidad para trabajar en equipo.

Mi deseo es incorporarme cuanto antes al mercado de trabajo y por esa razón les remito la presente carta. En caso de que necesiten a alguien de mis características no duden en ponerse en contacto conmigo.

Les agradezco de antemano la atención prestada. Reciban mis más cordiales saludos.

B. ¿Cuál de estos tres anuncios de trabajo crees que es el más adecuado para el perfil de Marcos?

1 Administrativo/a

Se precisa administrativo/a para importante empresa del sector de la alimentación ubicada en Bilbao.

Requisitos
- Coche propio
- Experiencia demostrable (mínimo 2 años en puesto similar)
- Estudios de Secretariado o similar

Se ofrece
- Sueldo fijo más variables
- Horario flexible
- Posibilidades de promoción

Inscribirme

2 Comercial júnior

Importante empresa nacional del sector energético precisa incorporar comerciales.

Requisitos
- Estudios de Economía, Derecho o similar
- Disponibilidad horaria y geográfica
- Inglés (nivel alto)
- No es necesaria experiencia

Se ofrece
- Incorporación inmediata
- Coche de empresa
- Sueldo fijo más variables
- Incentivos

Inscribirme

3 Asesor/a laboral

Importante gestoría precisa asesor/a laboral para sus oficinas en Santander

Requisitos
- Experiencia en contabilidad
- Amplios conocimientos de aplicaciones informáticas contables (SAP...)
- Estudios de nivel de bachillerato

Se ofrece
- Horario intensivo
- Sueldo en catorce pagas anuales
- Seguro médico y plan de pensiones

Inscribirme

4. Actividades económicas

A. Clasifica las siguientes profesiones en las diferentes actividades económicas que te proponemos más abajo (en algunos casos pueden ir en más de un grupo).

banquero/a
dependiente/a
veterinario/a
taxista
agricultor/a
recepcionista
transportista
granjero/a
economista
asesor/a fiscal
camarero/a
contable
analista financiero/a
jefe/a de planta de producción
operario/a de mantenimiento
operario/a de cadena de montaje

Finanzas	Industria	Servicios	Agricultura/ Ganadería	Otros
....	....	....	....	....
....	....	....	....	....
....	....	....	....	....
....	....	....	....	....
....	....	....	....	....
....	....	....	....	....
....	....	....	....	....

B. Junto con tu compañero/a, intenta completar las listas anteriores con otras profesiones que conozcáis.

C. Piensa en qué profesiones desaparecerán en un futuro próximo y a cuáles, en cambio, les espera un buen porvenir. Intenta explicar el porqué de tu decisión.

PROFESIONES QUE DESAPARECERÁN	¿POR QUÉ?
cartero/a	En el futuro la comunicación por carta dejará de existir.

PROFESIONES CON FUTURO	¿POR QUÉ?
analista informático/a	La informática está cada vez más presente en nuestras vidas.

D. Una vez hayas completado el cuadro, comenta con el resto de la clase tus resultados.

- *En mi opinión, la profesión de costurera desaparecerá, porque cada vez más, la gente compra ropa a precios muy bajos y no vale la pena arreglarla cuando se estropea.*
- *Yo no estoy de acuerdo, creo que siempre habrá gente dispuesta a pagar por arreglar una cremallera o acortar unos pantalones.*

5. El mercado laboral

A. ¿Qué cualidades crees que debe tener un/a director/a de una empresa de publicidad? Discútelo con tu compañero/a.

- *Yo creo que debe ser una persona creativa pero, además, debe ser buena agente comercial.*

B. Una empresa de cazatalentos busca a alguien para cubrir el puesto de director/a en una prestigiosa agencia de publicidad. Lee los siguientes perfiles profesionales y completa la tabla de abajo puntuando de 1 a 5 (1 nota mínima, 5 nota máxima).

1

Nombre: Ana García

Edad: 37 años

Estudios: licenciada en Derecho por la Universidad de Barcelona, curso de posgrado en Técnicas publicitarias realizado en la Università di Milano.

Experiencia: comercial en el Departamento de Publicidad del periódico *La Vanguardia* (2012-2015). Asesora de la dirección económica en el Departamento Legal de la agencia de publicidad Ogilva & Matos (2015-2020), directora de gestión de grandes cuentas en la misma agencia desde 2021 hasta hoy.

Carácter y aptitudes: Persona extrovertida e imaginativa con una gran capacidad de trabajo en equipo.

Otros: casada y con una hija de tres años.

2

Nombre: Alberto Sanz

Edad: 53 años

Estudios: bachillerato.

Experiencia: amplia experiencia en el mundo de la publicidad como director creativo en diferentes empresas (Macán Publicidad, Anuncia T, Creativos Unidos...) especialmente en publicidad estática y publicidad en prensa escrita.

Carácter y aptitudes: persona disciplinada y con grandes dotes de mando, gran conocedor del mundo publicitario.

Otros: casado y con cuatro hijos. Premio a la mejor campaña publicitaria en el Festival de Kans (2024).

3

Nombre: Julio Palacios

Edad: 32 años

Estudios: licenciado en Periodismo. Máster en Técnicas publicitarias en el Instituto Europeo de Negocios (Madrid). Curso de posgrado en Publicidad digital y nuevos soportes publicitarios.

Experiencia: responsable del Departamento de Nuevos Formatos en la agencia Sachi & Pachi (2017-2019). Responsable de nuevos canales y redes sociales en la Agencia Omicrón (2020).

Carácter y aptitudes: trabajador dinámico y tenaz. Voluntad de mejora continua y ganas de aprender. Experto en nuevas tecnologías.

Otros: soltero, director de cortos de animación.

	Experiencia	Creatividad	Trabajo en equipo	Formación	Liderazgo	TOTAL
Ana						
Alberto						
Julio						

19

C. Escucha estos tres fragmentos de las entrevistas que se hicieron en la agencia de cazatalentos y relaciónalos con cada persona candidata.

1. .... 2. .... 3. ....

D. Según lo que has escuchado y leído, haz una pequeña descripción escrita de cada persona candidata.

- *En mi opinión, Ana es joven pero parece muy segura de sí misma...*

6. Mi país es...

A. ¿Sabes cuáles son los sectores más importantes de la economía de tu país?

- *Yo diría que la economía de mi país se basa, principalmente, en la industria y el turismo.*

B. Lee la siguiente información referente a datos económicos, sociales y geográficos. ¿Sabes de qué país se puede tratar?

Supera ya los 20 millones de habitantes.

LA TASA DE PARO ALCANZA EL 8,7 % EN 2024.

SE ENCUENTRA EN EL SUR DE AMÉRICA.

LA ACTIVIDAD MINERA SIGUE SIENDO IMPORTANTE PARA LA ECONOMÍA DEL PAÍS.

CASI EL 40 % DE SU PIB LO GENERA LA REGIÓN METROPOLITANA DE SANTIAGO.

Su economía es una de las más desarrolladas de América Latina.

Tiene muchísimos kilómetros de costa.

DURANTE MUCHOS AÑOS SUFRIÓ UNA DICTADURA MILITAR.

C. Lee el siguiente texto y comenta con tus compañeros/as los datos que más te llamen la atención.

Chile: Una economía en crecimiento

La economía chilena destaca entre las más estables del mundo. El mercado estimula la libre competencia y la apertura comercial, al tiempo que las autoridades cuidan y promueven la disciplina fiscal. Entre 1990 y 1999, la actividad económica creció 6,1 %. Si se compara con los últimos 10 años, cuando la economía creció en promedio 1,9 %, se completarán dos décadas creciendo en torno al 2 %.

Los mejores socios del crecimiento de la última década son la responsabilidad fiscal y los programas sociales que han reducido de modo significativo la pobreza. El modelo chileno ha sido reconocido internacionalmente por connotados especialistas y medios de comunicación de prestigio. Todos destacan el éxito económico del país, la disciplina fiscal y los programas sociales de gran impacto. Se trata de una economía abierta, competitiva, orientada al libre comercio y con una fuerte política exportadora. Si bien quedó estancada durante la década de 2009 a 2019, ha vuelto a tomar impulso en estos últimos años, recuperándose satisfactoriamente.

La economía también muestra avances en construcción de viviendas sociales y en amplios programas de acceso a la educación. Los índices de pobreza han disminuido de modo significativo en las últimas décadas, desde el 38 % en 1990 al 6,5 % en este último lustro. Aún subsiste la inequidad en la distribución de los ingresos, tarea que une a todos en la búsqueda de soluciones permanentes a la desigualdad.

Una decidida política de ahorro de reservas da respaldo a la estabilidad de la economía y permite hacer frente a los períodos de crisis que afectan a la economía mundial. El uso racional de las divisas que genera el cobre y el ahorro sistemático de los superávits fiscales hicieron posible sumar reservas superiores al 12 % del PIB y aprobar recientemente en el Parlamento un reajuste presupuestario de un 5,7 %.

De acuerdo a informes del Fondo Monetario Internacional, el indicador de producto interno per cápita otorga a Chile el liderazgo entre los países de América Latina. El PIB per cápita de Chile en 2023 fue de 15 939 €, 1300 € mayor que el de 2022, que fue de 14 639 €. Para ver la evolución del PIB per cápita resulta interesante mirar unos años atrás y comparar estos datos con los del año 2013 cuando el PIB per cápita en Chile era de 11 854 €. Aunque los dos pilares de la economía chilena son la minería y la agricultura, Chile dispone de una amplia oferta de productos, servicios y oportunidades.

(Adaptado de: https://www.marcachile.cl/chile_20global/)

Puedes encontrar una actividad parecida en el **EXAMEN**. →
¡Practica y prepárate!

D. Resume cada uno de los párrafos del texto en una o dos frases.

E. **Diferentes estudiantes han leído el texto y luego lo han comentado. Marca las opiniones que creas que se ajustan a lo que dice el texto.**

1

a. Por lo que yo he entendido, la tasa de pobreza en la población chilena es la misma que hace veinte años.
b. ¿Tú crees? Yo creo que lo que dice el texto es que ha bajado considerablemente.
c. ¡Qué va! Lo que dice es que es casi inexistente.

2

a. Dice el artículo que el crecimiento económico de Chile ha sido un proceso gradual.
b. Pues por lo que yo he entendido, creo que ha sido algo rápido.
c. Os equivocáis; lo que dice es que el crecimiento ha sido inexistente.

3

a. Chile se parece a mi país, su economía se basa principalmente en la automoción.
b. ¡Qué dices! Es más como Suiza, la principal fuente de ingresos son los servicios financieros.
c. Creo que no habéis entendido bien el texto; su economía se basa en los recursos naturales (minería, agricultura) y en el sector servicios.

4

a. Lo que yo he entendido es que Chile dispone de un sector industrial líder a nivel mundial.
b. ¿Sí? Yo no he leído eso en ningún momento. Creo que lo mejor de su economía es que dispone de reservas económicas para afrontar periodos de crisis.
c. Es cierto, y además tiene el tercer PIB per cápita de América Latina.

F. **Busca en internet la información necesaria para completar la siguiente ficha con datos sobre la economía de tu país.**

País: ....

Habitantes: ....

Principales sectores económicos: ....

....

....

Principales empresas: ....

....

....

Tasa de paro: ....

Renta per cápita: ....

7. Hablemos de trabajo

A. **Cuatro personas de la empresa Telefonisa nos hablan de diferentes aspectos de sus respectivos trabajos. Lee los textos, en los que hay algunas expresiones idiomáticas relacionadas con el trabajo, los negocios y el dinero, e intenta descubrir su significado por el contexto.**

Me llamo Juan, tengo 32 años y trabajo en una gran empresa de telefonía como administrativo. Aunque **trabajo como un burro**, gano poco dinero, tengo muchos gastos y **no llego a fin de mes**. A partir del día 25 siempre **estoy sin un duro**.

Aquí siempre hay problemas con los ordenadores, **trabajo de sol a sol**. A veces ya me he ido a casa y me llaman para que vuelva por alguna emergencia... No paro en todo el día mientras que hay otras compañeras que **no dan ni golpe**. No es justo pero... qué se le va a hacer.

Llevo en la empresa casi veinte años, hace dos que soy director de departamento. Antes era administrativo pero el anterior director comercial **hizo un negocio redondo** vendiendo unas propiedades de su familia y dejó la empresa, ahora **está forrado**. Así que aquí estoy, dirigiendo a un equipo de más de cuarenta personas; es un gran reto.

Yo antes trabajaba en una empresa de transportes, allí **cortaba el bacalao** pero la empresa **se fue a pique** y tuve que **buscarme la vida**. Hace casi un año que estoy en Telefonisa y, la verdad, no me puedo quejar. Las condiciones de trabajo no son malas y el ambiente de trabajo es muy bueno.

B. **En la columna izquierda tienes las expresiones destacadas en el texto. Sustituye cada una de ellas por la frase equivalente de la columna derecha.**

Expresiones de registro informal y coloquial:

1. Trabajar como un/a burro/a
2. Estar sin un duro
3. No dar ni golpe
4. Estar forrado/a
5. Cortar el bacalao

Expresiones de registro neutro:

6. No llegar a fin de mes
7. Trabajar de sol a sol
8. Hacer un negocio redondo
9. Irse a pique
10. Buscarse la vida

a. Trabajar mucho.
b. No tener dinero.
c. Desaparecer (una empresa).
d. Hacer un buen negocio.
e. Tener mucho dinero.
f. No hacer nada en el trabajo.
g. Ser la persona que manda o con más responsabilidad.
h. Trabajar todo el día.
i. Trabajar o hacer algo para subsistir.
j. No tener suficiente dinero para vivir.

8. Opiniones enfrentadas

Los conectores

- ***por culpa de* + sustantivo**
La reunión no se celebró **por culpa del director** general.
- ***dado que* + indicativo**
Dado que ya estamos todos, podemos empezar.
- ***en consecuencia* + indicativo**
La situación por la que pasa la empresa es mala. **En consecuencia**, este año no **pagaremos** incentivos.
- ***con tal de* + infinitivo**
Con tal de conseguir nuevos clientes, haría cualquier cosa.
- ***con tal de que* + subjuntivo**
- ***salvo que* + subjuntivo**
Nos vemos mañana a las nueve **salvo que surja** algún imprevisto.
- ***a pesar de* + infinitivo o sustantivo**
A pesar de tener menos de treinta años, ya tiene mucha experiencia.

Vas a encontrar una actividad → parecida en el **EXAMEN**. **¡Practica y prepárate!**

A. Completa con los conectores propuestos las opiniones sobre la economía y el mundo laboral que se presentan a continuación.

1

contrariamente a | por culpa de | dado que

Yo creo que la economía es lo que mueve al país .... lo que piensan muchas personas, yo soy de la opinión de que las empresas son las que crean riqueza .... son las que proporcionan puestos de trabajo y hacen crecer el consumo. Muchas veces se pierden oportunidades de negocio y trabajo .... personas idealistas que no quieren ver la realidad tal como es.

2

mientras que | con tal de | aunque

Vivimos en un sistema basado en el crecimiento continuo de la economía y, ... el nivel de vida ha mejorado mucho para la clase trabajadora en mi país, tenemos que pensar que los recursos son limitados. Hay empresas que .... ganar dinero son capaces de acabar con los recursos naturales de una región. No es posible que los países ricos consumamos tanto ...... gran parte del planeta se está muriendo de hambre, creo que es muy injusto.

3

pese a | salvo que | en consecuencia

En mi opinión, la situación actual es bastante negativa: una gran parte de la población juvenil está desocupada y, ..., descontenta con el actual sistema económico. La situación no parece que vaya a mejorar .... las promesas de la clase política, que cada vez parece más desconectada de la sociedad. Según mi parecer, habría que rediseñar el actual sistema económico y político pero parece algo imposible ...., por una vez en la historia, el sentido común se imponga a los intereses económicos.

B. Relaciona los siguientes enunciados formando frases lógicas.

1. Lo han despedido **por culpa de**
2. Cancelaremos la reunión **dado que**
3. La empresa está en quiebra, **en consecuencia**
4. Haría lo que fuera **con tal de**
5. No encuentra trabajo **aunque**
6. Cerraré la tienda **salvo que**
7. La empresa tiene pérdidas **pese a**
8. El presidente llevó al país a la ruina y **por eso**

a. ha hecho ya más de veinte entrevistas.
b. el aumento de las ventas este año.
c. sus continuas faltas de asistencia.
d. me den un crédito para pagar las nóminas de los dependientes.
e. va a cerrar en las próximas semanas.
f. no ha venido nadie.
g. trabajar en algo relacionado con lo que estudié.
h. se vio obligado a dimitir.

C. Teniendo en cuenta las opiniones que has leído anteriormente, piensa con quién estás de acuerdo y con quién no. Coméntalo con tu compañero/a.

9. La experiencia es un grado

Vas a encontrar una actividad → parecida en el **EXAMEN**. **¡Practica y prepárate!**

A. Magnus cuenta en un blog sus experiencias en el mundo del trabajo. El problema es que no sabe qué tiempos del pasado utilizar y ha puesto diferentes opciones. ¿Lo puedes ayudar a escoger el más indicado? En algunas frases hay más de una opción correcta.

EL BLOG DE MAGNUS

Me llamo Magnus Frisk, soy sueco y tengo 37 años. En la actualidad trabajo en mi propia empresa, desde hace dos años tengo una agencia de viajes de aventura en internet, pero hasta llegar aquí **haya desempeñado/he desempeñado/hubiera desempeñado** diferentes trabajos. Os explicaré un poco cuál ha sido mi trayectoria laboral. No es que **haya sido/fue/era** algo espectacular pero quizás animo a alguien a crear su propia empresa.

En 2022 **terminaba/hubiera terminado/terminé** mis estudios de arquitectura y me **había puesto/puse/ponía** a buscar trabajo pero, como no **encontraba/encontré/he encontrado** nada de lo mío, **decidía/haya decidido/decidí** irme unos meses a trabajar a Londres. No me lo pensé demasiado, me fui antes de que nadie me **dijo/dijera/haya dicho** que era una locura irse sin tener un contrato firmado.

Al poco de llegar **encontré/encontraba/haya encontrado** trabajo de camarero y una noche **conocía/hubiera conocido/conocí** a una chica, Sandy, que me **propuso/proponía/ha propuesto** trabajar como diseñador gráfico. **Estuve/hubiera estado/estaba** trabajando en su empresa durante tres años hasta que **conocía/conocí/había conocido** a Kate, una chica australiana con la que me **casé/casaba/hubiera casado** al cabo de dos años.

Nos **hayamos ido/íbamos/fuimos** a vivir a Australia y **habíamos abierto/abríamos/abrimos** una tienda de comida sueca de importación en Sídney. La verdad es que la cosa no **fuera/haya ido/fue** muy bien y, cuatro años después, **cerramos/hubiéramos cerrado/haya cerrado** la tienda. Parece que a los australianos no les **gustara/gustaba/había gustado** demasiado la gastronomía de mi país. Me desanimó un poco que la tienda no **funcionaba/funcionara/ha funcionado** porque **puse/ponía/pusiera** todas mis energías en aquel proyecto.

Tuvimos/Hayamos tenido/Tuviéramos que empezar de cero y, en esta ocasión, nos **metimos/metíamos/hemos metido** en el sector turístico, ya que Australia es un país todavía por explotar en este campo. Como os **dijera/decía/he dicho** antes, **abriéramos/abríamos/abrimos** una agencia de viajes de aventura por internet y ahora la cosa nos va de maravilla.

B. Imagina que participas en un foro donde diferentes personas explican sus trayectorias profesionales y académicas para compartir experiencias. Escribe un texto de características similares al que ha escrito Magnus hablando de tu propia experiencia.

Envía tu comentario:

10. Mi empresa

A. ¿Conoces estas empresas? ¿Qué tienen en común?

Freixenet · movistar · Corona Extra · Televisa · ZARA · TELMEX · Quilmes

Nexos temporales

Estos nexos temporales se usan con subjuntivo para hablar de tiempo futuro y con indicativo para hablar del presente o del pasado.

Cuando

En cuanto

Siempre que

Mientras que

Tan pronto como

Hasta que no **acabe** el trabajo, no saldré de la oficina.

Excepto:

- ***Antes/después de* + infinitivo** (simple o compuesto).
- ***Antes/después de que* + subjuntivo** (en todos los casos, también en el pasado).

B. Lee la presentación de Zaps, una empresa de zapatos uruguaya creada por Isabel Guzmán. Luego, resume los puntos más importantes.

Una vida entre zapatos

ZAPS

La historia de Zaps empezó cuando yo era solo una niña. Recuerdo que veía a mis muñecas por casa y que raramente llevaban zapatos así que decidí fabricarlos yo misma. Desde que tengo uso de razón he sentido una especial fascinación por ellos. Años más tarde decidí dejar el bachillerato y estudiar diseño. En aquel momento lo vi todo claro, estaba predestinada a diseñar zapatos. En cuanto terminé los estudios, empecé a buscar la fórmula para montar mi propio taller. Recurrí a amigos y familiares para conseguir financiación y, con 20 años, tenía ya mi propia empresa. Al principio éramos tres personas: mi hermana Eva, mi amiga de toda la vida Ana y yo. Mientras yo diseñaba los zapatos, Eva se encargaba de la parte comercial y Ana era la responsable de supervisar la producción en una fábrica de Montevideo y de la venta en una pequeña tienda en el centro de la ciudad.

Fue un éxito desde el principio, los zapatos estaban vendidos antes de que salieran de la fábrica. No nos lo podíamos creer, desaparecían tan pronto como salían de las manos de los zapateros. Durante los meses siguientes la cosa fue creciendo y después de un año decidimos ampliar el negocio. Compramos la fábrica que nos hacía los zapatos y empezamos a vender en el extranjero. Hoy en día vendemos a más de veinte países en todo el mundo y puedo decir que he realizado uno de mis sueños. Mi consejo a los jóvenes es que se lancen a por lo que quieren sin pensar en las consecuencias. Cuando tengan un sueño, persíganlo hasta que lo consigan. Lo único que pueden lamentar es no haberlo intentado.

C. A continuación, Isabel nos habla de cosas que ha hecho en la empresa, de cosas que hace habitualmente y de cosas que hará en el futuro. Marca, en cada grupo de frases, cuáles hablan del pasado (A), cuáles del presente (B) y cuáles del futuro (C).

		A. Pasado	B. Presente	C. Futuro
	Cuando **tuve** problemas financieros, recurrí a mi familia y a mis amistades.	☐	☐	☐
1.	Cuando **tenga** problemas financieros, recurriré a mi familia y a mis amistades.	☐	☐	☐
	Cuando **tengo** problemas financieros, recurro a mi familia y a mis amistades.	☐	☐	☐
	Llego al taller antes de que **lleguen** mis compañeros.	☐	☐	☐
2.	Llegué al taller antes de que **llegaran** mis compañeros.	☐	☐	☐
	Llegaré al taller antes de que **lleguen** mis compañeros.	☐	☐	☐
	Mientras **puedo**, diseño yo todos los zapatos que fabricamos.	☐	☐	☐
3.	Mientras **podía**, diseñaba yo todos los zapatos que fabricábamos.	☐	☐	☐
	Mientras **pueda**, diseñaré yo todos los zapatos que fabriquemos.	☐	☐	☐
	Tan pronto como **llego**, me pongo a trabajar.	☐	☐	☐
4.	Tan pronto como **llegué**, me puse a trabajar.	☐	☐	☐
	Tan pronto como **llegue**, me pondré a trabajar.	☐	☐	☐

11. Las nuevas tecnologías financieras

A. ***Fintech*** **es el acrónimo en inglés para denominar a las 'nuevas tecnologías financieras' (Bizum, PayPal, etc.). Escucha esta noticia sobre el auge de estas** ***fintech*** **en Latinoamérica y completa las frases con las palabras dadas.**

20

Ecuador · infraestructuras · Colombia · inclusión · Guatemala · América Latina · remesas · bancarizadas

1. El crecimiento de nuevas empresas de tecnología financiera en .... ha sido del 340 % en los últimos años.
2. El avance de estas emprendedoras se debe a la alta demanda de personas .... (o solo parcialmente), que alcanza el 70 % de la población total de la región.
3. En este crecimiento, varios factores han sido fundamentales. Entre ellos, la mejora de las .... digitales financieras.
4. El tercer puesto de países latinoamericanos con más emprendimientos *fintech* lo ocupa ....
5. En .... las empresas de tecnología financiera representan el 3 % de su tejido empresarial.
6. Un grupo de seis países, entre ellos .... y Uruguay, registran un total de 455 emprendimientos, es decir, un 15 % del ecosistema *fintech* actual de Latinoamérica.
7. El segmento líder del sector es el de pagos y ...., seguido por el de préstamos y el de gestión financiera empresarial. Este último ha aumentado un 28 % de media en los últimos años.
8. En Latinoamérica, el *fintech* se ha convertido en un elemento clave para la .... financiera y la accesibilidad a los servicios económicos de millones de personas y pequeñas empresas.

B. En la noticia se han utilizado las siguientes palabras. Empareja cada palabra con su definición y escríbela junto a la definición que le corresponde.

emprendimiento · no bancarizado · subbancarizado · casa de empeño · infraestructura · capital riesgo · remesa · inclusión financiera

1. Establecimiento donde se presta dinero mediante la entrega condicionada de joyas, ropas u otros bienes muebles en prenda, como garantía de cumplir con la devolución del préstamo. ....
2. Base, marco, equipamiento o, en definitiva, conjunto de elementos, dotaciones y servicios necesarios para el buen funcionamiento de una organización o actividad. ....
3. Personas o empresas que pueden disponer de una cuenta corriente o de ahorros, pero que aún dependen en gran medida de servicios financieros alternativos, como centros de cambio de cheques, giros postales o casas de empeño. ....
4. Acción de iniciar la búsqueda de generación de valor a través de la creación o expansión de una actividad económica mediante la identificación y explotación de nuevos productos, procesos y mercados. ....
5. Envío de dinero de aquellas personas que radican en otra nación a su país de origen. ....
6. El acceso por parte de personas y empresas, especialmente las desbancarizadas, a productos y servicios financieros útiles y asequibles, como transacciones, pagos, ahorro, crédito y seguros, que se ofrecen de modo responsable, igualitario o sostenible. ....
7. Personas y empresas que no tienen acceso al sistema financiero convencional, por ejemplo, a bancos o cooperativas de crédito. ....
8. También llamado capital emprendedor en Hispanoamérica, es un tipo de inversión temporal a empresas incipientes con el fin de optimizar sus oportunidades de negocio. ....

Puedes encontrar una actividad → parecida en el **EXAMEN**.
¡Practica y prepárate!

C. ¿Qué uso haces de la tecnología en tus operaciones económicas o financieras? ¿Con qué aplicaciones y dispositivos? ¿Cuáles crees que son las posibles ventajas e inconvenientes del uso de la tecnología en este ámbito? Coméntalo con tu compañero/a.

12. El ahorro

A. **Busca las siguientes palabras en el diccionario: ahorrador/a, derrochador/a, tacaño/a, generoso/a, previsor/a.**

B. **Si tuvieras que describir tu relación con el dinero, ¿cuál de las palabras anteriores crees que te definiría mejor? ¿Por qué?**

C. **Elabora una lista de medidas de economía doméstica para ahorrar. A continuación, lee el siguiente texto y observa si coinciden.**

Economía doméstica para tiempos de crisis

Lady Madonna las pasaba canutas para llegar a fin de mes, cantaba Paul McCartney cuando estaba en los Beatles. Muchas familias tienen problemas para ajustar sus gastos a sus ingresos, y no son necesariamente las que menos ganan. (...)
La renta es la principal fuente de ingresos de la mayoría de las familias, y es lo que está más en riesgo por el posible aumento del desempleo, como señala Gregorio Izquierdo, director general del Instituto de Estudios Económicos. "Las familias deben ahorrar más de forma preventiva", advierte, especialmente quienes tienen entre 40 y 50 años. (...)
¿De dónde reducir gastos? "Lo primero es conocer la situación, la gente no sabe cuánto debe", recalca Izquierdo. "Solo sabe que no llega a fin de mes". Una contabilidad medianamente seria saca a la luz multitud de gastos superfluos, como el bocadillo que se compra en el bar en lugar de llevarlo hecho de casa, la cuota del gimnasio al que no vamos nunca, el paquete de tabaco diario (1200 euros al año), el grado de más al que tenemos puesta la calefacción (7 % del consumo). (...) El coche es uno de los gastos por excelencia. La gente tiende a comprarse uno por encima de sus posibilidades para aparentar, y "se olvidan de que su primera función es el transporte", opina Izquierdo. Un coche semiusado o ir en metro a trabajar son las alternativas.
Cuando uno se acostumbra a gastar es difícil reconducirlo a la baja. Se puede intentar ganar más dinero... sin gastar 70 euros en lotería al mes, como hacen algunos. Promocionar en la empresa o ganar más como autónomo son métodos más seguros de aumentar los ingresos. "Es más divertido que apretarse el cinturón", acepta Gregorio Izquierdo, pero no es una solución a largo plazo. "Si no se aprende a manejar el dinero, se termina gastando tanto como se gana", explica.

(Extraído de: http://www.cincodias.com/articulo/sentidos/economia-domestica-tiempos-crisis/20080408cdscdicst_1/)

D. **Piensa ahora en tus gastos y completa las dos columnas con los gastos que consideras superfluos y a los que no puedes renunciar. Coméntalo en clase.**

Gastos prescindibles	Gastos imprescindibles

13. Una nueva empresa

A. **Elabora una lista con la información fundamental que hay que tener antes de iniciar un negocio.**

Es importante pensar en la demanda del producto...

B. **A continuación te presentamos un texto que nos habla de qué hay que tener en cuenta para crear una empresa. Lee el texto y observa si es muy diferente de lo que tú habías anotado.**

¿Cómo se empieza en el mundo de la empresa?

Guía rápida para emprendedores

El principal estímulo para un emprendedor es identificar un "hueco" de mercado. Es decir, encontrar una clientela potencial a la que irá destinado nuestro producto o servicio. Muchas veces se piensa que para empezar un negocio hay que lanzar algún producto o servicio novedoso, pero lo habitual es que muchas empresas compitan en un mismo mercado.

Las ideas de negocio pueden aparecer de muchísimas formas. Sin embargo, las más habituales suelen ser:

- La voluntad de repetir experiencias ajenas.
- La aparición de oportunidades de negocio en mercados poco explotados, de nueva creación o con un alto porcentaje de crecimiento.
- El hecho de tener conocimientos técnicos sobre mercados, sectores o negocios específicos.
- La voluntad de independizarse después de haber acumulado experiencia como trabajador o directivo de otro negocio.
- La creación de un producto innovador con el que se puede abrir un nuevo mercado.
- La escasa complejidad de algunos negocios o actividades que permiten a cualquier persona establecerse por cuenta propia.

Si uno quiere convertirse en empresario hay una serie de factores que han de tomarse en cuenta. Hay que tener presentes los recursos necesarios, las responsabilidades que se van a asumir, así como las consecuencias de una renuncia al trabajo actual. Además, es recomendable investigar acerca de la viabilidad y la permanencia de la nueva empresa en el mercado con los productos o servicios que se pretenden ofrecer.

Puntos que se deben tener en cuenta:

- Análisis de la demanda de nuestro producto o servicio.
- Análisis de la competencia.
- Estudio del capital preciso para iniciar el negocio.

A pesar de todo lo dicho anteriormente, cabe destacar que el buen funcionamiento de un negocio no responde al cumplimiento de unas reglas y que, muchas veces, depende de factores tan volátiles como la suerte.

Lo que está claro es que si uno quiere triunfar necesita unas buenas dosis de esfuerzo, ambición y determinación.

(Adaptado de: https://www.innovationfactoryinstitute.com/blog/para-ser-emprendedor/)

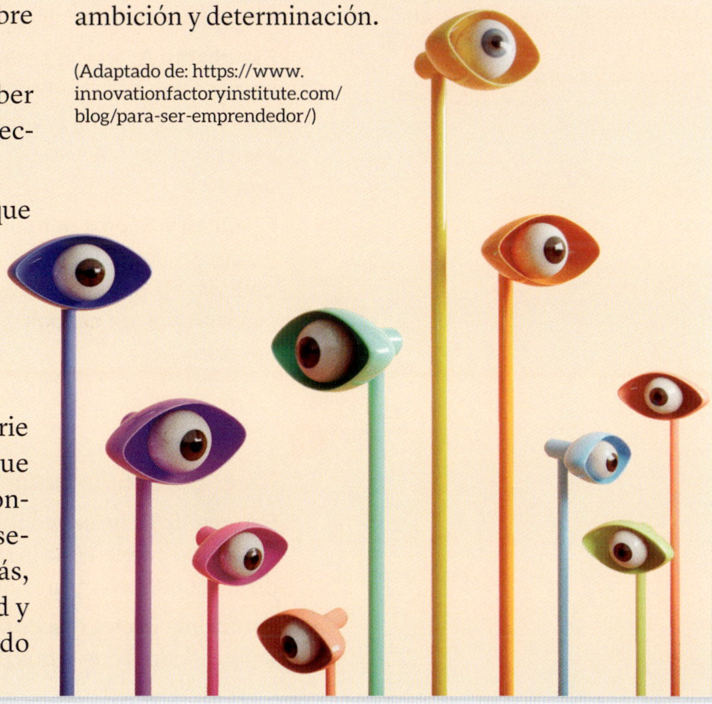

C. **Teniendo en cuenta los consejos anteriores y con la ayuda de internet, elabora un proyecto de empresa completando la siguiente ficha.**

Nombre de la empresa:

Localización:

Actividad:

Producto y/o distribución:

Capital inicial: Número de trabajadores/as:

Puestos de trabajo (recepcionista, diseñador/a...):

D. **Junto con tu compañero/a, desarrolla las siguientes conversaciones.**

Puedes encontrar una actividad → parecida a esta en el **EXAMEN**. **¡Practica y prepárate!**

1

En el banco

Estudiante A: eres la persona responsable de la empresa y vas al banco a pedir financiación para poner en marcha el proyecto.

Estudiante B: eres banquero/a y exiges muchas garantías para dar el préstamo. Además, pides un plan de negocio muy detallado.

2

En la sede de la empresa

Estudiante A: quieres convencer a tu socio/a para poner a la empresa un nombre que se te ha ocurrido y que te parece fantástico.

Estudiante B: crees que con ese nombre la empresa está destinada al fracaso. Intentas llegar a un pacto con tu socio/a para poner un nombre de mutuo acuerdo.

3

En el periódico local

Estudiante A: quieres convencer a la jefatura de la sección de publicidad del periódico para que ponga anuncios de tu empresa a muy bajo precio prometiéndole un gran aumento en función de los beneficios futuros.

Estudiante B: eres responsable de publicidad del periódico y le explicas a la persona emprendedora que lo que pretende va en contra de la política de la empresa.

Comprensión de lectura y uso de la lengua

Las claves de la TAREA 3

¿QUÉ SE EVALÚA?

- La **comprensión** de las **ideas principales** y de las **complementarias en textos complejos**.
- La capacidad de **inferir información** implícita.
- La capacidad de **identificar la opinión**, intención **o actitud del/de la autor/a** del texto.

¿QUÉ TENGO QUE HACER?

- Leer **un texto y responder** a seis **preguntas** con tres opciones de respuesta cada una (A, B o C).

¿QUÉ MATERIAL VOY A LEER?

- **Un texto periodístico** de carácter **expositivo o argumentativo** relativo al **ámbito público**: artículo de opinión, editorial de prensa, columna o artículo divulgativo. Su extensión será de 550-650 palabras.

INSTRUCCIONES

Lea el siguiente artículo en el que se habla del paro juvenil en España y conteste a las preguntas (1-6). Seleccione la opción correcta (A, B o C).

Marque las opciones elegidas en la **Hoja de respuestas**.

LAS NUEVAS GENERACIONES BUSCAN UN PLAN B

Redacción El País – Sociedad

SIENTEN QUE ESTÁN EN EL LUGAR Y EN EL MOMENTO EQUIVOCADOS. CAYERON NADA MÁS EMPEZAR A ANDAR. VARIAS CRISIS SE HAN CRUZADO EN SU CAMINO Y, AÑOS DESPUÉS, SIGUEN QUEBRANDO SUS EXPECTATIVAS. DOS GENERACIONES DE JÓVENES ESPAÑOLES, AZOTADAS POR EL PARO, IMPROVISAN UN PLAN B MIENTRAS VEN CÓMO SE AGRANDA LA BRECHA GENERACIONAL, CÓMO EL PARAÍSO SE ALEJA Y VIVEN PEOR QUE SUS PROGENITORES, SE LIMITA SU ACCESO AL TRABAJO, LA CASA O EL COCHE, CÓMO SE ESFUERZAN PERO NO AVANZAN. Y CON ELLOS EL FUTURO DE ESPAÑA.

Este verano, Jimena López era socorrista en la piscina de su barrio. Cuando no había nadie en el agua, se ponía a leer. Muchos bañistas se acercaban a preguntarle “por la novela”. Se ríe al acordarse de la cara de sorpresa que ponían al ver que era un manual de un curso de energía fotovoltaica y cuando les contaba que estaba haciendo un máster en energías renovables, que tiene otro en ciberseguridad, y que es licenciada en Químicas e Ingeniería industrial. Tiene 31 años y busca trabajo.

Una noche, Miguel Darias, de 25 años, salió a la calle a celebrar el triunfo de la selección española en la Eurocopa de fútbol. Las cosas volvían a irle a bien: tras pasar dos años en el paro, llevaba un mes trabajando de camarero. El contrato debía acabar en octubre. Pero a la mañana siguiente recibió un SMS: “Tengo que hablar contigo”. “Era el encargado. Me despidió. Pasé de estar feliz a que se me cayera el mundo encima. Ya no me quedaba paro, que no dura siempre”. Indemnización y otra vez a pensar qué hacer.

A finales de 2007, España parecía ir bien, pero once meses más tarde, en Nueva York se cocinaba la quiebra de Lehman Brothers, el gigante de la inversión. La burbuja inmobiliaria explotó. Entonces los gobiernos empezaron a rescatar bancos, los créditos se endurecieron, y el paro, aquí, empezó a sumar puntos. El de los jóvenes también: del 22,3 % en octubre de 2008 ascendió al 42 % en julio del 2010. Con los años, las cifras se fueron recuperando, pero luego llegó la crisis de la pandemia y, con ella, otra recesión. Después las guerras han desestabilizado el equilibrio mundial y la subida de la inflación no pone las cosas fáciles para encontrar un trabajo digno.

Muchos veinteañeros y treintañeros tardarán un tiempo en recuperar la tasa de empleo anterior a estas crisis, que también han abierto la famosa brecha entre ellos y sus padres. Aquí y ahora existe una fisura entre trabajadores de un mismo nivel pero de generaciones distintas. Conviven dos realidades. “Los menores de 40 años, laboralmente tienen poco que ver con los de 50”, dice el sociólogo Sancho Estébanez. “Hay una doble escala salarial. Y no es solo cuestión de cuánto se cobra. También tienen peores horarios, menos derechos...”.

El joven que llega ahora al mercado laboral se encuentra un escenario totalmente distinto al que se encontraron sus padres y abuelos. “Cuando los mayores les dicen que ellos también pasaron por lo mismo, olvidan ciertas cosas”, dice Estébanez. “También sufrieron la temporalidad, pero no se prolongaba tanto. Era transitoria y ahora se ha convertido en un sistema laboral en sí mismo. Esto puede crear una ruptura generacional, porque el menor de 40 años, a diferencia de sus mayores, no se identifica con los sindicatos, la empresa ni con nada relacionado con lo laboral. Si no le garantizan nada, tampoco siente ninguna gratitud ni obligación hacia ellos”. Respecto a la mencionada ruptura, el sociólogo añade que los mayores de 60 años son los grandes beneficiados de la burbuja inmobiliaria y acumulan el 80 % de la riqueza personal del país, dejando a sus hijos y nietos "las migajas" hasta que hereden, lo que sucederá muy tarde dada la mayor longevidad: junto con la riqueza han ganado esperanza de vida, mientras que las esperanzas juveniles se van disipando.

(Adaptado de: https://elpais.com/diario/2010/09/19/domingo/1284868353_850215.html)

PREGUNTAS

1. En la piscina de su barrio, Jimena López...
A) se dedicaba a estudiar una asignatura en sus ratos libres.
B) se encargaba también del sistema energético de la instalación.
C) conoció a gente que creía que mentía al contarles su currículum.

2. Cuando despidieron a Miguel Darias...
A) volvió dos años al paro hasta encontrar un trabajo de camarero.
B) ya no tenía derecho a más prestaciones por desempleo.
C) recibió una compensación y la usó para viajar en octubre.

3. Tras el estallido de la burbuja inmobiliaria...
A) los datos de desempleo juvenil fueron mejorando en España.
B) la tasa de paro se incrementó hasta casi el doble en dos años.
C) los bancos dejaron de conceder créditos a clientes jóvenes.

4. Las personas menores de 40 años tienen...
A) mejores sueldos, pero menos derechos y peores condiciones laborales.
B) una relación con el trabajo distinta a la de la generación anterior.
C) menos dificultad para encontrar un trabajo a pesar de la precariedad.

5. Según el sociólogo, la provisionalidad de los puestos de trabajo...
A) se ha vuelto una característica intrínseca del mercado laboral.
B) nunca llegó a afectar a la generación de quienes hoy tienen 60 años.
C) lleva a una mayor participación juvenil en las acciones sindicales.

6. La buena situación económica de mayores de 60 años...
A) empeorará con los años a causa del aumento de la longevidad.
B) se debe más a sus ahorros que a las propiedades que poseen.
C) les permitirá dejarles bastante patrimonio a sus herederos/as.

TAREA 3
Explicación de las respuestas

1. A■ B□ C□

La opción **A** de dedicarse a estudiar una asignatura es correcta porque Jimena López leía un manual de estudio de un curso de energía fotovoltaica, no una novela, "cuando no había nadie en la piscina" (en sus ratos libres como socorrista).

La opción **B** se encargaba del sistema energético es incorrecta porque aunque estudiaba una asignatura de su máster en energías renovables, en ningún momento se dice que se encargara del sistema de energía de la instalación deportiva.

La opción **C** la gente se creía que mentía es incorrecta porque se sorprendían por su CV, pero no se dice que dudaran de su sinceridad.

2. A□ B■ C□

La opción **B** de que no le queda prestación es la correcta porque Miguel dice en el texto: "Ya no me quedaba paro, que no dura siempre". Significa que "ya no tenía derecho a más prestaciones por desempleo".

La opción **A** que volvió al paro hasta encontrar un trabajo no es correcta porque lo despidieron del trabajo de camarero. Es una información anterior, no posterior al despido.

La opción **C** en la que recibió una compensación y viajó tampoco es correcta ya que sí recibió una compensación ("indemnización"), pero no se dice que la usara para viajar.

3. A☐ B■ C☐

La opción **B** de la tasa de paro incrementó es la correcta, porque el texto dice que "La burbuja inmobiliaria explotó" y que, entre otros efectos, provocó que la tasa de paro juvenil subiera del 22,3 % en el año 2008 al 42 % en 2010, lo cual es un incremento de casi el doble en dos años.

La opción **A** que mejoraron los datos de desempleo juvenil no es correcta ya que dice lo contrario, el aumento del desempleo es algo negativo, un empeoramiento, no una mejora.

La opción **C** de los bancos dejaron de conceder créditos a la juventud tampoco es correcta porque, aunque se dice que los créditos se endurecieron, eso no significa que ya no le dieran más créditos a la juventud.

---

4. A☐ B■ C☐

La opción **B** de la relación con el trabajo distinta a la de la generación anterior es correcta porque, según el texto, "Esto puede crear una ruptura generacional, porque el menor de 40 años, a diferencia de sus mayores, no se identifica con los sindicatos, la empresa ni con nada relacionado con lo laboral".

La opción **A** de mejores sueldos pero peores condiciones es incorrecta porque al final del quinto párrafo se habla de peores condiciones laborales para la juventud.

La opción **C** menos dificultad para encontrar un trabajo tampoco es correcta, ya que la idea principal del texto es el desempleo y la dificultad para encontrar trabajo.

---

5. A■ B☐ C☐

La opción **A** de se ha vuelto una característica intrínseca del mercado laboral es correcta porque "provisionalidad" es un sinónimo de "temporalidad". En sus declaraciones, el sociólogo Sancho Estébanez dice que esa temporalidad "ahora se ha convertido en un sistema laboral en sí mismo": se ha vuelto un elemento "intrínseco" (inherente, inseparable) del mercado laboral actual.

La opción **B** de que nunca llegó a afectar a quienes ahora tienen 60 años es incorrecta porque dice que "antes era transitoria" (pasajera, "no se prolongaba tanto"), es decir, sí afectó a esa generación, aunque en un grado mucho menor.

La opción **C** que fomenta la participación juvenil en acciones sindicales tampoco es correcta, ya que se ha dicho anteriormente que la juventud no se identifica con los sindicatos ("acciones sindicales").

---

6. A☐ B☐ C■

La opción **C** del patrimonio que dejarán a sus herederos/as es correcta porque "los mayores de 60 años [...] acumulan el 80 % de la riqueza personal del país, dejando a sus hijos y nietos 'las migajas' hasta que hereden".

La opción **A** de empeorar con los años a causa de la longevidad no es correcta porque, si bien se habla del aumento de la longevidad ("años de vida"), no se dice que afecte a la situación económica de esa generación, sino más bien a la de la juventud, que deberá esperar más años para heredar.

La opción **B** de los ahorros tampoco es correcta porque el texto habla de "riqueza" en general, sin diferenciar entre ahorros y propiedades inmobiliarias (y en todo caso tendrían más propiedades porque son los "grandes beneficiados de la burbuja inmobiliaria", según el texto).

Lee las preguntas y marca las palabras clave.

Recuerda que las preguntas y las opciones de respuesta son reformulaciones de frases del texto en las que se ha cambiado el orden de las palabras, se han usado otros conectores y, sobre todo, sinónimos.

1. Lee estas dos preguntas sobre el texto de la actividad 2 y sus opciones de respuesta y marca las palabras clave.

1. Heráclito pensaba que...
A) pocos pueblos llevarían una existencia pacífica.
B) la polémica era la esencia del pensamiento clásico.
C) el mundo y las ideas nacen del conflicto.

2. Según el texto, en la época romana...
A) los períodos de tranquilidad eran raros y fugaces.
B) la guerra era el inevitable destino de las personas.
C) Eneas llegó a personificar los valores del imperio.

Al leer el texto, identifica la idea principal de cada párrafo.

Subraya las palabras o frases que mejor representen la idea central de cada párrafo. Seguramente tengas que relacionarla con una pregunta o una de las opciones de respuesta, ya que es probable que la contengan reformulada.

2. Lee el siguiente artículo de la escritora Irene Vallejo. Anota o subraya en el texto la idea principal de cada párrafo.

LA ERA DE LA IRA

En los rincones privilegiados del mundo, tendemos a pensar que la paz es lo habitual, el estado natural de nuestras vidas. Sin embargo, la historia prueba lo contrario. En 1968, Will y Ariel Durant calcularon que, durante los primeros 3500 años de civilización, solo unos 250 estuvieron libres de conflictos bélicos. La lucha en el campo de batalla era una experiencia tan cotidiana en las civilizaciones antiguas que el filósofo Heráclito la consideró la dinámica de la realidad. Escribió que la guerra está en el origen cósmico de todo: el universo, pero también las ideas, invenciones, instituciones y Estados. El pensador griego afirmaba que cada cosa se define en disputa con las demás.

Esa concepción de la existencia nace de una sociedad donde la guerra decidía la suerte de cada individuo: vida o muerte, esclavitud o libertad, riqueza o pobreza. La paz era tan solo un equilibrio inestable, un paréntesis de calma pasajera en un paisaje de codicia, belicosidad y orgullo. En ese horizonte de exaltación guerrera, resulta asombroso que el gran poema épico de los romanos, la Eneida, esté protagonizado por un disidente: Eneas es un héroe anómalo, un perdedor que huye de Troya cuando la ciudad cae en poder del enemigo. Virgilio, testigo de la guerra civil romana, decidió encarnar la epopeya del imperio no en un soldado invencible, sino en un exiliado herido por la pérdida y el miedo.

Contra todo pronóstico, el relato fundacional europeo alberga en su centro a un héroe alejado del ideal épico. Un veterano cansado que prefiere cuidar a pelear. Eneas se parece más a emigrantes que mueren en las pateras del Mediterráneo que a los poderosos que hoy les cierran puertos y puertas. Por eso, a lo largo de la historia su figura ha resultado incómoda para los liderazgos más agresivos.

Heráclito construyó su teoría en torno al término griego *pólemos*, 'combate', de donde deriva nuestra palabra 'polémica'. A muchos líderes los definen sus odios, no sus ideas. Confunden ganar con gritar y destacar con desgañitarse, siempre en actitud de ataque. Abundan los profesionales de la confrontación y el insulto, pertrechados de profecías apocalípticas, convencidos de que el fin justifica los miedos. La agresividad está al alcance de cualquiera: solo precisa furia y coz visceral. Lo audaz es evitarla: una paz sin derrotados será la verdadera victoria.

(Extraído de https://elpais.com/eps/2023-07-08/la-era-de-la-ira.html. España)

Recuerda que el orden de las preguntas coincide con el de los párrafos.

La primera pregunta se corresponde con el contenido del primer párrafo, la segunda con el siguiente y así hasta el final del texto. En alguna ocasión, la primera o la última pregunta se refieren al tema general del texto, o bien a la actitud de su autor/a.

3. Lee de nuevo el texto, ten en cuenta las ideas de cada párrafo y responde a las preguntas de la actividad 1.

Identifica la actitud del/de la autor/a del texto.

Algunas preguntas se refieren a los datos y al contenido del texto, pero otras se centran en inferir información más abstracta, como el punto de vista del/de la autor/a sobre lo que escribe, o sobre un hecho o personaje, así como sus emociones, sentimientos, opinión y actitud respecto al tema. Esta información a veces se debe inferir por el tono, el estilo o alguna figura retórica del/de la autor/a.

4. Responde a esta pregunta final sobre el artículo y justifica tu respuesta con ejemplos del texto. Razona también por qué las otras opciones te parecen incorrectas.

La autora del artículo ofrece aquí una postura...

A) pacifista. B) tranquilizadora. C) beligerante.

Comprensión auditiva y uso de la lengua

Las claves de la TAREA 3

¿QUÉ SE EVALÚA?

- La **comprensión de las ideas esenciales** y la capacidad de **extraer información** específica de una **entrevista o conversación**.
- La **capacidad de inferir** posibles **implicaciones** en **interacciones orales** largas.

¿QUÉ TENGO QUE HACER?

- **Escuchar una entrevista o conversación** y responder a seis preguntas con tres opciones de respuesta cada una (A, B o C) sobre su contenido.

¿QUÉ MATERIAL VOY A ESCUCHAR?

- Una **entrevista o debate del ámbito público o profesional en un medio de comunicación** con una duración de **5-6 minutos**. La grabación se escuchará dos veces.

INSTRUCCIONES

21

Usted va a escuchar una entrevista radiofónica en la que se habla de la situación del mercado laboral. Después debe contestar a las preguntas (1-6).

Seleccione la opción correcta (A, B o C).

Marque las opciones elegidas en la **Hoja de respuestas**.

1. En opinión del Sr. Uría se podrían crear más empleos...
A) repartiendo el trabajo existente entre los/as trabajadores/as.
B) modificando las condiciones laborales.
C) buscando mano de obra barata en el extranjero.

2. Según el especialista, hoy en día las personas licenciadas más solicitadas son las que...
A) tienen formación científica o relacionada con la economía.
B) han estudiado en universidades extranjeras.
C) han realizado cursos de posgrado.

3. En algunos casos es más fácil encontrar empleo para...
A) la juventud que sale de la universidad.
B) quienes desempeñan profesiones tradicionales.
C) la gente que ha estudiado cursos de formación.

4. Para la juventud es difícil acceder al mercado laboral a causa de...
A) la falta de preparación que tiene en general.
B) su falta de experiencia en cómo buscar empleo.
C) la imposibilidad de hacer contratos temporales.

5. Según el entrevistado, los/las estudiantes que salen del instituto y quieren trabajar...
A) tienen que realizar cursos para encontrar empleo.
B) saben bien cómo buscar empleo.
C) deberían aprender cómo hacerse un hueco en el mercado laboral.

6. El Sr. Uría le recomienda a la juventud que busca su primer trabajo que...
A) lo solicite en empresas que ofrezcan buenos sueldos.
B) anteponga la formación a cualquier otro aspecto.
C) haga antes cursos de formación en la empresa.

TAREA 3
Explicación de las respuestas

1. A☐ B■ C☐

La opción **B** de modificar las condiciones laborales es la correcta porque el entrevistado dice que para la creación de trabajo hay dos factores clave y uno de ellos es "flexibilizar el mercado de trabajo abaratando el despido", lo cual supone una modificación de las condiciones laborales ya que conlleva una rebaja en la indemnización por despido.

La opción **A** repartir el trabajo entre los/las trabajadores/as es incorrecta porque solo se habla de dos soluciones para crear trabajo: flexibilizar el mercado laboral y formación. En ningún momento se habla de la distribución del trabajo.

La opción **C** buscar mano de obra barata es incorrecta porque, aunque se dice que las empresas "ya no buscan mano de obra en nuestro país sino que van a otros destinos con costes laborales más bajos" (o sea, mano de obra más barata), el entrevistado no lo dice como solución a la creación de empleo sino que "necesitamos diferenciarnos" de eso, es decir, hacerlo de otra manera.

2. A■ B☐ C☐

La opción **A** quienes tienen formación científica es la correcta porque el Sr. Uría lo señala claramente: "los licenciados más demandados son aquellos con estudios relacionados con la salud, la economía y las ingenierías", es decir, formación científica o económica.

La opción **B** quienes han estudiado en universidades extranjeras es incorrecta porque, aunque se habla de educación universitaria y de idiomas extranjeros en la entrevista, no se habla de "universidades extranjeras" en ningún momento.

La opción **C** quienes han estudiado cursos de posgrado es incorrecta porque el entrevistado dice que "hay una gran demanda de profesiones tradicionales" y "es más fácil encontrar trabajo con una titulación de formación profesional", no dice que sea más fácil con un título de posgrado.

3. A☐ B■ C☐

La opción **B** de profesionales tradicionales es la correcta ya que en la entrevista se dice que es más fácil encontrar trabajo para las personas que desempeñan profesiones de las llamadas "de toda la vida": "Hoy en día hay una gran demanda de profesiones, digamos, tradicionales: carpinteros, fontaneros, mecánicos...".

La opción **A** de juventud universitaria es incorrecta porque "aunque se destaca la importancia de la formación" no se dice que sea más fácil encontrar trabajos para esa juventud.

La opción **C** de estudiantes de cursos de formación es incorrecta porque aunque el entrevistado dice que "la formación postuniversitaria siempre aporta un valor añadido" al solicitar un trabajo, no se dice que eso facilite encontrarlo.

4. A☐ B■ C☐

La opción **B** de su falta de experiencia es la correcta porque, según el entrevistado, la dificultad que tiene la juventud para acceder a un puesto de trabajo se debe a que las empresas pueden elegir entre una gran masa de demandantes de empleo y, gracias a esto, disponen de trabajadores/as experimentados/as.

Las opciones **A** de la falta de preparación y **C** de la imposibilidad de hacer contratos temporales son incorrectas porque en ningún momento se habla de la falta de preparación en general, solo que "en España estamos en desventaja" respecto al aprendizaje de otras lenguas. Tampoco se habla nada de la dificultad de hacer contratos temporales.

5. A☐ B☐ C■

La opción **C** de saber hacerse un hueco en el mercado laboral es la correcta ya que el Sr. Uría opina que la juventud debería aprender a buscar en las clases ("aulas") del instituto, y a "venderse" con vistas a encontrar un empleo.

La opción **A** de hacer cursos para buscar empleo es incorrecta porque aunque el Sr. Uría opina que la juventud debería aprender a buscar en las clases del instituto y a "venderse", no dice que se deba hacer en cursos específicos.

La opción **B** que saben cómo buscar empleo es incorrecta porque como ya se ha explicado en las otras opciones, el entrevistado habla de que "los jóvenes deberían saber cómo buscar trabajo", no que ya saben cómo hacerlo.

---

6. A ☐ B ■ C ☐

La opción **B** que antepongan la formación a cualquier otro aspecto es la correcta porque en la entrevista se dice que la juventud que busca su primer trabajo tiene que pensar que es una forma de aprender y que el salario no es lo más importante: "Otra cosa a la que hay que dar una importancia relativa es el salario (...), hay que tomárselo como un aprendizaje".

Las opciones **A** que lo soliciten en empresas que ofrezcan buenos sueldos y **C** que hagan cursos de formación dentro de la empresa son incorrectas porque en ningún momento habla de empresas que ofrezcan buenos sueldos o de cursos de formación dentro de las mismas. Sí habla de que "la formación continua es primordial" (esencial), pero no de que se realice dentro de ninguna empresa.

Primero lee las preguntas y marca a qué interlocutor/a corresponde cada una.

Al tratarse de una entrevista, los enunciados de las preguntas pueden referirse a la persona entrevistada o a la entrevistadora. Antes de escuchar la grabación, señálalas: un círculo para la entrevistada, subrayado para la entrevistadora.

Leer las preguntas antes de escuchar activa el léxico específico y tus conocimientos previos sobre el tema, que normalmente no se especifica en las instrucciones de la tarea.

1. Lee las preguntas y las opciones de respuesta y marca qué preguntas hacen referencia al entrevistado (Jorge Drexler, cantautor uruguayo) y cuáles al entrevistador (Roberto Mtz, escritor e *influencer* mexicano), según las indicaciones dadas.

1. Jorge Drexler dice que "Cinturón blanco"...
A) cuenta una experiencia vivida por un amigo suyo.
B) trata el tema de la competitividad en el deporte.
C) es el resultado de un proceso creativo muy largo.

2. El cantante explica que "La tregua"...
A) cuenta el enamoramiento de un hombre maduro.
B) realmente trata del amor en la adolescencia.
C) refleja el egocentrismo propio de la juventud.

3. El *influencer* recuerda lo que dijo Drexler sobre...
A) las limitaciones en otra entrevista.
B) los límites como fuente de inspiración.
C) un libro suyo inspirado en Stravinsky.

4. El músico ilustra su teoría sobre las limitaciones...
A) porque estuvo a punto de perder un oído.
B) improvisando unos versos sobre la marcha.
C) con discapacidades sensoriales como la ceguera.

También es importante marcar los verbos de los enunciados de las preguntas (no de las opciones). Suele haber una pregunta que deberás responder infiriendo la actitud del/de la entrevistado/a respecto a un tema o su reacción ante una pregunta.

Son las preguntas de la tarea que tienen un verbo que expresa algo más que una mera declaración. Piensa que hay mucha diferencia entre usar "dice", "afirma" o "añade" y un verbo como "duda", "recomienda", "niega", "espera", etc., que expresan algo más.

En este caso, presta atención a la manera en que el/la entrevistado/a responde. Hay muchas posibilidades: ¿insiste sobre algo?, ¿niega una información?, ¿recomienda o sugiere?, ¿da su opinión o hace una valoración?, ¿expresa alguna emoción al responder?...

2. Ahora marca los verbos de los enunciados de la actividad 1 según las indicaciones.

En la primera escucha, identifica qué pregunta hace exactamente el/la entrevistador/a y qué responde el/la entrevistado/a a esa cuestión concreta.

En la primera audición, localiza los momentos en que se habla de la información necesaria para responder a cada pregunta. Toma alguna nota en el cuadernillo de examen que te ayude a recordarla para decidir luego tu respuesta definitiva. Recuerda que las preguntas aparecen en el mismo orden en que se da la información en el audio.

3. Ahora escucha el audio e intenta responder a cada pregunta. Recuerda que tienes una segunda escucha por si no lo entiendes todo a la primera. Anota algunas palabras o frases que te puedan ayudar a identificar la respuesta correcta.

22

1. Jorge Drexler dice que "Cinturón blanco"...
A) cuenta una experiencia vivida por un amigo suyo.
B) trata el tema de la competitividad en el deporte.
C) es el resultado de un proceso creativo muy largo.

....

....

2. El cantante explica que "La tregua"...
A) cuenta el enamoramiento de un hombre maduro.
B) realmente trata del amor en la adolescencia.
C) refleja el egocentrismo propio de la juventud.

....

....

3. El *influencer* recuerda lo que dijo Drexler sobre...
A) las limitaciones en otra entrevista.
B) los límites como fuente de inspiración.
C) un libro suyo inspirado en Stravinsky.

....

....

4. El entrevistado ilustra su teoría sobre las limitaciones...
A) porque estuvo a punto de perder un oído.
B) improvisando unos versos sobre la marcha.
C) con discapacidades sensoriales como la ceguera.

....

....

En la segunda escucha, concéntrate en localizar y entender los detalles que aún te falten para responder a alguna pregunta.

Ambos/as interlocutores/as no siempre formulan y responden a las preguntas directamente: introducen el tema, añaden información, dan rodeos o incluso se desvían del tema. Pero ciertas partes de esa información extra son clave para responder a una o dos preguntas. Por eso, marcar previamente palabras clave en las preguntas ayuda a identificar esa información más concreta.

4. Ahora vuelve a escuchar el audio para confirmar si las opciones de respuesta que elegiste son las correctas.

22

Para preparar esta tarea de forma autónoma, familiarízate con el formato escuchando/viendo entrevistas sobre temas actuales en los medios de comunicación e internet (arte y cultura, sociedad, ciencia, economía, historia, etc.). Así, también te familiarizarás con los diferentes acentos y variantes dialectales del español. Fíjate bien en la entonación de cada hablante y en las expresiones típicas de la comunicación oral. Internet es una enorme fuente de recursos. Aprovéchala.

Expresión, mediación e interacción escritas
Las claves de la TAREA 1 (un ejemplo más)

¿QUÉ SE EVALÚA?

- La **mediación de un texto auditivo (monólogo)** para un contexto específico a través de resúmenes escritos.
- Valorar textos y **expresar opinión**.
- La **estructura** del texto y la **claridad** de las ideas.
- La **adecuación** a la situación y al tipo de texto indicados en las instrucciones.

¿QUÉ TENGO QUE HACER?

- Escuchar un **monólogo** dos veces y tomar notas durante la escucha.
- **Escribir un texto** del ámbito público, educativo o profesional que contenga un **resumen** y una **valoración** del texto auditivo, además de una **opinión** sobre el tema.
- Extensión recomendada: **220-250 palabras**.

¿QUÉ MATERIAL VOY A TENER?

- **Instrucciones** para redactar el texto.
- **Texto auditivo de entrada:** fragmento de **conferencia, charla, discurso o presentación** de 4,5-5,5 minutos de duración (se escucha dos veces).

ATENCIÓN ↑ En la prueba de Expresión, mediación e interacción escritas dispondrás de un total de 80 minutos para redactar las Tareas 1 y 2, pero debes tener en cuenta que eso incluye el tiempo de audio de la Tarea 1 (unos 12 minutos).

INSTRUCCIONES

23

Usted es estudiante de Ciencias Sociales en la universidad y va a asistir a una conferencia sobre las crisis que más están afectando al mundo en la actualidad. Después de escucharla, va a escribir un artículo sobre ella como trabajo extra para la asignatura de Historia de los Cambios Sociales.

Escuchará la conferencia dos veces y podrá tomar notas.

En su artículo deberá:

- hacer una introducción al tema;
- resumir los puntos principales de la conferencia y valorar los argumentos del conferenciante;
- opinar sobre el tema y valorar las previsiones de futuro del conferenciante.

Número de palabras recomendado: entre 220 y 250.

Recuerda que en esta tarea de mediación se ha de resumir un texto auditivo en un texto escrito.

1. **Teniendo en cuenta las instrucciones que se dan en la tarea anterior, escucha el audio una vez. En la primera escucha, identifica las ideas principales del audio y anótalas.**

23

....

....

....

2. **En la segunda escucha, anota algunas informaciones que apoyen esas ideas y elabora un esquema con ellas.**

23

....

....

....

Si no entiendes los detalles, no te preocupes, lo importante es entender el contenido principal y las opiniones del/de la hablante, y encontrar un hilo conductor para relacionar las ideas.

Saber cómo se evalúa esta tarea te ayudará a mejorar tus habilidades de mediación.

Las tareas de EMIE no son de calificación automática; las evalúan calificadores/as expertos/as según una serie de criterios. Los tres primeros son comunes a las Tareas 1 y 2. Aquí nos centraremos en el **a)** y en el **d)**, que es un criterio específico para esta tarea.

a) Coherencia y cohesión:

- Estructura organizada y claridad del texto: orden coherente de las ideas; distribución en párrafos; uso adecuado de los signos de puntuación.
- Conexión entre las ideas y uso variado de conectores y otros mecanismos de cohesión.

b) Corrección gramatical y ortográfica.

c) Alcance lingüístico (léxico y capacidad de expresión).

d) Mediación y cumplimiento de la tarea:

- Seleccionar los contenidos más importantes del audio y reformularlos.
- Adecuación de estructura, estilo y tono al género textual y a la situación.
- Valoración del texto y opiniones con argumentos, ejemplos y comentarios.

> Sé selectivo/a: no tienes que usar todas las notas. Recuerda que debes escribir unas 25 líneas como máximo. Aprovecha el resumen para introducir el tema.

3. Vuelve al esquema que completaste y, en tu cuaderno, escribe tu texto sin escuchar de nuevo el audio.

Autoevalúate.

4. Una vez terminado el texto, revísalo. Mira los criterios de evaluación a) y d) y comprueba, punto por punto, si crees que cumples con todos. Los/Las evaluadores/as puntúan cada criterio del 0 al 3 (puntuación más alta). Ahora autoevalúate y califica tu escrito. Justifica tu calificación:

Coherencia y cohesión ◯ Mediación y cumplimiento de la Tarea 1 ◯

5. Compara tu texto con el "Ejemplo de producción escrita" que encontrarás a continuación.

TAREA 1
Ejemplo de producción escrita

Esta conferencia celebrada ayer en el auditorio de la facultad trató de los problemas que afectan más gravemente al mundo actual y las ideas del ponente me parecieron tan interesantes como valientes, de ahí que haya seleccionado esta ponencia como tema de este artículo.

Según el conferenciante, aunque se habla continuamente de la crisis económica en redes sociales y medios de comunicación, no es en absoluto el peor problema que concierne a la humanidad. Para él, existen dos cuestiones todavía más preocupantes: por un lado, la crisis alimentaria mundial, que se cobra decenas de miles de vidas cada año. Por otro, la crisis ecológica y el desastre al que se verá abocado el planeta si no controlamos el uso que hacemos de nuestros recursos naturales.

Pese a que la recesión económica apenas ha provocado víctimas (al menos no víctimas mortales diarias), la suma que han recibido las instituciones financieras para reforzar sus estructuras es, según el ponente, cincuenta y cuatro veces mayor que la que se necesitaría para paliar las hambrunas, lo cual me parece vergonzoso e inmoral. Estoy de acuerdo con el conferenciante en que, por desgracia, ciertas crisis no se quieren evitar.

En resumen, aunque las perspectivas de futuro del ponente me parezcan algo pesimistas, coincido con sus ideas. Lo que hizo fue criticar un sistema económico basado en el consumismo salvaje y en la destrucción del planeta para seguir creciendo, algo que, a largo plazo, parece claro que puede acabar con el mundo tal como lo conocemos hoy.

Expresión, mediación e interacción orales

Las claves de la TAREA 3

¿QUÉ SE EVALÚA?

- La capacidad de **intercambiar ideas, expresar y justificar opiniones y hacer valoraciones** negociando y llegando a acuerdos con el/la interlocutor/a.

¿QUÉ TENGO QUE HACER?

- Elegir una **lámina** entre dos opciones en la sala de examen.
- **Conversar con el/la examinador/a durante 4-6 minutos** con el fin de llegar a un acuerdo para elegir, en una situación dada, una opción entre cuatro posibles. **Esta tarea no se prepara previamente.**

¿QUÉ MATERIAL VOY A TENER?

- **Lámina con instrucciones** que describen una situación del **ámbito público, educativo o profesional** y proporcionan unas **pautas** para la conversación. También muestran 4 opciones representadas mediante información gráfica y/o textos muy breves: fotos, carteles, logos, anuncios, eslóganes, etc.

INSTRUCCIONES

Usted tiene hoy una reunión con su gestora financiera para decidir conjuntamente qué va a hacer con sus ahorros. Han encontrado información sobre cuatro productos en los que parece posible invertir. Ella y usted deberán decidir cuál de ellos es el más conveniente para sus intereses.

Para decidir deben tener en cuenta los siguientes criterios:

- no desea correr riesgos económicos y además tiene mucha conciencia social hacia las personas desfavorecidas;
- es aficionado/a a viajar, no tiene pareja ni hijos/as y hasta ahora siempre ha vivido de alquiler;
- tiene un trabajo bien remunerado con incentivos y prestaciones sociales, aunque no es un puesto fijo.

Ahora mire las cuatro opciones. Teniendo en cuenta los aspectos citados arriba, ¿cuál cree que sería la opción más adecuada para invertir sus ahorros? Trate de llegar a un acuerdo con el/la entrevistador/a.

Recuerde que se trata de una conversación abierta y que, por tanto, puede interrumpir a su interlocutor/a, discrepar, pedir y dar aclaraciones, argumentar sus opiniones, rebatir las ajenas, etc.

La duración de la conversación será de entre cuatro y seis minutos.

Producto 1: Financia tu hipoteca con BancoMon

- Hasta 40 años
- Viviendas con descuentos de hasta el 30 %
- Financiación al 80 %

Producto 2: Nuevo Plan Ahorro

- Depósito a plazo fijo durante 3 años
- Beneficios de hasta un 5 %
- Se pueden añadir ingresos mensuales

Producto 3: Plan de pensiones BM Plus 30

- Seguridad para su futuro
- 30 % de rentabilidad en 8 años
- Pensado para una jubilación a largo plazo

Producto 4: Banco Justo: Plan hormiga

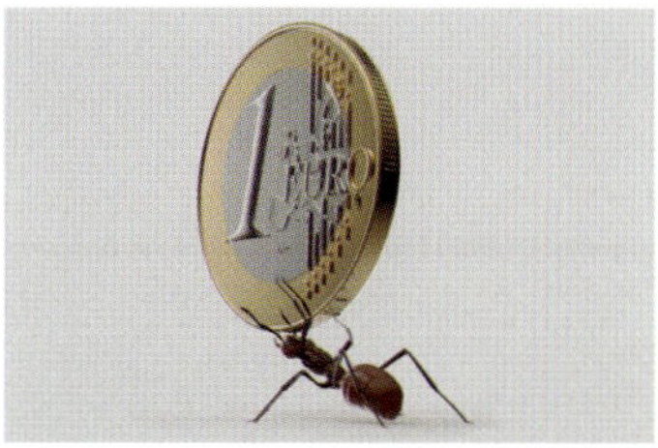

- 2,5 % de intereses a 24 meses
- Destina el 5 % de tus ingresos mensuales a tu ONG favorita

Identifica con rapidez la situación que plantea la tarea y tu papel en el diálogo. Luego mira las imágenes de las opciones sin tratar de leer toda la información escrita.

Esta tarea no se prepara previamente. El/La entrevistador/a te presentará una lámina con el mismo formato que la que te presentamos aquí. No puedes anotar nada en la lámina ni en un papel aparte. Debes leerla en tan solo un minuto para:

- identificar el tema y activar tu léxico y conocimientos previos;
- entender la situación planteada para el diálogo;
- asegurarte de qué rol debes tener en el diálogo (el/la examinador/a elige el papel que desempeña cada cual);
- entender los principales condicionantes que afectan a esa situación: siempre están en el segundo párrafo del texto de la lámina.

CONSEJOS

- **NO** leas la parte inferior del texto porque es siempre igual: debes llegar a un acuerdo con el/la entrevistador/a para elegir una opción entre cuatro y te recuerda que puedes interrumpir, expresar desacuerdo, argumentar, etc.
- No es necesario leer en detalle las opciones durante ese primer minuto. Distínguelas por las imágenes. Los datos escritos son muy breves y puedes leerlos durante el diálogo. Tendrás la lámina siempre delante para consultar y seleccionar alguna información que necesites mientras hablas.

1. Completa esta ficha resumen sobre la tarea planteada. Intenta hacerlo en menos de un minuto.

Yo soy el/la ....

El/la entrevistador/a es el/la ....

Debemos decidir la opción más ....

Yo quiero invertir sin ....

Vivo solo/a y de ....

Tengo un buen trabajo y sueldo, pero ....

Tenemos que llegar a un ....

Opción ....*: imagen hormigas – Banco justo*

Opción ....*: imagen cerdito – Ahorro*

Opción 1: imagen .... – ....

Opción 3: imagen .... – ....

Si tienes la oportunidad, comienza tú el diálogo y adecua tu lenguaje a la situación.

Si estás seguro/a de que entiendes bien la situación y los roles, empieza el diálogo: saluda, presenta la situación y plantéale a tu entrevistador/a el dilema de qué opción elegir.

La situación puede ser informal o formal. En este último caso, usa un léxico más preciso y adecuado para la situación, evita el vocabulario coloquial, el tuteo (o el voseo) y usa la forma "usted".

Piensa en algunas posibles ventajas e inconvenientes de cada opción.

Así tendrás materia de conversación para alargar tus intervenciones (la conversación debe durar entre 4-6 minutos). Siempre debes hablar más que el/la entrevistador/a.

Comenta los pros y contras de cada opción y ve tomando decisiones para seleccionar una al final, que es el momento de llegar al acuerdo con el/la entrevistador/a. Sobre las opciones puedes decir frases como: "La verdad es que me parece poco atractiva porque... (valoración negativa), aunque tiene la ventaja de que... (valoración positiva)" o "Me parece... increíble (valoración positiva), pero lo malo es que... (valoración negativa)".

Si no conoces algunas palabras o no entiendes bien una pregunta, no te bloquees. Siempre puedes preguntar sin interrumpir el diálogo: "¿Rentabilidad? No sé si lo entiendo exactamente. ¿A qué se refiere exactamente? ¿A intereses?". Lo importante es no hacer pausas largas y mantener el diálogo natural y fluido.

2. Escribe al menos una ventaja y un inconveniente de cada opción de la lámina de la Tarea 3. Úsalos luego en tu diálogo.

	Ventajas	Inconvenientes
Opción 1	....	....
Opción 2	....	....
Opción 3	....	....
Opción 4	....	....

Grábate cuando hagas este tipo de tareas y autoevalúate.

Así puedes identificar tus errores y autoevaluarte en todas las tareas EMIO. La Tarea 1 es un monólogo y, si preparas previamente una serie de preguntas para la Tarea 2, puedes grabarte tú solo/a en ambas. Para grabar esta Tarea 3 necesitas a alguien con quien hacer la entrevista.

En Las claves de la Tarea 5 de EMIO de este libro se trabajan los criterios de calificación y la manera de autoevaluarte.

3. Busca un/a compañero/a para el papel de entrevistador/a y graba con él/ella el diálogo de esta tarea. Luego, escuchadlo y comparadlo con el siguiente "Ejemplo de producción oral".

4. Marcad en el "Ejemplo de producción oral" elementos similares a los que habéis usado en vuestro diálogo y anotad otros para mejorar vuestras habilidades en esta tarea.

TAREA 3
Ejemplo de producción oral

24

USTED: Gracias por ayudarme a buscar y elegir esta información. Sigo interesado en invertir mis ahorros, pero la verdad es que no sé en qué, no acabo de decidirme por ninguna de estas opciones... ¿Me podría ayudar?

GESTORA (la examinadora): Claro que sí, no se preocupe. Lo primero que debería saber antes de ponernos a elegir entre estos anuncios es cuánto quiere invertir. ¿Quiere invertir todos sus ahorros o solo una parte?

USTED: La verdad es que no lo tengo claro, depende de lo que me ofrezcan.

GESTORA: Bien, aquí tenemos una excelente financiación para la compra de una vivienda.

USTED: No, no me convence. Estoy acostumbrado a vivir de alquiler y la verdad es que el piso donde vivo ahora me encanta. Tampoco me preocupa dejar una herencia al morir porque no tengo hijos... Además, mi idea no es especular comprando y vendiendo inmuebles.

GESTORA: Entonces le interesará el nuevo Plan Ahorro: ofrece hasta un cinco por ciento de rentabilidad. Parece una buena opción, ¿no?

USTED: Sí, está bien, parece algo seguro, pero había pensado en algo más a largo plazo.

GESTORA: Si lo que le interesa es una inversión a largo plazo creo que sería mejor un plan de pensiones.

USTED: ¿Sí? ¿No es demasiado pronto para pensar en la pensión? Todavía soy joven...

GESTORA: Lo sé, pero déjeme decirle una cosa. El tiempo pasa volando y cada vez hay más gente joven interesada en este tipo de productos. No está de más pensar en el futuro.

USTED: Eso es verdad. Lleva razón.

GESTORA: El Plan de pensiones BM Plus 30 le ofrece una rentabilidad del 30 % a 8 años. Realmente está muy bien.

USTED: Es verdad. Ahora que me acuerdo, oí hace un tiempo que ahora algunos bancos, además de los productos financieros tradicionales, se comprometen a colaborar con algunas causas solidarias, a no invertir en determinados fondos...

GESTORA: Tiene razón, es lo que se llama banca ética, y aquí tengo el Plan Hormiga, que quizá le interese. Es un depósito con un interés a medio plazo del 2,5 % y el Banco Justo se compromete a donar a la ONG que usted le diga el 5 % de todo lo que ingrese.

USTED: ¿Un 5 % de todos mis ingresos, incluidos el sueldo, los ahorros y lo demás?

GESTORA: Así es.

USTED: Bueno, verá... tengo conciencia social, pero un 5 % de todo me parece mucho, ¿no? ¿No es ser demasiado generoso?

GESTORA: Pues yo creo que en su caso quedarse con la conciencia tranquila sería una estupenda inversión, fíjese...

USTED: Ha hecho que por fin me decida. Invertiré el 60 % de los ahorros en el Banco Justo y un tercio en el plan de pensiones.

GESTORA: ¿Y el resto?

USTED: Lo guardo para mi viaje del año que viene.

GESTORA: ¿Tanto necesita?

USTED: Me temo que sí, es que me voy unos meses a recorrer Asia.

GESTORA: ¡Qué bien! Pues entonces todo arreglado. El lunes empezamos las gestiones con los bancos.

USTED: De acuerdo. Gracias. Hasta el lunes.

¡Vamos a estudiar!

UNIDAD **4**

En esta unidad vamos a hablar del sistema educativo español, desde la educación primaria hasta la universidad pasando por la enseñanza secundaria obligatoria y la formación profesional. Además, daremos un breve paseo por la geografía española.

Para ello vamos a aprender:

RECURSOS PARA LA COMUNICACIÓN
- → Escribir textos expositivos que contengan valoraciones y opiniones personales
- → Redactar una carta de motivación
- → Entender y elaborar cuestionarios sobre centros educativos y salud
- → Entender artículos sobre educación

LÉXICO
- → La educación: el sistema educativo, la educación privada y la educación pública, el aprendizaje y la enseñanza
- → La geografía física y humana
- → Economía y educación

GRAMÁTICA
- → Usos de las oraciones condicionales y de los nexos condicionales

CULTURA
- → La geografía española
- → La selva amazónica

TEXTOS
- → Textos informativos
- → Textos descriptivos

LA EDUCACIÓN

El sistema educativo
- Juan no pasó a 1.º de la ESO porque suspendió varias asignaturas.
- Estoy en desacuerdo con el sistema de homologación de títulos universitarios.
- ¡Basta ya de recortes en la educación pública!

La enseñanza de idiomas
- Estoy de acuerdo con que la educación sea bilingüe.
- La academia abrirá cursos de chino siempre y cuando se inscriban más de cuatro estudiantes.
- Si supiera bien francés, podría solicitar las prácticas en Bruselas.

La educación en nuestras vidas
- Si hubiera terminado el doctorado, tendría mejor sueldo.
- De haber solicitado la beca, no estaría endeudado.

Geoeducación

Geografía española y latinoamericana
- El río Ebro desemboca en un delta y tiene numerosos afluentes.
- La comunidad autónoma con menos densidad demográfica es Castilla y León.
- La selva amazónica es un territorio indómito.

Tu país/ciudad ideal
- Viviría en un país que tuviera una gran cordillera nevada.
- La hospitalidad local es un criterio importante para valorar en qué ciudad vivir.

1. La educación

A. ¿Conoces el sistema educativo de tu país? Completa el siguiente cuestionario.

1. ¿A qué edad termina la educación obligatoria? ¿Crees que está bien que sea así?

....

....

2. ¿La gente prefiere la educación pública o la privada? ¿A qué crees que se debe?

....

....

3. ¿Crees que el sistema público ofrece una educación de calidad? ¿Por qué?

....

....

4. ¿Multitud de jóvenes optan por hacer formación profesional? ¿Piensas que es una buena opción?

....

....

B. Lee las siguientes afirmaciones relacionadas con la educación. Di con cuáles estás de acuerdo y con cuáles no y explica las razones siguiendo el ejemplo.

	DE ACUERDO	EN DESACUERDO
1. Las carreras universitarias deberían estar enfocadas al mundo empresarial. *Estoy de acuerdo con esta idea porque creo que lo más importante es preparar a la juventud para el mundo laboral.*	☒	☐
2. La escuela privada es mejor que la pública.	☐	☐
3. Es mejor aprender un oficio de toda la vida que ir a la universidad.	☐	☐
4. La educación empieza y termina en la escuela.	☐	☐
5. La educación debería ser gratuita.	☐	☐
6. La educación es la mejor inversión que puede hacer un país.	☐	☐
7. Debería ser obligatorio ir a la escuela hasta los 18 años.	☐	☐

2. Estudiar en España

A. **¿Te gustaría estudiar un año en un país de habla hispana? ¿En qué país? ¿Crees que el nivel educativo es bueno en ese país? Comentadlo en clase.**

B. **Lee el siguiente texto que explica cuáles son los requisitos para cursar estudios de posgrado o una segunda carrera en España. Busca el significado de las palabras que no entiendas.**

ESTUDIAR EN ESPAÑA

ADMISIÓN DE ESTUDIANTES CON ESTUDIOS UNIVERSITARIOS

Los trámites que deben realizar los alumnos con títulos universitarios extranjeros para acceder a las universidades españolas son los siguientes:

1. Homologación de los estudios universitarios a un título universitario o grado académico español. Para ello deberá dirigirse al Ministerio de Educación español. El título deberá estar homologado antes de la finalización del plazo de preinscripción. La nota media del expediente académico se obtendrá de acuerdo con las equivalencias establecidas por la Secretaría de Estado de Educación, Formación Profesional y Universidades entre las calificaciones de los sistemas extranjeros y las propias del sistema educativo español.
2. Preinscripción en la universidad o universidades españolas de su elección. Para ello deberá consultar los plazos de preinscripción de cada una de ellas. Para los titulados universitarios se reservarán un número de plazas no inferior al 1 ni superior al 3 %. Los estudiantes que no hayan obtenido la homologación de su título en España podrán solicitar la convalidación parcial de sus estudios en la universidad donde deseen matricularse.
3. Matriculación. Los estudiantes que se matriculen por primera vez en el primer curso de cualquier centro de una universidad española deben acompañar la siguiente documentación, además de cumplimentar los impresos correspondientes que obtendrán en el sobre de matrícula en el centro en que vayan a matricularse:
   - Fotocopia del DNI o pasaporte.
   - Las fotografías tamaño carné que fije cada centro.
   - Fotocopia del Documento de Afiliación a la Seguridad Social (NUSS). Si no dispone de él, puede solicitarlo en la Tesorería General de la Seguridad Social en la que radique su domicilio (más información en la página web www.seg-social.es, Trámites y Gestiones).
   - Documentación que acredite los requisitos para el acceso a la titulación correspondiente.
   - Los estudiantes que, por disposición legal, tengan acceso directo a la universidad, presentarán la documentación que acredite tal situación.
   - Los estudiantes becarios, beneficiarios de familia numerosa o matrícula gratuita, deberán acreditar su condición mediante documento suficiente.
   - Los estudiantes procedentes de otra universidad acompañarán resguardo de haber abonado las tasas de traslado de expediente.

No obstante lo anteriormente señalado, el centro correspondiente podrá exigir cualquier otra documentación complementaria, si así lo requieren sus características.

(Adaptado de https://unedasiss.uned.es/pasos. España)

La educación primaria

En España la educación obligatoria está formada por la educación primaria y la secundaria. La educación primaria tiene como finalidad proporcionar al alumnado los lenguajes de la expresión y comprensión orales, la lectura y el cálculo, la adquisición de las nociones básicas de la cultura y el hábito de convivencia, así como los de estudio y trabajo, con el fin de garantizar una formación integral que contribuya al pleno desarrollo de su personalidad y preparar su paso a la educación secundaria.

Puedes encontrar una actividad → parecida en el **EXAMEN**.
¡Practica y prepárate!

C. **Imagina que quieres ir a cursar estudios de posgrado a una universidad española. Escribe un correo electrónico en el que incluyas tus datos personales, la carta de motivación y un breve resumen de tu currículo.**

De: ____________________

Para: ____________________

Asunto: ____________________

3. Cuando yo iba a la escuela...

A. **En estos fragmentos de conversaciones aparecen muchas expresiones y vocabulario relacionados con la educación. Complétalos con el vocabulario propuesto.**

asignaturas	ESO	educación primaria
es un empollón	prácticas en empresas	método de aprendizaje
comportamiento ejemplar	formación profesional	

1. Marta siempre tuvo un ...., la verdad es que era un modelo para el resto del alumnado.
2. La .... abarca la enseñanza desde los seis hasta los once años.
3. El .... de esta escuela es muy novedoso, la idea es trabajar las habilidades naturales de cada estudiante.
4. Las notas de Jorge han bajado un poco este trimestre, de diez .... ha suspendido dos: Geografía e Inglés.
5. Yo creo que el alumnado de primero de .... es muy joven para saber qué orientación quiere dar a sus estudios.
6. Yo me voy a jugar con la consola. Alberto dice que no puede venir, ..., se pasa el día con la nariz metida entre los libros.
7. Creo que estudiaré algo práctico, quizás un módulo de ...., porque no tengo intención de ir a la universidad.
8. Lo que eché en falta en mi época de estudiante es que, a pesar de cursar una carrera técnica como Arquitectura, no se hacían ....

25

B. **Con motivo del Día Mundial de la Educación, la emisora Radio 6 ha recopilado experiencias personales relacionadas con el sistema educativo. Escucha las intervenciones de tres personas de edades muy diferentes que hablan sobre su formación y completa el cuadro.**

La ESO (Enseñanza Secundaria Obligatoria)

Esta fase del aprendizaje es posterior a la Enseñanza Primaria y se cursa, por lo general, entre los 12 y los 16 años. Es una etapa terminal para una parte del alumnado mientras que otra continúa los estudios. Los objetivos son preparar al alumnado para el mundo laboral y la vida académica adulta. Tiene un carácter integral; es decir, que contempla las necesidades de todo el alumnado. Tiene asignaturas comunes y optativas (elegidas por el/la estudiante y ofrecidas por el centro). Estas incluyen créditos de refuerzo o variables, y tratan temas complementarios. Está organizada en cuatro cursos de un año cada uno.

	CÉSAR	MAITE	PACO
¿Qué nivel de estudios alcanzó?			
¿Qué opina de la enseñanza que recibió?			
¿Qué cosas haría si volviera a estudiar?			

4. ¿Pública o privada?

A. Lee el siguiente manifiesto que una asociación de docentes ha lanzado a favor de la educación pública y, a continuación, relaciona las palabras o expresiones extraídas del texto (columna izquierda) con otras que tienen un significado equivalente (columna derecha).

Ante la situación de la escuela pública...

HA LLEGADO EL MOMENTO DE ENTRAR EN ACCIÓN

El profesorado del sector público se moviliza: concentración cada miércoles a las 18 h delante del Ministerio de Educación

POR UNA ENSEÑANZA PÚBLICA DE CALIDAD

¡Basta ya de recortes en el sector educativo!
La inversión en enseñanza es una inversión para el futuro.

EXIGIMOS:
- escuelas e institutos con aulas equipadas, eliminación de los barracones;
- menos profesorado interino, más plazas a oposición;
- más formación continua;
- aumento del número y la cuantía de las becas.

1. el sector público	**a.** supresión de
2. por una	**b.** en favor de
3. basta ya	**c.** cursos de aprendizaje para trabajadores/as
4. recortes	**d.** importe
5. inversión en	**e.** gasto en
6. eliminación de	**f.** a concurso
7. a oposición	**g.** ya es suficiente
8. formación continua	**h.** reducciones
9. cuantía	**i.** las administraciones públicas del Estado

B. ¿Cómo crees que debería ser el sistema público de educación? Coméntalo con tus compañeros/as.

5.

Una clase de geografía

La geografía humana de España

La capital es Madrid, con una población de 3 460 500 habitantes. Otras capitales de provincia con más de medio millón de habitantes son estas: Barcelona (1 656 000 habs.), Valencia (830 600 habs.), Sevilla (697 230 habs.), Zaragoza (682 515 habs.) y Málaga (586 385 habs.).
España está dividida administrativamente en 17 comunidades autónomas o autonomías y 2 ciudades autónomas (Ceuta y Melilla).
La población oficial de España es de 48 693 000 habitantes, lo que da una densidad de población de 96 habs./km^2. No obstante, la distribución de la población es muy irregular y se concentra en el litoral, dejando amplias zonas del interior escasamente habitadas. El 79,7 % de la población vive en zonas urbanas.
El idioma oficial en todo el país es el español o castellano, que habla como lengua materna el 74 % de la población; además hay otras lenguas cooficiales en algunas comunidades autónomas, como el catalán, que habla como lengua materna el 17 % de la población, el gallego (7 %) y el vasco (2 %). Por ley se ha reconocido también como idioma propio el valenciano en la Comunidad Valenciana.

A. Maite es profesora, hoy tiene su primera clase de Geografía con un grupo de 1.º de ESO. Le ha dado a su alumnado un mapa con vocabulario de geografía para relacionar. ¿Podrías ayudar al grupo? Relaciona las siguientes palabras con las partes del mapa a las que hagan referencia.

cordillera   desembocadura   montaña   río   afluente
litoral   estrecho   valle   archipiélago   lago   ciudad

B. En parejas, intentad responder las preguntas o completar las frases sobre la geografía española. Después, comparad vuestras respuestas con las del resto de la clase.

1. España se divide administrativamente en 17...
- ☐ A) provincias.
- ☐ B) comunidades autónomas.
- ☐ C) municipios.

2. El río más largo de España es el...
- ☐ A) Guadalquivir.
- ☐ B) Tajo.
- ☐ C) Ebro.

3. La capital de provincia con más densidad de población es...
- ☐ A) Barcelona.
- ☐ B) Madrid.
- ☐ C) Sevilla.

4. ¿Cuántos kilómetros de costa tiene España?
- ☐ A) 7880
- ☐ B) 18 453
- ☐ C) 3168

5. La cordillera de Sierra Nevada está situada en...
- ☐ A) Cataluña.
- ☐ B) Asturias.
- ☐ C) Andalucía.

6. ¿Cuál de estos océanos baña las costas españolas?
- ☐ A) El Atlántico.
- ☐ B) El Pacífico.
- ☐ C) El Índico.

7. El punto de mayor altitud en España está en...
- ☐ A) los Pirineos.
- ☐ B) Sierra Nevada.
- ☐ C) las islas Canarias.

8. ¿Dónde está situada Santiago de Compostela?
- ☐ A) En el noroeste.
- ☐ B) En el sur.
- ☐ C) En el noreste.

6.

Geografía americana: la selva amazónica

26

A. **Vas a oír una conferencia sobre la selva amazónica. Anota las ideas principales y, a continuación, di si las siguientes afirmaciones son verdaderas o falsas.**

....

....

....

Vas a encontrar una actividad → parecida en el **EXAMEN**. **¡Practica y prepárate!**

Según el conferenciante, la selva amazónica...

		V	F
1.	... ofrece un amplio abanico de posibilidades de negocio.	☐	☐
2.	... es el territorio con más especies de aves del planeta.	☐	☐
3.	... fue el lugar de nacimiento de la agricultura y la ganadería.	☐	☐
4.	... dispone de grandes centros de estudios de Ingeniería forestal.	☐	☐
5.	... el hombre ha sabido, desde tiempos remotos, cómo explotarla.	☐	☐
6.	... una vez se destruye, no se regenera.	☐	☐
7.	... es un territorio indómito y, en parte, desconocido.	☐	☐
8.	... puede ofrecer soluciones a grandes problemas de la humanidad.	☐	☐

B. **Imagina cómo sería tu país ideal y elabora un escrito donde expongas las características básicas de su geografía.**

7. Y tú, ¿qué harías?

A. El Área de Salud de un ayuntamiento ha elaborado un test para conocer cómo actúa la población frente a algunas conductas de riesgo. Lee las preguntas y responde según lo que harías tú en cada una de las situaciones.

ÁREA DE SALUD

INFORMACIÓN PERSONAL

Edad: ______ Sexo: ______

Estudios/profesión: ______

Complete el siguiente formulario de la forma más sincera que pueda:

1. **Después de una comida familiar tiene que volver a casa y ha bebido un poco más de la cuenta, ¿qué haría?**
   - ☐ A) Le pediría a quien ha bebido menos que condujera el coche.
   - ☐ B) Dormiría en el coche y volvería al amanecer.
   - ☐ C) Llamaría a una amistad para que nos viniera a recoger.

2. **Una amiga sufre maltrato psicológico por parte de su marido. Un día ella se lo explica. ¿Cómo actuaría usted?**
   - ☐ A) Acudiría de inmediato a la comisaría de policía para denunciarlo.
   - ☐ B) Le recomendaría que se lo comentara a un/a psicólogo/a.
   - ☐ C) Hablaría con el marido para pedirle explicaciones.

3. **Uno de sus mejores amigos parece sufrir algún trastorno alimentario: ha perdido mucho peso, nunca tiene apetito, está irritable... ¿Qué haría al respecto?**
   - ☐ A) Nada, la delgadez no es nada malo.
   - ☐ B) Lo comentaría con su familia.
   - ☐ C) Hablaría con él para ver qué le pasa.

4. **Su mejor amigo, un exitoso emprendedor, hace tiempo que tiene problemas con las drogas y el alcohol. Su mujer sospecha algo pero no es consciente de la magnitud del problema. ¿Cómo procedería usted?**
   - ☐ A) Hablaría con él e intentaría que me explicara cuál es la causa del problema.
   - ☐ B) Lo comentaría con su mujer.
   - ☐ C) Hablaría con amigos cercanos para averiguar si alguien sabe qué le pasa.

B. Comenta tus respuestas con un/a compañero/a y comparad las diferencias.

C. Imagina que debes crear un cuestionario del mismo tipo relacionado con problemas que el alumnado se puede encontrar en su centro educativo. En parejas, preparad cinco preguntas.

D. Podéis intercambiar los formularios con otras parejas de la clase y, tras contestar a las preguntas, comentar las respuestas.

8. Si yo hubiera...

Expresar condiciones irreales sobre el presente o el futuro

- ***si* + imperfecto de subjuntivo**
  Si supiera bien inglés, podría ver esta película en versión original.
- ***de* + infinitivo**
  De saber bien inglés, entendería la película en versión original.

Expresar condiciones irreales sobre el pasado

- ***si* + pluscuamperfecto de subjuntivo**
  Con consecuencia hipotética en el presente:
  Si hubiese estudiado italiano, ahora podría hablar con Luca en su lengua.
  Con consecuencia hipotética en el pasado:
  Si hubieras visto a Jaime cantando en el karaoke, te habrías muerto de risa.
- ***de* + infinitivo perfecto (o compuesto)**
  ¡Qué mal canta! **De haberlo sabido**, no habría ido al concierto.

A. Toni se arrepiente de muchas cosas que ha hecho en su vida. A menudo piensa en lo que pudo haber sido y no fue. Completa los siguientes textos en los que nos habla de su juventud conjugando los verbos dados de forma adecuada.

permitir — tener — estudiar — desarrollar — leer

1. Cuando era joven, era muy vago, hacía novillos a menudo y me quedaba en casa leyendo novelas de aventuras y de ciencia ficción. Si .... más, quizás .... un trabajo mejor que ahora. Eso me .... vivir más cómodamente, pero si no .... tanto tal vez no .... así mi imaginación.

ser — relacionarse — conocer

2. Cuando tenía 18 años, mi familia me envió a Inglaterra un año para aprender inglés pero allí solo me relacionaba con gente española. De .... más con personas nativas, mi inglés .... mucho mejor pero tal vez no .... a Laura, una camarera de Albacete que hoy, doce años después, es mi mujer.

adquirir — perder — abrir

3. Cuando acabé mis estudios, decidí abrir un restaurante con tres amigos pero fue un gran fracaso. Si no .... el restaurante no .... un montón de dinero. Sin embargo, no .... una experiencia que después me sirvió de mucho en mi siguiente negocio.

B. Piensa en cosas del pasado que te gustaría haber hecho de otra forma e imagina cómo las habrías podido hacer. Coméntalo con tu compañero/a.

9. En caso de que...

Puedes encontrar este tipo de actividad de modo parecido en el **EXAMEN**. →
¡Practica y prepárate!

Cuando se incluyen expresiones de duda, probabilidad, deseo, etc., se admiten como válidos tanto el condicional como los pretéritos (imperfecto y pluscuamperfecto) de subjuntivo.
Si no hubiese leído mucho, tal vez no **habría/hubiera/hubiese** desarrollado tanto mi imaginación.

A. Escoge la forma verbal que creas más adecuada para las normas de la escuela Idealis.

1. La escuela abrirá cursos nuevos a condición de que **se inscribieran/se inscriban/se inscribirían** en ellos un mínimo de cuatro estudiantes.

2. Siempre que **fuera/sea/haya sido** posible, el alumnado dispondrá de un ordenador individual con conexión a internet de forma gratuita.

3. El profesorado hará tutorías personalizadas mensualmente con la finalidad de que el alumnado **disponga/dispone/dispusiera** de un buen asesoramiento para conseguir sus objetivos académicos.

4. Todo el alumnado está obligado a asistir a las clases a menos que lo **justificase/justifique/justificaría** por escrito.

5. El alumnado podrá salir de la escuela en las horas de recreo siempre que **superaría/superara/supere** los 16 años de edad.

6. En caso de que un/a estudiante **sea/sería/habría sido** expulsado/a tres veces a lo largo de un curso, se lo/la expulsará definitivamente.

7. Las excursiones y salidas culturales se realizarán siempre que la escuela **contara/cuente/haya contado** con autorización de las familias por escrito.

escuela idealis

Expresar condiciones especiales

Las siguientes expresiones se utilizan con presente de subjuntivo para expresar una condición real. En cambio, se usan con imperfecto o pluscuamperfecto de subjuntivo para expresar una condición pasada o con muy poca probabilidad de que se cumpla (al menos desde el punto de vista de quien habla).

- **a no ser que**
  salvo que
  excepto que
  a menos que
  Mañana iremos al parque **a no ser que llueva**.
  Nunca saldría con Juan **salvo que cambiara** completamente su forma de ser.
- **siempre que**
  siempre y cuando
  con tal de que
  Iré al concierto **siempre que** la entrada **cueste** menos de 40 euros.
  Aceptaría ese trabajo **siempre y cuando estuviera** mejor pagado.
  Con tal de que venga, soy capaz de pagarle todo el viaje.
- **en (el) caso de que**
  Iré a buscarte en coche **en caso de que llueva**.

B. Explica en qué situaciones hipotéticas harías o habrías hecho estas cosas relacionadas con la educación y los estudios. Procura utilizar los diferentes nexos condicionales que aparecen en el destacado lateral de esta página.

- *Habría dejado los estudios con 16 años en caso de que mi padre y mi madre me hubieran pedido que trabajara y ayudara a la familia.*

1. Estudiaría una lengua africana...
2. Habría estudiado en una escuela pública/privada...
3. Habría elegido otros estudios...
4. Estudiaría en una universidad fuera de mi país...
5. Habría obtenido mejores resultados escolares...
6. Haría muchos novillos...
7. Habría repetido curso...
8. Cambiaría de escuela...

C. ¿Cuál sería tu reacción si las siguientes noticias aparecieran en la prensa de tu país? Utiliza los recursos proporcionados en cada caso.

Parte del presupuesto de educación se destinará a defensa

Me parecería fatal, a no ser que estuviéramos dentro de algún conflicto bélico.

El transporte público será gratuito para personas paradas, jubiladas y estudiantes

Creo que sería algo .... siempre y cuando ....

Las ayudas a personas desempleadas se reducen en un 40 %

En mi opinión, ... salvo que ....

El número de estudiantes por aula pasa de 30 a 23 en seis años

Esto .... siempre que ....

LAS OPERACIONES DE CIRUGÍA ESTÉTICA SE PODRÁN HACER A TRAVÉS DEL SISTEMA PÚBLICO DE SALUD

Me parecería .... con tal de que ....

Las personas con más recursos, obligadas a educar a sus hijos e hijas en escuelas privadas debido a la masificación en los centros públicos

.... a menos que ....

El número de becas aumenta un 15 % mientras que su importe disminuye, de promedio, un 50 %

.... excepto que ....

10. La educación en España

27

A. Escucha la siguiente entrevista a un experto en educación infantil y responde a las siguientes preguntas.

1. ¿Qué visión tiene el entrevistado de la educación en España?

....

2. ¿Qué piensa que necesitan los/las estudiantes para decidir su futuro profesional?

....

3. ¿Qué piensa del papel de las familias en la educación?

....

4. ¿Es optimista respecto al futuro de la juventud de su país? ¿Por qué?

....

5. ¿Cree que la enseñanza de idiomas es buena?

....

B. Elabora, individualmente o en parejas, una lista de argumentos a favor de la educación pública y otra a favor de la educación privada.

Educación pública	Educación privada

11. La importancia de hablar idiomas

A. ¿Cuántos idiomas hablas? ¿Es normal en tu país hablar lenguas extranjeras? ¿Por qué crees que es importante estudiarlas?

28

B. Escucha la siguiente entrevista realizada a un profesor de idiomas y resume sus ideas en pocas palabras.

....

....

28

C. Vuelve a escuchar la audición y responde a las siguientes preguntas.

1. ¿Cuántos idiomas cree el profesor Romero que deberíamos aprender? ¿Qué clase de idiomas?

....

2. ¿Piensa que la educación bilingüe es algo positivo?

....

3. ¿Qué condición cree que es básica para el aprendizaje de idiomas en la educación infantil?

....

4. ¿Qué opinión le merece la información que podemos encontrar en internet?

....

5. ¿Cree que la enseñanza de idiomas está en auge?

....

Vas a encontrar una actividad → parecida en el **EXAMEN**. **¡Practica y prepárate!**

12. La deuda universitaria podría llevar a EE. UU. a la recesión

Vas a encontrar una actividad → parecida en el **EXAMEN**. **¡Practica y prepárate!**

A. **¿Crees que la enseñanza universitaria debería ser gratuita? En países como los Estados Unidos las mejores universidades, y las preferidas por sus estudiantes, son privadas, ¿ocurre lo mismo en tu país? Coméntalo con tu compañero/a.**

B. **Lee este artículo sobre la financiación de los estudios en Estados Unidos y resume cada uno de los párrafos en una o dos líneas.**

Párrafo 1 ....

....

Párrafo 2 ....

....

Párrafo 3 ....

....

Párrafo 4 ....

....

El Economista. **Víctor Ventura**

LA DEUDA UNIVERSITARIA, EL 'GOLPE DE GRACIA' INESPERADO QUE PUEDE LLEVAR A EE. UU. A LA RECESIÓN

Una de las cargas más pesadas de la economía de EE. UU. es la deuda universitaria: casi 50 millones de personas, un 15 % de la población del país, debe dinero por sus estudios superiores. Desde que se desató la pandemia de covid-19, los sucesivos gobiernos de Donald Trump y Joe Biden detuvieron el pago de las cuotas, y el actual presidente había intentado acabar de un plumazo con la gran mayoría de esa deuda. Pero el Tribunal Supremo de EE. UU. ha ordenado poner fin a la moratoria y reiniciar la devolución de esos préstamos. Y los analistas temen que el regreso de una carga billonaria a los bolsillos de la población sea el "golpe de gracia" que lleve a la economía de EE. UU. a una recesión plena en los próximos meses. Los datos de la deuda universitaria son gigantescos. Los préstamos totales ascienden a 1,75 billones de dólares, de los cuales un 92 % provienen del Estado y solo un 8 % de bancos o instituciones privadas, según datos de Forbes. Desde 2008, la montaña de créditos educativos se ha triplicado, dejando a años luz a las hipotecas (que solo han crecido un 40 %) o a las tarjetas de crédito (un 30 % más desde entonces). Y, al contrario de lo que puede parecer, las principales "víctimas" no son solo los jóvenes recién graduados: las personas de entre 35 y 49 deben la mayor cantidad de dinero total, y los mayores de 61 años son los que más dólares deben de media por sus estudios.

Poco antes de la decisión del Supremo, la presidencia estadounidense había aprobado un decreto que eliminaría entre 10 000 y 20 000 dólares de deuda para todos los préstamos estatales. Dado que el préstamo medio ronda los 29 000 dólares, ese movimiento habría supuesto reducir más o menos a la mitad la deuda pendiente de todos esos estudiantes. Un estímulo adicional de unos 15 000 dólares de media para más de 40 millones de personas. Pero el Supremo tumbó ese plan y, además, dio carpetazo a la moratoria que había en vigor desde 2020. Los universitarios no solo no se ahorrarán nada, sino que tendrán que volver a rascarse los bolsillos para pagar sus cuotas mensuales en cuanto acabe el verano. Este giro ha preocupado especialmente a los analistas del banco de inversión Jefferies. El economista Thomas Simons teme "un impacto bastante significativo en el gasto del consumidor" en cuanto se reinicien los pagos. "Mi sospecha es que la mayoría de las personas que tendrán que volver a pagar tienen una capacidad limitada para soportar el aumento de los gastos", lo que los llevará a tener que recortar de otras partidas y enfriar su consumo. "Cada mes que la gente no ha tenido que pagar sus préstamos universitarios, ha habido un dinero extra que ha estado flotando en la economía como consecuencia", explica Simons. "Temo que este sea el punto de inflexión que lleve a la economía a una recesión".

En su última reunión, la Reserva Federal calculó que había un 50 % de probabilidades de que EE. UU. entrara en recesión o de que se mantuviera con un minúsculo crecimiento positivo, según las últimas actas publicadas. Este inesperado golpe puede ser el que desequilibre la balanza a favor de la recesión. Morgan Stanley ha cuantificado el efecto de este golpe en unos 200 a 300 dólares por persona, y, en su conjunto, de 6 a 9 puntos básicos del PIB nacional (es decir, entre un 0,06 % y un 0,09 %). En este sentido, no cree que el recorte de gasto vaya a ser lo suficientemente grande como para arrastrar al país a la recesión por sí solo, pero sí será "tangible" y contribuirá al enfriamiento de la economía que se espera para otoño.

La Fed de Nueva York está especialmente preocupada por cerca de un 9 % de los prestamistas, que se encontraban en impago antes de que se pusiera en marcha la moratoria en 2020. El temor del banco central es que ese porcentaje de personas se vean obligadas a vender bienes o declararse en quiebra para cubrir esas deudas. A eso se suman todos aquellos que dieran por hecho la cancelación de sus deudas estudiantiles y decidieran endeudarse con otros préstamos, como una hipoteca o un coche, y ahora sean incapaces de asumir las dos cuotas a la vez. Pero quizá el mayor problema a largo plazo es la sensación de que la deuda universitaria es poco menos que una obligación para un porcentaje cada vez creciente de la población. Todos los que quieran ser profesores, científicos, médicos, arquitectos y una larga lista de profesiones están obligados a "pasar por caja" y asumir préstamos de decenas de miles de dólares que arrastrarán a lo largo de su vida adulta. Sumado a la obligación de comprarse un coche para la inmensa mayoría de la población, y la dificultad para comprarse una casa, para muchas personas la vida es solo una sucesión de deudas.

(Extraído de: https://www.eleconomista.es/economia/noticias/12357536/07/23/la-deuda-universitaria-el-golpe-de-gracia-inesperado-que-puede-llevar-a-eeuu-a-la-recesion.html)

C. **Busca la definición de las siguientes palabras y utilízalas en una frase que muestre su significado.**

Impago: ....

Quiebra: ....

Endeudarse: ....

Moratoria: ....

Recesión: ....

D. **Imagina que eres uno/a de los/las estudiantes a quienes hace referencia el artículo. Escribe una entrada en un blog explicando tu situación personal.**

13. La ciudad ideal

A. **Comenta con tu compañero/a cuáles son los aspectos más importantes para escoger la ciudad donde vivir y elabora una lista.**

B. **A continuación, lee este artículo basado en una encuesta de una organización de consumidores/as sobre la ciudad ideal. Compara lo que se dice con la lista que has elaborado anteriormente, ¿hay grandes diferencias? Coméntalo con el resto de la clase.**

LA CIUDAD IDEAL

Una encuesta de la OCU analiza la calidad de vida en 15 ciudades

Vigo, Zaragoza y Bilbao, las ciudades donde mejor se vive según sus habitantes

La Organización de Consumidores y Usuarios (OCU) ha realizado una encuesta a residentes de las 15 mayores ciudades españolas, lo que ha permitido elaborar un ranquin de las ciudades mejor valoradas en cuanto a su calidad de vida global.

Los encuestados evaluaron las siguientes 10 áreas: transporte y movilidad, seguridad ciudadana, asistencia sanitaria, educación, cultura, ocio y deporte, medioambiente, mercado laboral, coste de la vida, mercado inmobiliario y limpieza urbana.

¿Cuál es la mejor ciudad para vivir?

Según la encuesta, Vigo es la mejor. La ciudad gallega destacó por sus altas valoraciones en seguridad, limpieza, educación, medioambiente y bajos niveles de contaminación. Además, fue elegida como una de las mejores ciudades para familias con niños. Sin embargo, la ciudad mostró puntos débiles en la oferta del mercado laboral e inmobiliario.

El segundo lugar lo ocupa Zaragoza, que fue muy bien valorada por sus ciudadanos en todos los aspectos, salvo en la limpieza. Bilbao también quedó en los primeros puestos de la clasificación, aunque para los encuestados son mejorables el coste de la vida y el mercado inmobiliario.

Por otro lado, Barcelona y Madrid se destacaron por ser las dos ciudades peor valoradas por sus residentes. El coste de la vida, el mercado inmobiliario, el medioambiente, la contaminación y la limpieza urbana son fallos comunes en estas dos grandes urbes. No obstante, sus puntos fuertes también coinciden: la oferta de empleo y mercado laboral, así como la oferta cultural, deportiva y de ocio.

Fuente: Organización de Consumidores y Usuarios (OCU).

C. **Observa el siguiente gráfico. Comenta con tu compañero/a si añadirías algún parámetro para valorar la ciudad ideal.**

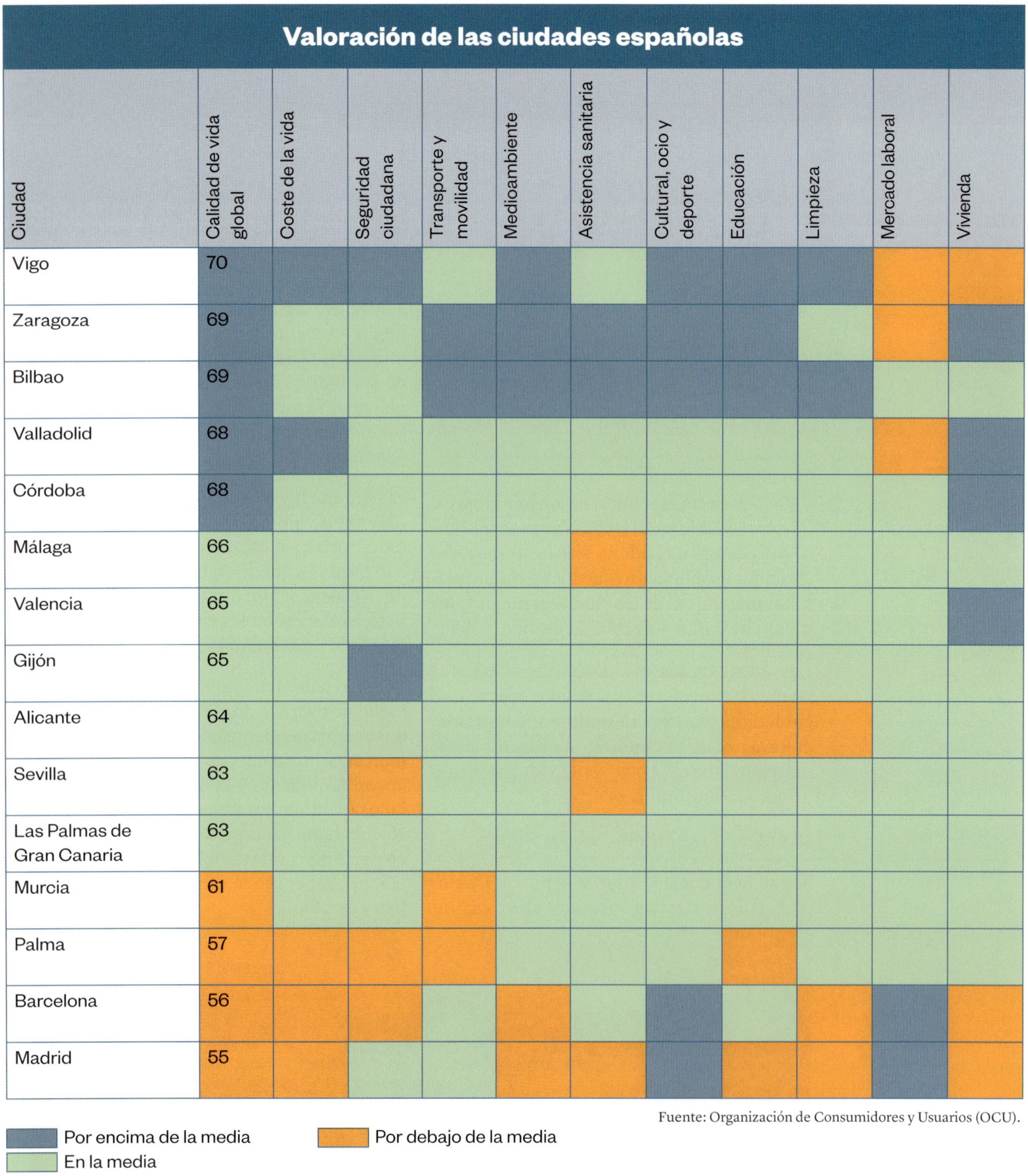

Fuente: Organización de Consumidores y Usuarios (OCU).

- *Yo añadiría una valoración del carácter o la hospitalidad de la gente de la ciudad. La verdad es que hay ciudades en las que la gente es muy desagradable.*

....

D. **Elabora, junto con tu compañero/a, un cuadro similar con los parámetros para valorar la universidad ideal.**

Comprensión de lectura y uso de la lengua

Las claves de la TAREA 4

¿QUÉ SE EVALÚA?

- La **comprensión de las ideas principales y complementarias** de textos breves.
- La **identificación de información específica** en textos complejos.

¿QUÉ TENGO QUE HACER?

- **Leer seis textos breves** de la misma temática y ocho enunciados, e identificar con qué texto se relaciona cada enunciado.

¿QUÉ MATERIAL VOY A LEER?

- Reseñas de libros, programas de eventos científicos, culturales o profesionales, resúmenes de tesis, ponencias o conferencias del **ámbito público, educativo o profesional**.
- Cada uno de los seis textos tiene una extensión de 100-150 palabras.

INSTRUCCIONES

A continuación tiene seis reseñas de libros (A-F) y ocho enunciados (1-8). Léalos y marque con una cruz la letra del texto que corresponde a cada enunciado.

Recuerde que hay textos que deben ser elegidos más de una vez.

Marque las opciones elegidas en la **Hoja de respuestas**.

BIBLIOTECA MUNICIPAL DE SULIQUES: NUESTRAS RECOMENDACIONES DEL MES

A. *MONDO Y OTRAS HISTORIAS*, DE J. M. G. LE CLÉZIO

Esta obra del premio nobel de literatura de 2008 fue publicada originalmente en 1978, pero hemos tenido que esperar varias décadas para su publicación en nuestro país. Se trata de la obra más vendida de J. M. G. Le Clézio. En medio de la bulliciosa y al mismo tiempo mediocre cotidianidad, parece que solo los/las niños/as son capaces de apreciar la belleza del universo. Así, desde la mirada infantil de los protagonistas de *Mondo y otras historias*, Le Clézio relata ocho historias sobre la búsqueda de la verdadera libertad, repletas de sensibilidad y melancolía y con una serie de entrañables personajes.

B. *CAFÉ CORTADO*, DE MÓNICA LAVÍN

La historia de inmigrantes españoles en la región del Soconusco, en Chiapas, al sur de México, en el tiempo de la quimera del café, relatada por un estudiante mexicano en España a finales del siglo XX. Una historia que entrelaza dos tiempos y dos espacios. Una novela de los sueños y su despropósito. La narración, compuesta por cincuenta y dos capítulos, lejos de ser lineal, salta abruptamente del presente al pasado, al presente histórico y de nuevo al pasado. Incluso de un párrafo a otro, de una línea a otra, podemos encontrarnos en 1904 en Santander o en 1915 en Chiapas, en un movimiento pendular en apariencia caótico, pero armado con destreza y eficacia, que no confunde, sino que, muy al contrario, lleva a su lector/a siempre hacia adelante, ávido/a de avanzar y descubrir lo que sigue.

C. *DE BILBAO DE TODA LA VIDA*, TOMÁS ONDARRA Y JON URIARTE

Libro confeccionado a partir de la muestra “De Bilbao de toda la vida” que se expuso con gran éxito en la Alhóndiga de Bilbao. Las láminas de Tomás Ondarra, artista e infografista bilbaíno afincado en Madrid, recuperan algunos de los ítems que hacen de Bilbao una ciudad diferente. Dulces que solo se elaboran allí, como la carolina o el pastel de arroz; elementos urbanísticos propios, como la baldosa, la grúa Carola o la Alhóndiga. Algunos mundialmente conocidos, como el vaso de txikito, la Aste Nagusia o el querido Athletic; otros más íntimos, como el parque de los patos o los caramelos de Santiaguito... Y así hasta 80 láminas, 50 de las cuales puedes ver en el libro, en las que la imagen nace de los recuerdos de Tomás Ondarra y los textos, elaborados por el periodista Jon Uriarte, esconden la historia cotidiana de la villa.

D. *3096 DÍAS*, DE NATASCHA KAMPUSCH

Natascha Kampusch relata los ocho años de secuestro que sufrió a manos de Wolfgang Priklopil, un ingeniero en electrónica de mediana edad que vivía a escasos kilómetros de la familia Kampusch en Viena. Un testimonio desgarrador sobre el instinto de supervivencia en el que una niña de 10 años establece una relación de dependencia con su secuestrador para poder sobrevivir en un zulo de apenas cinco metros cuadrados, iluminado por una sola bombilla y aireado por un ventilador renqueante que gira día y noche. Ella explica y razona cómo para sobrevivir tenía que obligarse a sí misma a perdonar a diario los abusos sufridos para poder aguantar un día más la tortura física y psicológica. La pérdida de contacto con la realidad la debilita tanto que tiene que hacerse una reconstrucción mental para lograr reunir fuerzas y conseguir escapar de ese infierno.

(Extraído de: https://www.librote.com/libro/24233/3096-dias)

E. ***LA CARRETERA*****, DE CORMAC MCCARTHY**

Recomendamos esta nueva traducción de *La carretera*, novela galardonada con el premio Pulitzer 2007 y *best seller* literario de aquel año en Estados Unidos. Su historia transcurre en la inmensidad del territorio norteamericano, un paisaje literalmente quemado por lo que parece haber sido un reciente holocausto nuclear. Un padre trata de salvar a su hijo emprendiendo un viaje con él. Rodeados de un paisaje baldío, amenazados por bandas de caníbales, empujando un carrito de la compra donde guardan sus escasas pertenencias, recorren los lugares donde el padre pasó una infancia recordada a veces en forma de breves bocetos del paraíso perdido, y avanzan hacia el sur, hacia el mar, huyendo de un frío "capaz de romper las rocas".

(Extraído de: https://www.amazon.ca/carretera-Cormac-McCarthy/dp/6073823800)

F. ***EL PRÍNCIPE FELIZ Y OTROS CUENTOS*****, DE OSCAR WILDE**

En nuestras recomendaciones del mes nunca falta un clásico. "Los buenos novelistas —escribió Oscar Wilde— son mucho más raros que los buenos hijos". Quizá sería lícito añadir que los/las buenos/as cuentistas son aún más raros/as que los/las buenos/as novelistas. Antes que *El retrato de Dorian Gray*, Oscar Wilde escribió los relatos que componen *El Príncipe Feliz y otros cuentos* y los completó con los de *Una casa de granadas*. Sorprende cómo un autor que prescindía de la moral en beneficio del arte pudo escribir estos cuentos sentimentales y con moraleja. En otras manos habría sido un material peligroso; en las suyas, los cuentos sentimentales se hacen conmovedores, y las fábulas morales se convierten en poemas líricos de insospechada belleza.

(Extraído de: https://www.amazon.com/El-Pr%C3%ADncipe-Feliz-cuentos-Spanish/dp/1985852055)

ENUNCIADOS

		A	B	C	D	E	F
1.	Una de las obras narra un hecho real en primera persona.						
2.	La historia transcurre en un paisaje apocalíptico.						
3.	En la trama de uno de los libros los personajes escapan constantemente.						
4.	En el libro encontraremos muchos documentos gráficos.						
5.	Estas historias pretenden transmitir una lección o enseñanza.						
6.	Está basado en una exposición.						
7.	El argumento de la novela se desarrolla entre dos continentes.						
8.	En este libro la realidad se ve a través de los ojos de los/las niños/as.						

TAREA 4
Explicación de las respuestas

1. A ☐ B ☐ C ☐ D ■ E ☐ F ☐

La opción **D** *3096 días* es correcta ya que en este libro su protagonista narra los ocho años de cautiverio que sufrió a manos de Wolfgang Priklopil. En el resto de las obras no se menciona en ningún caso que estén basadas en hechos reales.

2. A ☐ B ☐ C ☐ D ☐ E ■ F ☐

La opción **E** sobre la reseña de la novela *La carretera* habla de un paisaje quemado posterior a un holocausto nuclear, por lo que podemos decir que el paisaje es apocalíptico.

3. A ☐ B ☐ C ☐ D ☐ E ■ F ☐

La opción **E** sobre la reseña de la novela *La carretera* en la que se habla de cómo sus dos protagonistas, un padre y un hijo, viajan huyendo hacia el sur en busca del mar.

4. A ☐ B ☐ C ■ D ☐ E ☐ F ☐

La opción **C** sobre la reseña del libro *De Bilbao de toda la vida* explica que se basa en imágenes: "50 de las cuales puedes ver en el libro". Es el único de los libros en el que se especifica que contiene material gráfico.

5. A ☐ B ☐ C ☐ D ☐ E ☐ F ■

La opción **F** sobre la reseña de Oscar Wilde nos dice que "sorprende cómo un autor que prescindía de la moral en beneficio del arte pudo escribir estos cuentos sentimentales y con moraleja". La moraleja es, según el diccionario de la Real Academia Española, la "lección o enseñanza que se deduce de un cuento, fábula, ejemplo, anécdota".

---

6. A ☐ B ☐ C ■ D ☐ E ☐ F ☐

La opción **C** sobre la obra *De Bilbao de toda la vida* está, según la reseña, "basada en la muestra" del mismo nombre. La palabra "muestra" se usa como sinónimo de "exposición".

---

7. A ☐ B ■ C ☐ D ☐ E ☐ F ☐

La opción **B** sobre la novela *Café cortado* se mueve "entre dos tiempos y dos espacios". Cuando la reseña se refiere a los dos espacios está hablando de México y España.

---

8. A ■ B ☐ C ☐ D ☐ E ☐ F ☐

La opción **A** sobre la reseña de *Mondo y otras historias*, la recopilación de cuentos *Mondo y otras historias* narra historias cortas "desde la mirada infantil de los protagonistas".

Identifica qué tienen en común los textos: lee los títulos y compáralos con los enunciados.

Los textos de esta tarea siempre comparten una característica, que suele indicarse en las instrucciones: tratan del mismo tema y/o pertenecen al mismo género textual. Antes de empezar a leerlos, trata de relacionar sus títulos con los enunciados. Esto puede darte las primeras pistas para elegir la respuesta correcta.

Aborda cada texto como un párrafo.

La estrategia de extraer la idea principal de cada párrafo al leer un texto extenso también puede servirte en esta tarea. Resume la información más destacada del texto en una sola frase y confróntala con los enunciados para ver si tienen algo en común.

Recuerda que hay dos textos a los que les corresponden dos enunciados.

En esta tarea hay que relacionar ocho enunciados con seis textos. Por tanto, dos de los textos se relacionarán con dos enunciados, no con uno. Nunca sobra ningún enunciado ni ningún texto, se tienen que relacionar todos.

1. **Lee los siguientes textos y resume en dos o tres frases breves las ideas principales de cada uno. Después, compara tus frases con los enunciados (1-4) y elige cuáles se corresponden con cada texto.**

A. *EL TRIUNFO DE LA INJUSTICIA*, DE EMMANUEL SAEZ Y GABRIEL ZUCMAN

La desigualdad desbocada que padecemos tiene un claro motor: un sistema fiscal injusto. Por primera vez en más de un siglo, a los multimillonarios estadounidenses se les aplican hoy tasas impositivas más bajas que a ningún otro grupo social. Mientras tanto, a la clase media se le pide un esfuerzo contributivo mayor. Saez y Zucman, dos economistas que han revolucionado el estudio de la desigualdad, analizan las decisiones (y los pecados de indecisión) que han llevado a semejante triunfo de la injusticia fiscal. Combinando el análisis histórico y las aportaciones económicas más punteras con una prosa amena y sin jerga, muestran cómo el fin de la progresividad de los impuestos termina por sacudir los cimientos de la democracia.

(Extraído de: https://www.marcialpons.es/libros/el-triunfo-de-la-injusticia/9788430623662)

B. *LA ECONOMÍA DEL BIEN COMÚN*, DE CHRISTIAN FELBER

Felber propone un modelo alternativo a la economía tradicional, centrado en el bienestar social y ambiental en lugar de la maximización del beneficio. En este libro, el autor presenta un enfoque que busca medir el éxito económico a través de parámetros como la equidad, la sostenibilidad y la cooperación. Felber critica el actual sistema capitalista y ofrece un conjunto de herramientas y prácticas para implementar este nuevo modelo. El autor realiza una propuesta detallada y muy bien hilada de un sistema económico diferente, entrando en detalles sobre los impuestos, el patrimonio, los bancos, las pensiones, la oportunidad de emprender o la jornada laboral, entre otros aspectos.

(Extraído de: https://ecosfron.org/la-economia-del-bien-comun)

ENUNCIADOS

		A	B
1.	Expone un plan coherente y meticuloso.		
2.	Atribuye el debilitamiento de la equidad social a razones tributarias.		
3.	Trata de evaluar la prosperidad mediante una serie de criterios.		
4.	Critica el sistema actual de cobro de impuestos.		

2. **Piensa en qué palabras o expresiones (de tus frases, de los textos y/o de los enunciados) te han ayudado a encontrar los enunciados correctos.**

En esta tarea presta especial atención al uso de sinónimos y otros recursos para la reformulación.

Para expresar ideas de otra manera, pero conservando el mismo significado, se usan diversos mecanismos: especialmente sinónimos, pero también antónimos, cambios de conectores en una frase, expresiones idiomáticas que resumen una idea, derivación de palabras de la misma raíz (como *bello*, *belleza*, *embellecer*, *embellecimiento*...), etc.

Crear tus propias preguntas o enunciados es una excelente práctica para adquirir destreza en esta tarea.

De hecho, también es aplicable a las preguntas de opción múltiple (A, B o C), de modo que esta estrategia te servirá para otras tareas de comprensión. Igualmente, es un buen ejercicio de expresión escrita.

3. **Lee este resumen de una tesis doctoral sobre cine. Reformula la información de los fragmentos destacados para redactar dos enunciados breves que puedan relacionarse con el texto. Para ello te recomendamos consultar el diccionario.**

TOTALITARISMO Y FICCIÓN. GOYA Y SUS ESPECTROS EN EL CINE DE GUILLERMO DEL TORO

El realizador mexicano Guillermo del Toro ha contribuido a enriquecer la estética y mitología del cine fantástico y de terror. Gracias a los seres dentro de sus filmes, e inspirados en los espectros de las pinturas y grabados de Francisco de Goya y Lucientes, **(A) el realizador presenta, mediante ensoñaciones maravillosas, los traumas y conflictos que se han arrastrado durante la historia; sobre todo en épocas de conflictos bélicos y sociales.** La investigación que aquí se plantea busca reivindicar el valor estético y ético de la obra de Goya dentro del cine contemporáneo. **(B) Así se propone un recorrido iconológico comparativo que rescata la influencia del arte del célebre pintor en los largometrajes del latinoamericano.**

(Extraído de: https://accec.cat/es/tesis-doctorales-sobre-cine-publicadas-en-2023)

....

....

....

Comprensión auditiva y uso de la lengua
Las claves de la TAREA 4

¿QUÉ SE EVALÚA?

- La **capacidad de identificar el significado y la intención comunicativa** (estado anímico, relación entre los/las hablantes, etc.) de **diálogos breves**.

¿QUÉ TENGO QUE HACER?

- **Escuchar diez diálogos y responder** a una pregunta con tres opciones de respuesta sobre cada diálogo.

¿QUÉ MATERIAL VOY A ESCUCHAR?

- **Breves diálogos sobre situaciones cotidianas** que contienen expresiones idiomáticas y/o coloquiales. Pueden ser de todos los ámbitos: personal, público, educativo o profesional.
- **Cada diálogo dura 15-20 segundos.** El audio dura 2,5-3,5 minutos en total. Se escucha dos veces.

INSTRUCCIONES

29

Usted va a escuchar diez diálogos breves. Escuchará cada diálogo dos veces. Después debe contestar a las preguntas (1-10). Seleccione la opción correcta (A, B o C).

Marque las opciones elegidas en la **Hoja de respuestas**.

DIÁLOGO 1

1. Ante los comentarios de su compañero, Miguel se muestra...

A) alarmado.
B) insensible.
C) preocupado.

DIÁLOGO 2

2. El chico quiere que en la fiesta...

A) no esté la amiga de Ana.
B) haya mucha gente.
C) se lo pasen mejor que la última vez.

DIÁLOGO 3

3. La chica dice que...

A) ha quedado con una amiga en una tienda de ropa.
B) se ha comprado una chaqueta verde.
C) tiene dinero suficiente para comprarse una chaqueta.

DIÁLOGO 4

4. Según el hombre, la juventud de hoy en día...

A) es respetuosa.
B) sabe valorar las cosas.
C) se comporta peor que antes.

DIÁLOGO 5

5. La chica le dice a su padre que quiere...

A) dejar la universidad.
B) estudiar menos horas.
C) ganar dinero trabajando.

DIÁLOGO 6

6. El chico cree que el profesor Peralta...

A) es muy pesado.
B) imparte una materia aburrida.
C) es un apasionado de la física.

DIÁLOGO 7

7. Juan quiere que su hermana...

A) sea más discreta.
B) no haga el ridículo con sus amigas.
C) tome notas cuando está con otras personas.

DIÁLOGO 8

8. El profesor cree que su alumna...

A) no necesita estudiar mucho.
B) se ha dado un golpe.
C) no se esfuerza lo suficiente.

DIÁLOGO 9

9. Han despedido a Alberto...

A) porque nunca pasaba por la oficina para ver al jefe.
B) por sus repetidas ausencias.
C) porque nunca hablaba con el jefe.

DIÁLOGO 10

10. La madre cree que su hijo...

A) es muy terco.
B) tiene muchas cosas en la cabeza.
C) se ha fijado en su padre.

TAREA 1
Explicación de las respuestas

1. A☐ B■ C☐

La opción **B** insensible es la correcta porque cuando Miguel dice "¿qué quieres que te diga?" como reacción a la noticia lo que está expresando es que no tiene nada que decir al respecto; es decir, que el problema no le afecta.

---

2. A☐ B■ C☐

La opción **B** de que haya mucha gente es la correcta porque cuando el chico dice "cuantos más seamos mejor nos lo pasaremos" lo que quiere decir es que la fiesta será mejor cuanta más gente haya.

La opción **A** no esté la amiga de Ana es incorrecta porque en ningún momento dice que no quiere que vaya alguien.

La opción **C** se lo pasen mejor que la última vez es incorrecta porque tampoco dice en ningún momento que quiera pasarlo mejor que la última vez.

---

3. A☐ B☐ C■

La opción **C** de tener suficiente dinero para comprarse una chaqueta es la correcta porque la chica dice que el verano pasado ahorró y que, gracias a esto, se puede comprar la chaqueta que vio en el centro comercial.

---

4. A☐ B☐ C■

La opción **C** se comportan peor que antes es la correcta porque cuando la mujer dice que una parte de su alumnado es terrible él le comenta que cualquier tiempo pasado fue mejor, es decir, antes la juventud se comportaba mejor.

---

5. A☐ B■ C☐

La opción **B** estudiar menos horas es la correcta porque la chica quiere matricularse de menos créditos, o lo que es lo mismo, cursar menos asignaturas para así poder adquirir un poco de experiencia profesional en un estudio de arquitectura.

---

6. A☐ B■ C☐

La opción **B** imparte una materia aburrida es la correcta porque el chico dice que la asignatura que da el profesor es muy pesada, lo que equivale a decir que la materia es aburrida.

La opción **A** es muy pesado no es correcta porque aunque dice que la asignatura en sí es muy aburrida, no dice que el profesor sea pesado, sino ameno.

La opción **C** es un apasionado de la física es incorrecta porque tampoco habla de la pasión del profesor por la física.

---

7. A■ B☐ C☐

La opción **A** sea más discreta es la correcta porque la expresión "dar la nota" significa hacer cosas para llamar la atención del resto de la gente.

---

8. A☐ B☐ C■

La opción **C** no se esfuerza lo suficiente es la correcta porque el profesor dice que su alumna "no ha dado ni golpe", esta expresión equivale a decir que no ha trabajado, por eso no le ha puesto una nota alta ya que cree que lo puede hacer mucho mejor.

---

9. A☐ B■ C☐

La opción **B** por sus repetidas ausencias es la correcta porque en la conversación dicen que "faltaba continuamente al trabajo", faltar a un lugar es no asistir o no estar presente.

---

10. A■ B☐ C☐

La opción **A** es muy terco es la correcta porque la madre le dice que es una persona de ideas fijas, es decir, que raramente cambia de opinión o de punto de vista.

En esta tarea del examen es especialmente importante la tranquilidad y la concentración.

Vas a escuchar diez diálogos breves (15-20 segundos) y muy rápidos, que tienen lugar en situaciones muy diversas y con diferentes hablantes. Es importante que mantengas la concentración y no te pongas nervioso/a si no entiendes alguno. Focaliza tu atención en el siguiente, pero no dejes nunca la respuesta en blanco, aunque no lo hayas entendido.

Antes de escuchar, marca a qué persona/s se refiere el enunciado de cada pregunta.

Cada pregunta se refiere a una persona que aparece en el diálogo: puede ser un/a interlocutor/a u otra/s persona/s sobre las que hablan. Márcalas también si aparecen en las opciones. Presta atención: no solo hay que entender la información, sino también quién la dice y/o sobre quién la dice.

Recuerda que debes captar la intención comunicativa de cada hablante.

Uno de los objetivos de esta tarea es entender la intención, las emociones, el estado de ánimo y la relación entre los/las hablantes. Para ello, fíjate bien en el tono de voz y la entonación. Eso puede ayudarte a responder correctamente alguna pregunta, aunque no hayas comprendido todo lo que han dicho los/las hablantes.

1. Lee la siguiente pregunta y rodea con un círculo las distintas personas que aparecen en ella. Luego escucha el diálogo una vez y marca la respuesta que creas correcta. Finalmente, escucha de nuevo el diálogo y elige una opción de respuesta definitiva. 30

El chico cree que...

A) Diana lleva algo de razón sobre Eva.
B) Eva y Diana siempre se han llevado mal.
C) debería hablar del tema con Diana.

2. Ahora piensa por qué has decidido elegir esa opción: ¿Te ha ayudado alguna palabra clave que has entendido? ¿La entonación de cada hablante? ¿Has entendido qué relación tienen? ¿Cuál es la situación?

Para preparar esta tarea, conviene que amplíes tu repertorio de expresiones idiomáticas y coloquiales.

Estos diálogos son siempre sobre situaciones cotidianas. Se usan frases hechas, modismos, coletillas, muletillas y todos los elementos característicos de la interacción oral, especialmente expresiones idiomáticas.

Recuerda que en Las claves de la Tarea 2, en el apartado de la prueba CA, tienes más contenidos y actividades para trabajar esta estrategia.

3. En el diálogo que has escuchado en la actividad 1 se han usado estas expresiones idiomáticas. Relaciónalas con lo que crees que significan.

1. Mandar a alguien a freír espárragos	**a.** Muy desordenado
2. Estar/Tener algo manga por hombro	**b.** Puntilloso/a, quisquilloso/a
3. Ir de punta en blanco	**c.** Enfadarse con alguien y no querer verle más
4. Ser un/una tiquismiquis	**d.** Vestirse de manera impecable y elegante

4. También se han usado otras expresiones del lenguaje coloquial oral. Relaciónalas con su función comunicativa.

1. ¡Qué va!	**a.** Añadir información
2. ¿Y eso?	**b.** Expresar sorpresa o incredulidad
3. ¡Quién lo diría!	**c.** Negar con énfasis
4. ¡Y encima...!	**d.** Preguntar la causa

Expresión, mediación e interacción escritas
Las claves de la TAREA 2 (opción 1)

¿QUÉ SE EVALÚA?

- La **elaboración de textos formales** adecuados para un contexto específico **a partir de** estímulos **gráficos o escritos**.

¿QUÉ TENGO QUE HACER?

- **Redactar un texto académico, informe o artículo** que responda a un contexto dado a partir de información gráfica.
- Los textos pertenecerán al **ámbito público, educativo o profesional**, dependiendo de la situación dada.
- Extensión recomendada: 180-220 palabras.

¿QUÉ MATERIAL VOY A LEER?

- **Instrucciones** que proporcionan un contexto (finalidad, género textual y destinatario/a) y unas pautas que se deben cumplir para redactar el texto.
- **Estímulo** para escribir: para la **opción 1**, gráfico, infografía o diagrama.

OPCIÓN 1

Usted trabaja en una consultoría para empresas. Un grupo de jóvenes emprendedores/as quiere abrir una pequeña empresa de productos y servicios ecológicos en los sectores de la alimentación y/o el hogar. Le encargan a usted un informe en el que debe asesorarlos/as respecto a qué tipo de empresa les convendría más crear según las tendencias actuales de consumo. Para redactar su informe, dispone de los datos de los siguientes gráficos.

HÁBITOS DOMÉSTICOS DE LA CIUDADANÍA QUE SE DECLARA CONCIENCIADA CON EL MEDIOAMBIENTE

En el consumo alimentario

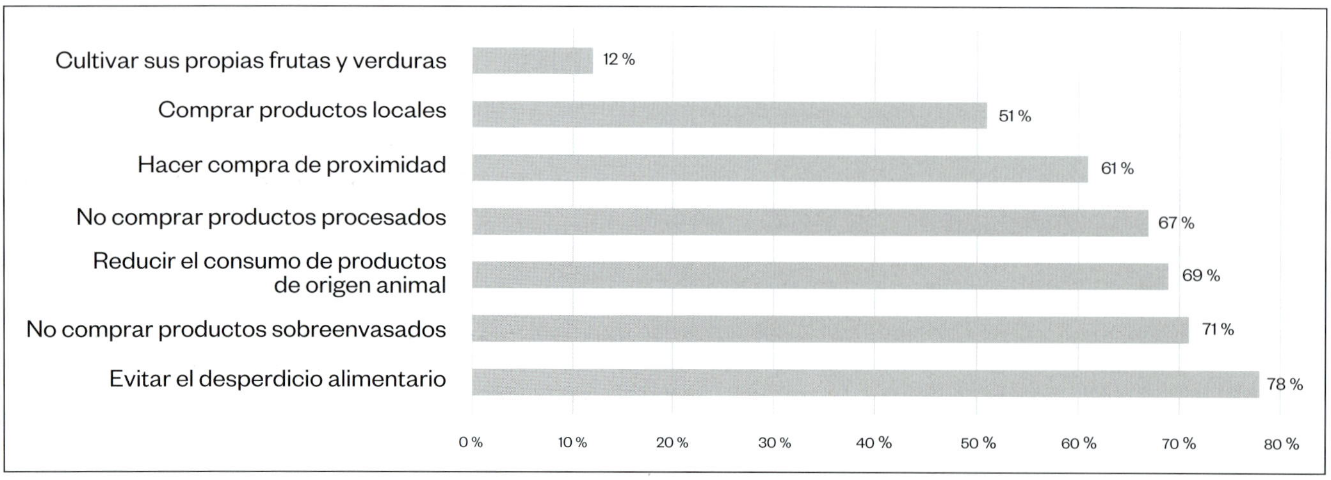

Otros hábitos en el hogar

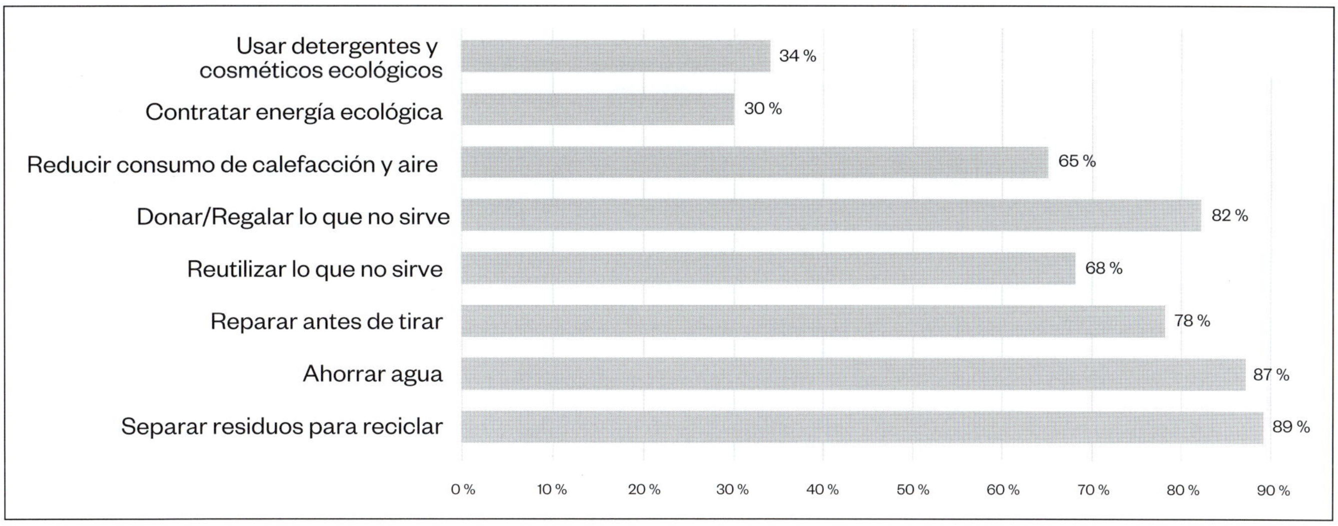

(Extraído de: https://www.ocu.org/consumo-familia/consumo-colaborativo/informe/otro-consumo-futuro-mejor)

En el informe deberá:

- resumir y valorar los datos de los gráficos que considere más significativos en cuanto a las tendencias de consumo sostenible;
- según los datos, aconsejar a estos/as emprendedores/as sobre qué tipo de empresa pueden crear y explicar las posibles ventajas y desventajas de su propuesta.

Recuerda distribuir el texto en párrafos y usar conectores.

Tanto en la opción 1 como en la 2 de esta tarea, usa marcadores discursivos para ordenar los párrafos y conectores variados para relacionar tus ideas, opiniones y valoraciones.

1. Relaciona los siguientes conectores con la idea que expresan, como en el ejemplo (1. b). Consulta el diccionario si es necesario.

1. Dado que, debido a que — b
2. De ahí que, por tanto
3. Con todo, pese a
4. A mi modo de ver, según
5. Mientras que, tanto como
6. Es decir, en resumen
7. Asimismo, igualmente
8. Por un lado, en definitiva
9. Puesto que, por culpa de
10. Si bien, a pesar de que
11. A mi parecer, de acuerdo con
12. De hecho, efectivamente
13. Tras, antes de que
14. Con tal de que, siempre y cuando
15. Es más, además
16. En cuanto a, respecto a

a. Oposición parcial o total
b. Causa
c. Reformulación
d. Organización del texto
e. Punto de vista
f. Consecuencia
g. Comparación
h. Adición
i. Refuerzo
j. Tiempo
k. Focalización en un tema
l. Condición

2. Redacta el informe de la tarea en tu cuaderno. Te recomendamos estructurarlo en cuatro párrafos y utilizar varios conectores de la actividad 1.

La revisión de tu texto es muy importante. No lo entregues sin leerlo bien antes.

- Asegúrate de que has comenzado tu texto con una breve introducción y terminas con una pequeña conclusión;
- comprueba que has tratado todas las pautas de instrucción de la tarea separadas en párrafos y que les has dedicado más o menos el mismo espacio en el texto;
- revisa también los signos de puntuación (comas, puntos, dos puntos, etc.) y las mayúsculas tras un punto;
- fíjate en si hay algunos marcadores discursivos para organizar el texto y si no, añade alguno en el lugar adecuado;
- igualmente, fíjate en que has usado una variedad de conectores en el lugar correcto;
- mira si la forma de tratamiento es adecuada para la situación y el/la destinatario/a (si es formal/informal/singular/plural, es decir: tú / vosotros/as o usted/ustedes) y corrige lo que sea necesario;
- asegúrate de que has resumido correctamente la información numérica de los dos gráficos en palabras y de que no repites literalmente elementos de los gráficos ni de las instrucciones; especialmente en la valoración y la opinión;
- asegúrate de que has usado un par de estructuras gramaticales de cierta complejidad, de que hay variedad de tiempos verbales; revísalos (mira si el uso de indicativo/subjuntivo es correcto);
- comprueba que has incluido alguna expresión idiomática y/o colocación y que el léxico sea preciso y del nivel (mira si hay sinónimos y reformulaciones);
- revisa finalmente la ortografía y las tildes (los acentos gráficos).
- También asegúrate de que has escrito a bolígrafo la tarea en la **Hoja de respuestas** adecuada para esta opción.
- Después de escribir tu tarea revisa los puntos anteriores.

3. Ahora compara tu informe con el "Ejemplo de producción escrita" a continuación. Fíjate en los conectores marcados en verde. ¿Te ha sido útil esta estrategia final para terminar la versión definitiva de tu texto? ¿Coinciden con algunos de los que has usado tú? Analiza el texto y marca en el ejemplo qué fragmentos se refieren a las diferentes pautas de las instrucciones, qué tiempos verbales se han usado, encuentra algún sinónimo que tú hayas usado también, algunos elementos que se refieran a los/las destinatarios/as de este informe, etc.

TAREA 2 (opción 1)
Ejemplo de producción escrita

Este informe se centra en las tendencias actuales de consumo de alimentos, energía y otros productos domésticos, sectores en los que ustedes muestran mayor interés para su futura actividad empresarial.

Según las últimas estadísticas, los/las consumidores/as rechazan cada vez más los productos procesados y con excesivo embalaje, a favor de los más naturales. **Asimismo**, se observa un creciente interés en los productos locales, adquiridos preferentemente en establecimientos del barrio cercanos al hogar. **Sin embargo**, el consumo de productos propios, como frutas y verduras, sigue siendo bajo, probablemente porque los huertos familiares se limiten a las áreas rurales, mucho menos pobladas que las urbanas.

Por esa razón, les recomiendo crear una pequeña granja ecológica, ya que la demanda del comercio de proximidad no deja de aumentar. **Además**, favorecería el medioambiente y suministrarían a consumidores/as urbanos/as los productos frescos que les gustaría cultivar en el jardín de su casa, algo que, desgraciadamente, la mayoría no tiene. **Por otra parte**, requiere una inversión inicial menor que otras alternativas, como una compañía de instalación de paneles solares o de reciclaje de agua, sectores también en auge, pero que conllevan un riesgo financiero mucho mayor.

Ahora bien, la granja implicaría vivir fuera de la ciudad o bien desplazarse diariamente al campo, lo que conllevaría mayores gastos, peores horarios y más contaminación a causa del transporte.

Expresión, mediación e interacción orales

Las claves de la TAREA 1 (un ejemplo más)

¿QUÉ SE EVALÚA?

- Comprender información de **textos extensos y complejos** con el fin de **transferirla en un resumen y valorar el texto** de forma justificada.

¿QUÉ TENGO QUE HACER?

- **Una presentación (monólogo)** de **5-6 minutos** con tiempo de preparación.

¿QUÉ MATERIAL VOY A TENER?

- **Instrucciones** con los puntos de los que se debe hablar en la descripción.

INSTRUCCIONES

Usted debe hacer una presentación oral sobre el texto adjunto. Su exposición debe incluir los siguientes puntos:

- resumir los puntos principales del texto;
- valorar el texto (interés, novedad, claridad, intención de su autora, lógica de los argumentos, etc.);
- opinar sobre el tema.

Dispone de entre tres y cinco minutos para hablar. Puede consultar sus notas, pero la presentación no puede limitarse a una lectura de las mismas.

LA IMPORTANCIA DE IDENTIFICAR LA ADICCIÓN A LAS SERIES

Los expertos aseguran que engancharse a programas televisivos puede acarrear consecuencias negativas. Desde la aparición de plataformas *streaming*, muchas personas, más que ver una serie de TV, se entregan a ella en cuerpo y alma. En algunos casos, surge la necesidad de no separarse de la pantalla durante horas y cuando este comportamiento se convierte en cotidiano, puede entrañar un considerable nivel de riesgo. Esta conducta se conoce como *binge watching*, un anglicismo que designa la dependencia a los programas televisivos, cuya traducción al español sería "maratón" o "atracón" de televisión, o bien "adicción a las series", de acuerdo con el Centro de Adicciones de España.

Nomenclaturas aparte, el visionado abusivo de estos exitosos productos audiovisuales ha hecho saltar las alarmas en el ámbito de la salud mental, debido a que este comportamiento compulsivo tiene sus consecuencias y puede generar una fuerte dependencia psicológica. El Centro de Adicciones de España aclara que es importante diferenciar lo que sería una actividad de entretenimiento aceptada de un trastorno adictivo. Lo primordial es observar si la necesidad de ver capítulo tras capítulo incide en la rutina del individuo hasta el punto de hacer que pierda el control sobre sus responsabilidades cotidianas.

De acuerdo con la entidad pública mencionada, las personas que padecen esta adicción muestran determinados patrones de conducta. Sus síntomas incluyen el insomnio, la irritabilidad, la apatía a realizar otro tipo de actividades, así como la pérdida de la noción del tiempo, no solo frente a la pantalla sino también en su día a día. Asimismo, se produce una especie de síndrome de abstinencia que lleva a un constante estado de frustración, crispación e incluso ansiedad, sentimientos que, al no poder ver más episodios en el momento deseado, van acompañados de frecuentes alteraciones emocionales o bruscos cambios de humor.

Lo que ocurre es que el nivel de tolerancia disminuye: el cerebro va liberando más cantidad de dopamina, una sustancia química asociada al placer y a la capacidad de experimentar emociones de cierta intensidad, por lo que la persona consumirá cada vez más esos productos televisivos con el fin de sentir los mismos efectos que experimentaba al principio. El ansia por ver series acaba convirtiéndose en una necesidad psicológica y es así como el teleadicto empieza a llegar tarde o a no cumplir sus compromisos, es decir, a perder el control sobre su vida diaria.

Los efectos de esta dependencia no son solo mentales. También puede llevar a una reducción significativa de la actividad física, puesto que el dependiente pasa horas y horas sentado o tumbado en el mismo lugar. Además, interrumpe los patrones de sueño, lo cual, a medio o largo plazo, afecta negativamente a las capacidades cognitivas y a la forma física. Otro problema derivado de esta adicción es el aislamiento social, pues se prefiere ver series en lugar de interactuar con amigos y familiares. Esto, posteriormente, lleva a una profunda sensación de soledad y aislamiento. Por otra parte, el contenido visionado es a veces muy intenso emocionalmente, de ahí que cree ansiedad en determinadas personas.

Un estudio publicado por la revista *Journal of Clinical Sleep Medicine* reveló que estos atracones televisivos afectan a los hábitos de descanso. Los participantes que veían varios episodios seguidos sufrían de una mayor dificultad para dormirse y de una peor calidad de sueño. Por otra parte, también comprobaron que la falta de autocontrol para limitar el tiempo de visualización puede influir en una pérdida de productividad y un aumento del estrés. Los resultados del estudio también constataron otros efectos psicosomáticos perjudiciales, como malos hábitos alimenticios, sobrepeso u obesidad, cervicalgias y dolores de espalda, además de deterioro de la memoria y de la capacidad de concentración.

Así pues, los expertos del Centro de Adicciones de España señalan que para ayudar a una persona adicta a las series, primero hay que hacerle comprender que tiene un problema.

Si bien el *binge watching* puede ser una forma relajante y divertida de pasar el tiempo, es importante establecer límites saludables para evitar trastornos de salud mental. Según esta institución, el mejor modo de hacerlo es procurar seguir un horario para ver nuestros programas favoritos y delimitar de antemano nuestro tiempo diario como telespectadores. También aconseja hacer descansos regulares en el visionado, dado que ver varios episodios seguidos puede resultar agotador para la mente y el cuerpo.

Igualmente, destaca que ha de dársele importancia al impacto del *binge watching* en la vida social y afectiva. Ver series durante horas puede conducir al aislamiento y a la desconexión emocional con las personas que nos rodean, por lo que se recomienda alternar esta distracción con dedicar tiempo a estar en familia o con amigos.

(Adaptado de: https://eldiario.com/2023/06/17/adiccion-a-las-series-efectos-para-salud-mental)

TAREA 1
Ejemplo de producción oral

31

En esta presentación, voy a hablar sobre un fenómeno cada vez más común en nuestra sociedad desde la proliferación de las plataformas de *streaming*: la adicción a las series televisivas y, en particular, sobre los efectos perjudiciales que puede provocar. También es conocido por el término en inglés, *binge watching*, que significa 'maratón de televisión', aunque, en mi opinión, no refleja el problema de la adicción. Se trata de la tendencia a consumir varios episodios o temporadas de series de forma continua, lo cual puede derivar en problemas para la salud física y mental. Voy a explorar las principales ideas relacionadas con esta conducta y las implicaciones que puede tener. En el texto que he leído para documentarme se resalta cómo el *binge watching*, más allá de ser una simple forma de entretenimiento, puede transformarse en una adicción.

Las personas expertas indican que este hábito puede provocar síntomas como insomnio, irritabilidad, apatía y alteraciones emocionales. Además, este comportamiento tiene una repercusión importante en la vida diaria de los individuos, ya que puede afectar su productividad y sus relaciones sociales. El exceso de consumo audiovisual genera un aumento en los niveles de dopamina, lo que lleva a que el individuo sienta la necesidad de ver cada vez más episodios para experimentar los mismos niveles de satisfacción. Con el tiempo, esto puede derivar en aislamiento social, deterioro cognitivo y físico, pérdida de la noción del tiempo y, en algunos casos, frustración o ansiedad.

Por otro lado, se mencionan los efectos físicos negativos del *binge watching*, que incluyen el sedentarismo prolongado, problemas de sueño, aumento de peso y dolores de espalda, entre otros. Un estudio reciente destaca cómo esta conducta afecta la calidad del sueño y la capacidad de concentración. El texto, además, recalca la importancia de establecer límites para evitar que esta actividad lúdica se convierta en una adicción.

Realmente, el artículo, aunque no profundiza en las causas que llevan a ciertas personas a caer en esta adicción, que yo creo que es donde está la clave de este problema, explica muy claramente el asunto y me ha parecido un análisis muy completo y útil, ya que ofrece una visión equilibrada del *binge watching*, señalando tanto sus efectos negativos como posibles soluciones. Asimismo, el texto está respaldado por estudios científicos y el testimonio de personas expertas, lo que refuerza su credibilidad.

Desde mi punto de vista, este tema es relevante en la actualidad, ya que refleja una realidad a la que mucha gente se enfrenta. Si bien las series pueden ser una excelente forma de entretenimiento, a mí me parece fundamental ejercer un autocontrol para evitar que interfieran con nuestras responsabilidades y bienestar. A las personas teleadictas de este tipo, yo les recomendaría que establecieran límites saludables y alternaran el tiempo frente a la pantalla con otras actividades. En ese sentido, estoy totalmente de acuerdo con el argumento del artículo, sin duda, porque soy de la opinión de que debemos mantener un equilibrio adecuado en nuestra vida, en todo, incluso en el uso que hacemos de la televisión. Además, es como si dejaras de vivir tu vida y vivieras las de unos personajes de ficción, me parece una locura, la verdad. La vida, yo creo, no se puede vivir a través de los otros y mucho menos si estos no son ni siquiera reales.

No olvides hacer una breve introducción antes de empezar el resumen del texto.

En la sala de preparación del examen, tras leer el texto y resumirlo en un esquema, escribe una introducción (2-3 líneas) presentando el tema central del texto. Trata de darle un contexto y "hacer tuyo" el tema desde el principio. Puedes comentar si es de actualidad o no, si se relaciona con tu situación personal o la de tu entorno, o incluso hacer una breve valoración ("... aborda el tema de... y el enfoque me ha parecido bastante interesante"). Redáctala y luego repítela mentalmente hasta memorizarla. Es importante porque te dará seguridad empezar el examen "con buen pie".

¿Ocio o tiempo libre?

UNIDAD

5

En esta unidad vamos a hablar de ocio, cultura y turismo.

Para ello vamos a aprender:

RECURSOS PARA LA COMUNICACIÓN

→ Leer y redactar reseñas y entradas de blog sobre ocio y cultura
→ Hablar sobre el ocio y las actividades artísticas, culturales y turísticas que hacemos en el tiempo libre
→ Escuchar programas radiofónicos y pódcast en relación con estos temas

LÉXICO

→ Vocabulario relacionado con el ocio, la cultura, el turismo y las normas de tráfico

GRAMÁTICA

→ Subjuntivo en las oraciones de relativo
→ Subjuntivo con verbos de voluntad

CULTURA

→ Eventos culturales en España e Hispanoamérica
→ Frida Kahlo
→ Enología: el arte de hacer vino

TEXTOS:

→ Textos escritos y pódcast expositivos y de opinión
→ Reseñas culturales
→ Textos informativos

OCIO

Tiempo libre

- Trasnochar es una pérdida de tiempo, prefiero el ocio activo: bricolaje, ajedrez, yoga...
- Me he apuntado a un taller de costura para diseñar mi ropa en plan "hazlo tú mismo".

Cultura

- El acto, además de innovador y sugerente, fue profundamente emotivo.
- Esta reseña dice que "sus lienzos van del realismo al expresionismo abstracto más colorista".
- ¡Vaya agenda!, ¿no? La exposición de carteles, la feria de artesanía...

Turismo

- Me cuesta encontrar lugares donde se practique senderismo y no haga calor.
- El ecoturismo consiste en viajes que no tienen impacto en el medioambiente.
- La DGT aconseja que se mantenga la distancia de seguridad en los viajes.
- Las autoridades de tráfico advierten de que aumentarán las multas por infracciones de tráfico.

1. Ocio pasivo versus ocio activo

A. ¿Qué entiendes por "ocio activo" y "ocio pasivo"? Incluye en tus definiciones algunas de las frases o palabras de abajo y compara tus definiciones con las de un/a compañero/a.

creatividad
aburrimiento
proyectar
reaccionar
gratificante
no hacer nada
seres reactivos
seres proactivos
consumo
enriquecimiento personal
antídoto
autorrealización
felicidad
motivación
entretener
talento
actitud
potenciar

Ocio activo:

El ocio activo es el tiempo que dedicamos al enriquecimiento personal y a...

Ocio pasivo:

32

B. El siguiente pódcast habla sobre esta diferenciación. ¿En qué coincide con tus definiciones? ¿Qué información añade?

C. Aquí tienes una serie de actividades de ocio, ¿con cuál de los dos tipos de ocio las relacionarías? Clasifícalas en la tabla de abajo. Justifica tus respuestas.

trasnochar
hacer yoga
ver la tele
dar un paseo
hacer el vago
hacer *rafting*
chatear
distraerse
leer cómics
ir de compras
hacer bricolaje
jugar al ajedrez
asistir a clases de cerámica
practicar la jardinería
escribir en un blog
ver un partido de fútbol
dejar pasar el tiempo
hacer cocina recreativa
tumbarse a la bartola
estar ocioso/a
visitar una exposición
acudir a una discoteca
hacer turismo solidario
salir a cenar con amistades
asistir a una granja escuela

Ocio pasivo	Ocio activo

2.
Las dimensiones del ocio

Vas a encontrar actividades parecidas a estas (A y B) en el **EXAMEN**. **¡Practica y prepárate!**

A. Lee el artículo y contesta en tu cuaderno a las preguntas que hay a continuación.

1. Escribe cinco palabras clave que según tu opinión sintetizan el contenido del artículo.
2. ¿Cuál es el objetivo del artículo?
3. ¿Qué factores intervienen directa o indirectamente en el ocio según el autor del mismo?

B. Escribe en tu cuaderno un resumen del artículo de 100 palabras.

El ocio como experiencia personal y fenómeno social

El desarrollo del turismo, a partir de la reducción de la jornada laboral y el reconocimiento de las vacaciones pagadas; el fomento de la práctica del deporte y la potenciación del deporte espectáculo de masas; la democratización de la cultura y la construcción de grandes contenedores de las artes; el esplendor de parques temáticos, centros recreativos de naturaleza diversa; el *boom* del ocio digital; son epígonos de una nueva economía, de una nueva concepción del tiempo y del espacio, de una emergente configuración social en un mundo globalizado. Una realidad cargada de luces y sombras.

Pero el ocio es, fundamentalmente, una experiencia personal. Cada ciudadano participa del fenómeno del ocio de manera distinta. Desarrolla su dimensión más creativa. Disfruta de su vertiente lúdica. Rompe la cotidianeidad con su contenido festivo. Encuentra una fuente de equilibrio a través de su dimensión ecológica. Entrega su tiempo y capacidades a los demás en la vivencia de un ocio solidario. Convierte la experiencia de ocio en una realidad consuntiva, de consumo. Sufre los efectos perversos, nocivos, las ociopatías. Malvive con una interiorización de un ocio ausente. Se beneficia de los factores preventivos o terapéuticos del mismo. Es decir, cada persona configura una experiencia de ocio cuantitativa y cualitativamente distinta.

De lo que podemos derivar que el ocio es, ante todo, una experiencia humana, cargada de contenidos y símbolos dispares según la edad, el género, el lugar donde uno vive, el nivel educativo y formativo alcanzados, la renta de que se dispone, los recursos que la comunidad pone a su disposición, el estado de salud, etc.

Podemos definir el fenómeno del ocio como una experiencia integral de la persona y un derecho humano fundamental. Participa de una serie de dimensiones, vividas en uno u otro grado, como la creativa, lúdica, festiva, solidaria, ecológica, etc. Posibilita vivencias y actividades de naturaleza diversa. Se materializa en los ámbitos cultural, deportivo, turístico y recreativo. Y se manifiesta en espacios naturales, rurales, urbanos y virtuales, y en tiempos universales, sociales, personales e inmediatos.

El ciudadano se plantea la necesidad de vivir experiencias de ocio. Encara su tiempo libre y su espacio disponible con la disposición de experimentar actividades y vivencias que reporten felicidad, bienestar y calidad de vida. En ocasiones, busca como activista la creación de su propia experiencia de ocio (pinta, pasea, explora, nada, etc.). En otras ocasiones, rastrea, como usuario o consumidor, las experiencias que otros puedan ofrecerle. En suma, el ciudadano vive el ocio como un cúmulo de experiencias

que se pueden generar a partir de la propia iniciativa, de la comunidad en la que se integra o de lo creado por otros.

Pero también, conforme alcanza nuevos parámetros de desarrollo y bienestar, se plantea la exigencia de los recursos, equipamientos, servicios y programas de ocio como un derecho. Un derecho que, después de la salud, la educación, el trabajo o la vivienda, comienza a estar en la agenda de instituciones públicas y entidades privadas.

Las instituciones, las asociaciones y las empresas que tienen por objeto la oferta de actividades y servicios culturales, deportivos, turísticos o recreativos se convierten en posibilitadoras de experiencias de ocio. Unas veces, como meras donantes de escenarios (equipamientos y recursos), en los que los ciudadanos puedan construir dichas experiencias. Otras veces, como oferentes de productos, programas y servicios que invitan al descubrimiento y disfrute de dichas vivencias.

Las instituciones y las empresas van comprometiéndose en el respeto y desarrollo de los contenidos de un derecho de tercera generación. Bien como compromiso político con el ciudadano, bien como compromiso cívico con el usuario, bien como compromiso contractual con el consumidor, el derecho al ocio exige unos estándares de calidad en la prestación de servicios al ciudadano.

Pero, a modo de conclusión, se puede decir que el ocio entendido como experiencia humana se separa del mero pasar el rato, transformándose en una vivencia llena de sentido que nos empuja a crear encuentros, a compartir con otros, a desarrollar ámbitos de comunicación, a compartir voluntariamente nuestra persona con los que más lo necesitan, a ser felices más que a divertirnos, a incluir más que a excluir, a sosegarnos más que a desconectar. En definitiva, es invertir nuestro tiempo en el redescubrimiento del valor de la vida en las cosas sencillas.

(Extraído de: http://www.revista-critica.com/articulos.php?id=1154)

3. Tu tiempo de ocio

DIY

El **hazlo tú mismo/a** o **hágalo usted mismo/a**, abreviado como **HTM**, **HUM** o DIY (en inglés *Do It Yourself*), es la práctica de la fabricación o reparación de cosas por uno/a mismo/a, de modo que se ahorra dinero, se entretiene y aprende al mismo tiempo.
Al haberse constituido como un recurso de ocio, que además añade el valor de la exclusividad en el producto realizado, son cada vez más numerosas las personas adeptas a este fenómeno.
Es fácil ver hoy día a hombres y mujeres jóvenes realizando labores de punto o ganchillo, tanto para vestir como para decorar (muestra de lo cual son los cada vez más populares *amigurumi*, pequeños muñecos hechos con técnicas de ganchillo). Además, este movimiento ha hecho que colectivos que tipicamente no realizaban determinadas tareas se interesen por ellas de una forma cada vez mayor: por ejemplo, el bricolaje ya no es una actividad típicamente masculina, ni el punto femenina.

A. Responde por escrito a estas tres preguntas (intenta utilizar las palabras que aparecen debajo).

1. ¿A qué dedicas tu tiempo de ocio o a qué te gustaría dedicarlo?
2. ¿Buscas en tu ocio alguno de los aspectos expresados por las palabras propuestas?
3. En caso de que no puedas realizar alguna actividad de ocio que te gustaría, ¿qué es lo que te impide realizarla?

intimidad	realización personal	esfuerzo
libertad	descanso	autosuperación
autonomía	sociabilidad	satisfacción
diversión	creatividad	formación

B. A continuación tienes información de cinco talleres de tiempo libre. ¿Cuál te gustaría hacer? Coméntalo con un/a compañero/a.

Taller COSER Y CANTAR

DA RIENDA SUELTA A TU CREATIVIDAD Y SACA EL/LA ARTISTA QUE HAY EN TI

Crea tus propios complementos, aprende a coser a máquina o a mano, hazte tus arreglos de ropa, elabora los regalos para tus amistades, conoce la técnica del ganchillo o del *amigurumi*... Cuando haces las cosas por ti mismo/a siempre tienen más valor: atrévete a sacarle todo el rendimiento a tus habilidades. Conoce las técnicas más creativas de la mano de los/las profesionales de nuestro taller, eligiendo el curso que más te guste, y engánchate a la moda del DIY *(Do It Yourself)*.

Taller A ESCENA

IMPROVISACIÓN Y TEATRO PARA PRINCIPIANTES

Dirigido a quienes quieran aprovechar todas las posibilidades de juego, disfrute, desinhibición, crecimiento y desarrollo personal que brinda el teatro. ¡No es necesaria experiencia previa!
El objetivo es despertar una serie de capacidades que permitan el trabajo creativo promoviendo la percepción, el pensamiento lateral, la capacidad de observación, la memoria, la imaginación, la gestualidad, la expresión corporal y el movimiento a través de un método progresivo.
La expresión teatral enriquece la formación integral de las personas. Es un fenómeno sociopersonal que actúa como modo de entretenimiento y liberador de tensiones, favoreciendo la capacidad de percepción de la realidad, el autoconocimiento, la comunicación y la fluidez de respuestas.

Taller SOBRE DOS RUEDAS

Las bicis ya no sirven solo para pasear o hacer deporte. Ahora —y cada vez más— también se usan como medio de transporte y cumplen un nuevo papel en la sociedad. Tal vez por esto, sumado al amor por los pedales, creamos este taller bautizado con el nombre de "Sobre dos ruedas". En este taller hemos creado un espacio en el que los/las fanáticos/as de la bicicleta podéis acercaros a arreglar vuestras bicicletas, aprender de ciclomecánica, pero también para que aprendáis a construir las bicis de vuestros sueños vosotros/as mismos/as. No hay cuota, no se paga nada. Es todo voluntad, cooperación y socialización de saberes.

Todos los martes y sábados por la tarde nos juntamos para compartir nuestro amor por las dos ruedas y, por supuesto, aprender todos los secretos de las bicicletas. Cuando alguien no pueda resolver algo, el resto lo ayuda para que, poco a poco, logre su objetivo.

El taller funciona con donaciones que se reciben, con cosas recicladas y con los repuestos que compra cada cual. Todo el mundo puede participar sin importar la edad o el nivel de conocimientos; lo único que exige el taller es ser solidario/a y tener buena onda.

Taller EN POCAS PALABRAS

LA ESCRITURA EN UN INSTANTE

Seas poeta, principiante o si nunca has experimentado la escritura creativa, este taller te ofrece la posibilidad, a través de la técnica de los *haikus*, de despertar los sentidos y encontrar una voz propia y dejar fluir tu creatividad.

Para escribir, a veces solo hace falta detenerse un momento, prestar atención a nuestro entorno, degustar lo que vemos, lo que leemos y, luego, expresar lo que esto nos sugiere.

Este taller es ideal para quienes necesitan aprender a plasmar y desarrollar sus ideas, para aquellos/as que precisan de un espacio donde relajarse y, al mismo tiempo, concentrarse.

Taller FOTONATURA

El medio natural nos ofrece a diario espléndidos espectáculos: la luz del amanecer, el estallido de color de los campos, el vuelo majestuoso de las aves, las formas caprichosas de las nubes y tantos otros que estimulan nuestra sensibilidad y que querríamos fotografiar para poder evocar esos momentos únicos.

No siempre es fácil captar estas imágenes con una cámara. Hay que dominar la técnica fotográfica y conocer los materiales más adecuados para obtener la imagen deseada. Por eso, el taller "Fotonatura" inicia a los/las asistentes en la fotografía de naturaleza y lo hace de una forma teórico-práctica. Tras las clases teóricas, se realizarán salidas a los parques de la zona con el fin de poner en práctica todo lo aprendido.

33

C. Ahora, escucha a tres personas que hablan en un programa de radio sobre sus talentos o gustos y piden orientación para actividades alternativas para su tiempo libre. Elige cuál sería, de los talleres anteriores, el apropiado para cada una y justifica tu respuesta brevemente.

1. ....

....

2. ....

....

3. ....

....

4. Reseñas culturales

Vas a encontrar actividades parecidas a estas (A, B, C) en el **EXAMEN**. **¡Practica y prepárate!**

A. **Aquí tienes las reseñas de tres eventos culturales. Completa los textos con las palabras y expresiones ofrecidas.**

Reseña 1

el compromiso social   esta retrospectiva   una obra intensa   un viaje transversal

MUESTRA FOTOGRÁFICA DE GRACIELA ITURBIDE

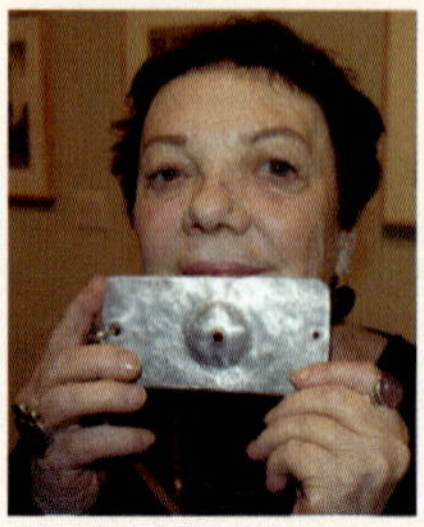

Graciela Iturbide es una de las fotógrafas mexicanas más reconocidas internacionalmente. A lo largo de cuatro décadas ha ido constituyendo **1.** .... y profundamente singular, fundamental para comprender la evolución que ha tenido la fotografía en América Latina.

2. .... que han organizado la Fundación Mapfre y el Centro José Guerrero propone **3.** .... por la obra de Graciela Iturbide, que partiendo de sus imágenes más recientes, se remonta hasta sus primeras fotografías. Su obra nos hace partícipes de una reflexión sobre el mundo en la que **4.** .... no tiene por qué disociarse de una visión poética.

(Adaptado de: https://www.fundacionmapfre.org/arte-y-cultura/exposiciones/historico/ano-2009/graciela-iturbide/)

Reseña 2

arrancaron   se cansó   deslumbró   se lucieron   se quedaron   viajaran   mostraron

BIENAL INTERNACIONAL DE DANZA FOLCLÓRICA

La clausura de la Bienal Internacional de Danza Folclórica **1.** .... ayer al público que asistió al festival con una larga lista de danzas latinoamericanas, que hizo, además, que los asistentes **2.** .... con la imaginación por países como México, Colombia, Chile, Argentina, Paraguay y la propia Bolivia.

La clausura tuvo lugar en el Teatro Gran Mariscal, en cuyo escenario **3.** .... sus destrezas un total 124 danzarines, 100 de ellos, internacionales.

El evento, organizado por la Alcaldía de Sucre, fue inaugurado el pasado 22 de mayo. Los danzarines ofrecieron exhibiciones gratuitas en diferentes escenarios de la ciudad.

La Bienal Internacional de Danza Folclórica, como su nombre indica, se desarrolla cada dos años. El director del Ballet Municipal comentó que las próximas ediciones de la Bienal planean incrementar el número de países participantes.

La de ayer fue una larga pero exquisita muestra de danza folclórica latinoamericana. El público no **4.** .... de aplaudir cada una de las participaciones internacionales y nacionales. Los mexicanos, por ejemplo, mostraron una danza prehispánica que transportó al público a la época de los aztecas. Los colombianos **5.** .... con danzas como el joropo o la exquisita cumbia colombiana. Los paraguayos no **6.** .... atrás y mucho menos los chilenos. Y ni qué decir de los argentinos. Todos y cada uno de ellos **7.** .... aplausos del público, que se emocionó con el ahínco que le pusieron los danzarines a cada una de sus danzas.

(Adaptado de: https://hemeroteca.correodelsur.com/2011/0530/20.php)

Reseña 3

estrenos galardones maratón (2) referencia

FESTIVAL DE CINE DE MÁLAGA

Aquí estoy, respirando cine en la ciudad del sol. Un **1.** .... de películas en una nueva edición del Festival de Málaga, uno de los más importantes de España —junto con el de San Sebastián y la Seminci de Valladolid— y de **2.** .... en el ámbito del cine español.

En dos jornadas he visto seis películas, sí, señores, seis películas. Ahora entenderán aquello de "**3.** ....". Algunas de ellas muy buenas, otras entretenidas, alguna bastante mala. Así es el cine, y así son los festivales: a veces se gana y a veces se pierde. Además de proyectar los **4.** .... más relevantes del año del cine español, se premian las mejores películas del año y se conceden los **5.** .... honoríficos. El premio principal es la Biznaga de Oro.

B. **Lee esta reseña cultural. Después, contesta a las preguntas.**

....

Oscuridad total. A lo lejos una voz saluda y pide permiso para pasar. Las luces se encienden y aparece un hombre encorvado, con aspecto de gorila, que poco a poco se endereza tambaleante hasta quedar erguido. Camina hacia el público. Mientras, sus ojos recorren todo el foro. Intenta hablar pero no puede y solo emite sonidos ululantes. Camina de forma encorvada nuevamente, ahora de un lado a otro. Se detiene y con la mirada fija hacia el público, entona de forma un poco más clara sus primeras palabras: "Excelentísimos señores académicos, me hacen un honor al pedirme que forme parte de este grupo de académicos. Me siento infinitamente agradecido a tan alto nombramiento...". Se trata de Píter el Rojo, un simio que durante 20 años vive en el mundo de los humanos que le permiten convertirse "legalmente" en uno de ellos.

La historia se desarrolla en el marco de un informe que Píter presenta a la Real Academia de las Ciencias durante su nombramiento como miembro del grupo selecto de académicos que la integran, en el cual presenta documentos, fotografías y programas de los diferentes espectáculos en los que actuó, los cuales lo ayudan a comprobar cómo se fue mezclando en el mundo de los hombres.

En el informe también habla sobre su vieja vida de mono, la forma en la que es humillado y maltratado por los humanos y cómo es orillado a olvidarse de su pasado, de la selva, de sus recuerdos de juventud y hasta de su propia esencia para poder ser libre y, por lo tanto, un verdadero hombre que "aprende a caminar derecho en la vida".

Revelando la esencia de este personaje, *El Gorila* ofrece una reflexión sobre la inocencia e ilusión por la libertad como el sentimiento más sublime del hombre, pero también sobre las actitudes y emociones que se generan cuando se busca llegar a ellas: ira, tristeza, soledad, angustia, locura, paranoia, miedos, obsesiones, intrigas, olvido, vicios y desigualdad social. De esta forma, la puesta en escena cuestiona al público sobre el camino que debe tomar en la vida: el de ser ellos mismos y vivir "encerrados" en su selva, pero disfrutando de lo que los hace felices, o vivir "libres" en una civilización, perdiéndose para siempre entre las palabras y vicios de los hombres. –LAURA CELIS.

(Extraído de: http://www.conaculta.gob.mx/cultura/201203/)

1. ¿Es de una película, de un espectáculo musical, de una obra de teatro, de una novela o de una exposición de arte?
2. ¿Cuáles son las palabras clave que te han ayudado a averiguarlo? Subráyalas.
3. ¿Qué título pondrías a la reseña? Escríbelo en la línea punteada.

C. **Escribe en tu cuaderno la reseña de un espectáculo, película u obra de teatro que hayas visto o al que hayas asistido. Puedes incluir algunas de las siguientes expresiones y palabras.**

sugerente	innovador	en definitiva	realmente	además de
volviendo a	esclarecedor	relevante	superficial	aunque

5.
Una exposición de pintura

A. ¿Qué sabes de la obra y estilo de Frida Kahlo? Coméntalo con dos compañeros/as y sintetizad vuestras conclusiones en diez palabras clave.

1. ....
2. ....
3. ....
4. ....
5. ....
6. ....
7. ....
8. ....
9. ....
10. ....

B. Aquí tienes un texto que habla sobre la obra de la pintora mexicana. Señala los aspectos que coinciden con vuestras palabras.

Sus obras, principalmente autorretratos, de estilo muy personal, se caracterizan por la síntesis de elementos expresionistas y surrealistas, y son una muestra casi autobiográfica. Mezclando ingenuidad con metáfora y un estilo inspirado en el arte popular de su país, Kahlo se convirtió en la artista mexicana más reconocida internacionalmente, no solo por sus obras sino también por su imagen personal.

Al principio, su trabajo fue realista, retratando amigos y familiares, posteriormente, y con el aumento de sus malas experiencias, su estilo se modificará notablemente. Son las telas que se centran en ella misma las que la destacan en la pintura.

La obra de su marido le aportará elementos de identidad mexicana como el empleo de color en zonas amplias y sencillas, el estilo ingenuo, y temas extraídos del folklore y del arte popular de su país. Más adelante la yuxtaposición de objetos incongruentes la llevará a un estilo interpretado como surrealista. Su fisonomía cejijunta y el traje tradicional mexicano (largos vestidos de colores y joyería exótica, sugerencia de Diego Rivera) serán la marca de esta artista.

En cuanto a la iconografía que empleó, es principalmente fantástica, pero en relación con la temática o la inspiración de sus obras, está basada en su experiencia personal, mostrando el deterioro de su cuerpo y el sufrimiento físico y espiritual que sufrió a lo largo de su vida. Prácticamente el 50 % de su obra son autorretratos. Ella decía: "Me retrato a mí misma porque paso mucho tiempo sola y porque soy el motivo que mejor conozco". En ellos se muestra su personalidad y momentos cruciales de su vida. En su primera exposición en solitario, un crítico local escribió: "Es imposible separar la vida y el trabajo de esta persona extraordinaria. Sus cuadros son su biografía".

(Extraído de: http://historialdedisenio.wordpress.com/2008/08/27/el-estilo-de-frida-kahlo/)

C. **Fíjate en estos dos cuadros. Elige el título (del 1 al 6) que crees que le corresponde a cada uno y escríbelo en la línea de puntos.**

1. *Autorretrato con traje de terciopelo*, 1926.
2. *El tiempo vuela*, 1929.
3. *Autorretrato en la frontera entre México y los Estados Unidos*, 1932.
4. *Allá cuelga mi vestido*, 1933.
5. *La columna rota*, 1944.
6. *Árbol de la esperanza, mantente firme*, 1946.

a. ....

b. ....

D. **Encuentra los elementos mencionados en el texto B que están presentes en los cuadros.**

6. El turismo

A. **¿Qué es para ti el turismo? ¿Cómo lo definirías?**

El turismo es el conjunto de actividades que...

B. **Compara tu definición con la de la Organización Mundial del Turismo (OMT) que puedes leer a continuación. ¿Se parecen?**

Según la OMT, "turismo" es el conjunto de actividades que realizan las personas durante sus viajes y estancias en lugares distintos al de su entorno habitual, por un periodo de tiempo consecutivo inferior a un año, con fines de ocio, recreo y vacaciones; por negocios y motivos profesionales; para tratamientos de salud; por religión o peregrinaciones; y por otros motivos.

C. **Existen muchos tipos de turismo: ecoturismo, cultural, deportivo, de aventura, de salud, rural, de negocios, etc. Lee estas opiniones sobre cuatro de ellos y escribe de cuál se trata en cada caso. Después, rodea la forma verbal adecuada.**

1. Yo no conozco a nadie que **hace/haga** turismo para operarse mientras disfruta a la vez de unos días de vacaciones, pero parece ser que es un tipo de turismo muy solicitado.

....

2. A mí me gusta mucho dedicar mis vacaciones a hacer barranquismo, senderismo y actividades así, pero me cuesta encontrar lugares donde se **practican/practiquen** en las fechas en que puedo.

....

3. El turismo de sol y playa cada vez tiene menos éxito, ahora lo que busca la gente es un lugar que **combina/combine** el descanso con un ambiente familiar en un entorno tranquilo en medio de la naturaleza.

....

4. Mucha gente prefiere viajes cortos, por eso sigue habiendo multitud de turistas que se **dedican/dediquen** a conocer ciudades con buena oferta cultural y gastronómica.

....

D. **Ahora completa este cuadro de reflexión gramatical.**

Oraciones de relativo: indicativo o subjuntivo

→ Las oraciones de relativo se construyen en .... cuando describimos algo o a alguien conocido o cuya existencia se supone.

Ejemplos:

- "Turismo" es el conjunto de actividades que realizan las personas durante sus viajes.
- ....

→ Las oraciones de relativo se construyen en .... cuando hacemos referencia a algo o a alguien cuya existencia no se conoce o se niega.

Ejemplos:

- El ecoturista busca un viaje que apenas tenga impacto en el medioambiente.
- ....

E. **Comenta con tu compañero/a en qué consisten y qué buscan las personas en cada tipo de turismo.**

El ecoturismo es un tipo de turismo sostenible que se realiza en espacios naturales y que busca conocer...

....

....

....

....

7.
Consejos del Club del Motor

A. Lee el texto del Club del Motor y completa el cuadro.

Normas, advertencias y consejos

La mayor siniestralidad vial se produce durante el periodo vacacional, debido a que aumentan considerablemente los desplazamientos. Por esa razón, el Club del Motor **recomienda** a sus asociados/as **que extremen** las precauciones y recuerda la importancia de tener presente la normativa y seguir sus recomendaciones. Entre ellas:
La Dirección General de Tráfico **advierte de que** la falta de atención interviene en la tercera parte de los accidentes.
Por eso **aconsejamos** a cada motorista **que identifique y organice** todas las informaciones necesarias con el fin de tomar las decisiones más correctas en el momento preciso.
Recordamos que la mayor parte de los accidentes **se debe** a la velocidad, al intervalo de separación entre los vehículos, a los adelantamientos y a los giros inadecuados. Por ello, **confiamos en que** quienes conducen no **superen** la velocidad establecida y **recomendamos que se mantenga** la distancia de seguridad. La normativa **exige que se respeten** escrupulosamente las señales y **no tolera** bajo ningún concepto que quienes conducen **no respeten** los semáforos; atención a las señales **que prohíben que se produzcan** adelantamientos. La Dirección General de Tráfico **avisa de que** la infracción de estas normas **puede** traer gravísimas consecuencias.

Verbo	Indicativo/Subjuntivo	Traducción a mi lengua
Recomendar que	Indicativo	

Vas a encontrar una actividad → parecida en el **EXAMEN**. **¡Practica y prepárate!**

B. Ahora completa las siguientes normas y consejos sobre la conducción con el verbo más apropiado en la forma correspondiente.

disminuir · ponerse · reducir · volverse · olvidarse · realizar · revisar

EL CLUB DEL MOTOR

1. Recomienda que, antes de salir de viaje, los/las conductores/as .... los frenos y las luces, y .... una puesta a punto del vehículo.
2. Recuerda que en los días de lluvia muchas rutas .... muy resbaladizas y aconseja que .... la velocidad habitual a la que se conduce al haber peligro de derrape.
3. Advierte de que el alcohol .... la capacidad de conducción y que afecta a la visión, al cálculo de las distancias y a la capacidad de reacción. Las autoridades no permiten que nadie .... al volante si ha ingerido tasas de alcohol superiores a las establecidas.
4. Aconseja a conductores/as y demás ocupantes de los vehículos que no .... de abrocharse el cinturón de seguridad porque su uso reduce un 50 % las lesiones graves en caso de accidente.

8.

Enología para principiantes: fraudes vinícolas

A. **Vas a escuchar un pódcast en relación con los fraudes en el mundo de la industria vinícola, pero antes, ¿te imaginas de qué formas se puede adulterar o falsificar un vino? Coméntalo con un/a compañero/a.**

34

B. **Ahora escúchalo y completa las anotaciones con las palabras de abajo. Atención, sobran seis.**

el beneficio	un fraude	al olfato
al paladar	algo legal	una institución
casos de fraude	muy sutilmente	una mala práctica
el etiquetado	vinos de calidad	sumilleres experimentados
la botella	una manera de prevención	

1. En la antigua Roma, como cuenta Plinio el Viejo, ya se usaban aditivos para el vino, como el plomo, porque lo hacía más dulce ....
2. En cuanto a las técnicas a la hora de elaborar un vino, algunas de ellas son aceptadas ahora pero antes eran consideradas como ....
3. La práctica de mezclar caldos es ...., pero el que se mencione o no en la etiqueta es otra cosa.
4. La denominación de origen se desarrolló como .... ante el fraude en la calidad del vino.
5. Según dijo un ministro de Justicia inglés, ... que se puede obtener en una práctica fraudulenta es superior a cualquier sentencia, si es que llega a detectarse el delito.
6. Entre los falsificadores se encuentran los que modifican .... sin intervenir en el contenido.
7. Las falsificaciones se suelen hacer en ...., por lo que el vino falsificado se disfrutará igualmente.
8. Pese a que puedan existir ...., las diferentes personas que se dedican al mundo del vino intentan conseguir un producto de calidad.

9. Exposiciones y convenciones

A. A continuación tienes cinco textos (A-E) que describen diferentes exposiciones y convenciones. Leélos y, luego, relaciónalos con sus correspondientes enunciados (1-5). Justifica tus respuestas.

A EXPOSICIÓN "CUBERTERÍA EUROPEA"

Después de la exhibición "Navajas" en Solingen, el Museo de Cuchillería de Solingen presenta ahora en Albacete, en la exposición "Cubertería Europea", una selección de su importante colección de cubiertos. La exhibición nos permite obtener una mirada sobre la historia de los cubiertos desde la Edad Media hasta los tiempos actuales. Junto con el desarrollo de las formas de cucharas, cuchillos y tenedores, y asimismo el uso de las herramientas para comer, los cubiertos nos dan una muestra, sobre todo, de la capacidad y la sobresaliente labor artesanal de sus creadores. El trabajo de metales como acero, plata y latón, así como el empleo de diferentes materiales para los utensilios con mango, como huesos, madera, marfil, nácar o esmalte, demuestra cómo se ha conservado el alto nivel de la tradición artesanal en la producción de cubiertos y otros utensilios de mesa.

B EXPOSICIÓN "CINE ESPAÑOL. UNA CRÓNICA VISUAL"

La exposición "Cine español. Una crónica visual" es un paseo por la historia y la evolución de nuestro cine desde sus orígenes en 1896 hasta hoy. Organizada por el Instituto Cervantes, la Agencia Española de Cooperación Internacional para el Desarrollo (AECID) y Lunwerg Editores, ofrece un recorrido por el séptimo arte a través de 120 fotografías (algunas inéditas), una treintena de carteles y un montaje audiovisual con lo mejor de la cinematografía española. Las imágenes ofrecen un mosaico con los temas y motivos más recurrentes del cine español. Y en la pieza audiovisual "Cerca y lejos. Imágenes del cine español", cuyos fragmentos de películas van desde los orígenes hasta las últimas propuestas cinematográficas, podemos encontrar escenas famosas, sorprendentes, experimentales, musicales... Una exposición necesaria para que el cine reivindique un lugar propio en la historia del arte español.

C ALIMENTARIA: FERIA DE ALIMENTACIÓN Y BEBIDAS

El Salón Internacional de la Alimentación y Bebidas, Alimentaria, se celebra cada dos años y es uno de los primeros del mundo.
Esta feria cuenta con la fidelidad de profesionales y expositores de los cinco continentes, lo que refleja la envergadura de la cita como una estratégica plataforma de información y promoción del sector alimentario internacional.

PRODUCTOS EXPUESTOS

Aceites y grasas; arroz y legumbres; azúcar; conservas de pescado, vegetales, cárnicas, salazones y ahumados; dietéticos; miel, chocolate, cacao, dulces, caramelos, turrones y galletas; harinas, panadería, pastelería y bollería industrial; cereales; pastas alimenticias; platos preparados y precocinados; *snacks* y frutos secos; condimentos, vinagres y salsas; congelados; frutas y hortalizas; lácteos y derivados, masas congeladas; aguas envasadas; cafés e infusiones; cervezas, refrescos; zumos, sidras, mostos y batidos; vinos y licores.

D EXPOSICIÓN SOBRE MOVILIDAD Y TALLERES DE TEATRO Y ARTE PARA NIÑOS Y NIÑAS

El Consorcio de Transportes de Madrid presenta una muestra sobre movilidad para niños y niñas en la Fundación Carlos de Amberes de Madrid.

La exposición del Consorcio de Transportes, que tiene como objetivo acercar el mundo del transporte colectivo y la movilidad al público infantil, hace un recorrido a través de la historia, la ciencia, los descubrimientos y los inventos que han transportado al ser humano alrededor del mundo por tierra, mar y aire.

En ella, las niñas y los niños podrán descubrir el gran invento de la rueda, la vela y los remos, o la máquina de vapor. Podrán disfrutar con los distintos modos de transporte característicos de ciertas ciudades, como la góndola veneciana, el taxi neoyorkino o el trineo de Alaska. Y podrán aprender distintos vehículos que viajan por agua o por aire.

La exposición se acerca también al transporte público de Madrid y su historia.

E EXPOSICIÓN "MÉXICO, UN PASEO POR LA HISTORIA"

La exposición "México, un paseo por la historia" es una instalación multimedia que exhibe, desde la antigüedad hasta el presente, momentos específicos y reflexiones puntuales que han forjado a México como país.

En ella se abordan los simbolismos creados por los primeros/as pobladores/as de lo que hoy se conoce como México; se ahonda en los significados de los templos piramidales de nuestros ancestros, en la importancia de la música, la danza, el canto y la fusión de las culturas autóctonas con las europeas a partir de la llegada de los españoles; se revisa la época virreinal y la influencia de los cambios en la monarquía española y sus consecuencias en la Nueva España; se matizan las causas de la Revolución y sus momentos álgidos; y se puntualiza en los proyectos nacionales y sus alternativas para llegar a las contradicciones de la modernidad.

"México, un paseo por la historia" no narra el devenir histórico de nuestro país como una lucha entre bondad y maldad, no propone tal o cual ideología sobre otra sino que presenta los sucesos patrios desde una perspectiva justa, que aborda los cómos y los qués de la llamada identidad nacional.

Vas a encontrar este tipo de actividad en el **EXAMEN**. →
¡Practica y prepárate!

Enunciados

		A	B	C	D	E
1.	Quienes visiten esta exposición podrán viajar en el tiempo y aprender sobre las circunstancias que han formado la identidad de ese país.					
2.	Esta exposición nos muestra cómo las personas han seguido trasladándose por tierra, mar o aire y de forma compartida.					
3.	En esta exposición quizá no encuentres algo para impresionar a tus invitados/as en una cena, pero seguro te sorprenderán estos utensilios usados durante siglos para disfrutar suculentos platos.					
4.	Una imagen vale más que mil palabras, y en esta exposición encontrarás muchas, tanto fijas como en movimiento, creadas por múltiples profesionales y artistas.					
5.	Envasados, ahumados, en conserva, enlatados y mucho más, es lo que podrás encontrar en los diferentes estands de esta exposición.					

Comprensión de lectura y uso de la lengua
Las claves de la TAREA 5

¿QUÉ SE EVALÚA?

- La **corrección y adecuación de las estructuras gramaticales y del léxico** en textos con un repertorio lingüístico complejo.

¿QUÉ TENGO QUE HACER?

- **Leer un texto** con 14 huecos **y elegir** una de las tres **opciones** disponibles (A, B o C) para cada uno.

¿QUÉ MATERIAL VOY A LEER?

- **Textos** periodísticos, científicos o académicos de **carácter divulgativo del ámbito público o educativo**. Extensión: 375-425 palabras.

INSTRUCCIONES

Lea el siguiente artículo sobre el arte callejero y rellene los huecos (1-14) con la opción correcta (A, B o C).

Marque las opciones elegidas en la **Hoja de respuestas**.

LA FUERZA DEL ARTE CALLEJERO

El País. Redacción Cultura

Ha pasado mucho tiempo desde que los chavales del Bronx decidieran **1.** ______ el barrio de sus bisagras y llevárselo a dar una vuelta por Nueva York, para que incluso los que nunca hubieran tenido previsto pasar por allí **2.** ______ que tragárselo, con sus virtudes y sus defectos. El método escogido era obvio para los cabezas pensantes de aquel movimiento y absolutamente **3.** ______ para el resto del mundo: el grafiti. En realidad, el nombre no tenía nada de estadounidense ni **4.** ______ de rebelde: era la palabra latina que definía el dibujo realizado normalmente en una superficie dura, como una piedra. Además, no solo acabó **5.** ______ a los atónitos ojos de los neoyorquinos y a los del resto de los/las estadounidenses, sino que se esparció por el mundo en el tiempo que uno tarda en contar hasta dos.

Para Carlo McCormick, autor del excelente libro *Trespass*, el uso de un concepto como este, el grafiti, tenía mucho que ver con la relación de los artistas con el adoquín, con las paredes, con el metal que los rodeaba. Para McCormick, el arte urbano tiene que ver con la conquista del espacio callejero, la necesidad de **6.** ______ de un entorno que nos ha sido robado por la publicidad, las grandes marcas y el mobiliario urbano. Las calles han sido tomadas por multinacionales que transmiten sus mensajes regularmente y **7.** ______ automatismos. El grafitero rompe ese círculo vicioso utilizando métodos tan rústicos como un *spray* y reclama la pertenencia **8.** ______ ese universo de cemento para un colectivo distinto, al que le importan un pito los mensajes emitidos por el gran hermano: es finalmente un folio en blanco que puede ser usado hasta la **9.** ______ sin repetirse nunca, en perpetua reivindicación.

No ha sido hasta mucho después cuando el artista urbano, **10.** ______ ya el mundo del grafiti para reinventarse constantemente en busca de una huella más profunda y duradera, ha empezado a **11.** ______ en parte de ese odiado mundo exterior, canibalizado por un sistema capaz de utilizar la rebeldía como una parte **12.** ______ de su engranaje.

Así pues, lo que un día fue un subsuelo hermético e irreconocible, solo frecuentado por aquellos que lo practicaban y no apto **13.** ______ curiosos, es ahora carne de colección, y muchos de los que fueron pioneros en el arte de apropiarse de paredes, calles y callejones **14.** ______ ahora una batalla absolutamente distinta en las paredes de los museos.

(Adaptado de: http://elpais.com/diario/2010/10/17/eps/1287296816_850215.html)

OPCIONES

1. A) eliminar B) enlazar C) arrancar

2. A) tenían B) tuvieran C) tendrían

3. A) conocido B) corriente C) insólito

4. A) mucho más B) por supuesto C) a principios

5. A) llegando B) de llegar C) para llegar

6. A) recuperarse B) retornar C) apoderarse

7. A) en virtud de B) por medio de C) con vistas a

8. A) de B) por C) a

9. A) extenuación B) inanición C) satisfacción

10. A) circunscrito B) trascendido C) resultado

11. A) convertirse B) volverse C) ponerse

12. A) mejor B) mayor C) más

13. A) por B) para C) de

14. A) disputan B) acuerdan C) desafían

TAREA 5
Explicación de las respuestas

1. A☐ B☐ C■

La opción **C** arrancar es la correcta porque se trata de una imagen figurada que significa "sacar" algo de su marco, de su contexto (como sacar una puerta de sus bisagras) para llevárselo a otro lugar. Además, la construcción del verbo es "arrancar algo de...".

La opción **A** eliminar es incorrecta porque, aunque se usa con la preposición "de", significa "quitar", hacer desaparecer por completo, y no es eso lo que hicieron con el barrio.

La opción **B** enlazar es incorrecta porque significa "unir" y se usa con la preposición "a" (enlazar algo a...), no "de".

2. A☐ B■ C☐

La opción **B** tuvieran es correcta porque la conjunción "para que" exige el uso del modo subjuntivo y, al referirse al pasado, debemos usar el pretérito imperfecto de subjuntivo.

Las opciones **A** tenían y **C** tendrían son incorrectas porque no están en subjuntivo.

3. A☐ B☐ C■

La opción **C** insólito es la correcta porque antes se dice que "era obvio para los cabezas pensantes de aquel movimiento y absolutamente...", pero si se lee la información que sigue, se entiende que hay que poner ahí la idea contraria, que no puede ser ni la opción **A** conocido, ni la opción **B** corriente sino la opción **C** insólito, es decir, poco frecuente, fuera de lo habitual, como lo era en sus comienzos.

4. A☐ B■ C☐

La opción **B** por supuesto es la correcta ya que sirve para enfatizar la negación. Es equivalente a "tampoco", "para nada" o "desde luego".

La opción **A** mucho más es incorrecta porque aquí, como expresión enfática negativa, tendría que ser lo contrario: ni mucho menos.

La opción **C** a principios es incorrecta porque significa "en el comienzo/inicio de" (como "a principios del año"), lo cual no tiene sentido en esta frase.

5. A■ B☐ C☐

La opción **A** llegando es correcta porque se trata de una perífrasis verbal cuya estructura es "acabar" + gerundio o "acabar por" + infinitivo (por tanto, la opción **C** para llegar es incorrecta). Sería equivalente a decir: "llegó finalmente".

La opción **B** de llegar es incorrecta porque la perífrasis "acabar de" + infinitivo significa hacer algo recientemente (ha llegado hace un rato es "acaba de llegar").

6. A☐ B☐ C■

La opción **C** apoderarse es correcta porque la expresión equivale a "apropiarse de algo".

La opción **A** recuperarse es incorrecta porque significaría "volver en sí", que es "volver al lugar o a la situación que se tuvo".

La opción **B** retornar no es correcta porque también significa volver de un lugar o situación a otro/a, lo cual no tiene sentido en esta frase.

7. A☐ B■ C☐

La opción **B** por medio de es correcta ya que esta es la locución preposicional equivalente a "a través de" que implica el verbo "transmitir".

La opción **A** en virtud de no es correcta porque no hay una idea de consecuencia o resultado.

La opción **C** con vistas a es incorrecta porque tampoco hay idea de finalidad en la frase.

8. A☐ B☐ C■

La opción **C** a es correcta porque el verbo "pertenecer" va seguido de la preposición "a" (algo pertenece a alguien, es propiedad de alguien).

9. A■ B☐ C☐

La opción **A** extenuación es la correcta porque significa "agotamiento", es decir, hasta el infinito, hasta que se agote.

La opción **B** inanición no es correcta, significa “hambre extrema” y no tiene sentido en esta frase.

La opción **C** satisfacción es incorrecta porque no expresa la idea de “continua repetición” que quiere transmitir el/la autor/a.

---

10. A ☐ B ■ C ☐

La opción **B** trascendido es correcta porque aquí tiene el sentido de “superado” (el mundo del grafiti), lo que implica que el artista pueda reinventarse, como dice a continuación la frase.

La opción **A** circunscrito no es correcta porque tiene el significado de “limitado”, que no tendría sentido en este contexto.

La opción **C** resultado es incorrecta porque no funcionaría gramaticalmente (debe ir seguido por “de”) ni tampoco tendría un significado coherente.

---

11. A ■ B ☐ C ☐

La opción **A** convertirse es correcta porque es el verbo de cambio que se construye con la preposición “en”, equivalente a “transformarse en”.

La opción **B** volverse es incorrecta porque este verbo expresa un cambio de carácter o un cambio temporal, no un cambio total.

La opción **C** ponerse no es correcta ya que este verbo expresa un cambio inmediato y temporal, no un cambio total y definitivo.

---

12. A ☐ B ☐ C ■

La opción **C** más es correcta porque significa “otro de los elementos de dicho engranaje”.

Las opciones **A** mejor o **B** mayor no son correctas porque no se trata de ninguna comparación ni intensificación.

---

13. A ☐ B ■ C ☐

La opción **B** para es correcta porque es la preposición que rige el adjetivo “apto”.

---

14. A ■ B ☐ C ☐

La opción **A** disputan es el único de los tres verbos que se puede construir junto con el sustantivo “batalla” en este contexto con el sentido de “combaten”, “pelean”.

Realiza tres lecturas para comprender bien el texto.

- Haz una primera lectura rápida (sin leer las opciones de respuesta) para identificar el tema, el género textual y el registro de lengua y activar tus conocimientos previos.
- En una segunda lectura, intenta completar los huecos por tu cuenta, sin consultar todavía las opciones de respuesta. Te recomendamos que primero rellenes los huecos en el propio cuadernillo de examen con alguna palabra que tú creas adecuada para que esa frase tenga sentido. Puedes anotar diferentes posibilidades.
- En una última lectura, compara tus hipótesis con las opciones de respuesta y selecciona una para cada hueco.

RECUERDA: es la tarea de la prueba de CL que suele hacerse más rápido. Te recomendamos que empieces por ella y la intentes terminar en unos 15 minutos.

1. Este texto está marcado en diferentes colores según la categoría gramatical de esas palabras. ¿Puedes identificar las categorías gramaticales que se corresponden con cada color? Por ejemplo, "intencionadamente" es un sinónimo de otra palabra del texto. Escríbelo en tu cuaderno.

PROGRAMADO PARA CADUCAR

La obsolescencia programada es una práctica que **1.**.................. el diseño de productos con una vida útil intencionadamente corta, con el fin de aumentar las ventas y maximizar los beneficios de las empresas. Este fenómeno había comenzado a finales del siglo XIX en la industria textil, pero terminó **2.**.................. consolidarse en la década de 1920 con las bombillas, representa una seria amenaza para el medioambiente y un desafío para la sociedad actual. Desde la publicación en 1928 de la frase "Un artículo que no se **3.**.................. es una verdadera tragedia para los negocios", se ha convertido en un mantra para la industria, que ha **4.**.................. de lado la durabilidad en favor de la rentabilidad.

Como ejemplo reciente de esta práctica, en Francia acaban de interponer una denuncia contra fabricantes de impresoras, acusados de reducir deliberadamente la vida útil de sus productos. **5.** .... la obsolescencia programada no es ninguna novedad, en la actualidad es más difícil **6.** .... detectar, ya que los fabricantes han ido refinando sus métodos para evitar que el fraude **7.** .... fácilmente demostrable.

El problema no se limita a los dispositivos electrónicos que **8.** .... tiran en los países desarrollados, sino que se extiende a los vertederos tóxicos de países como Ghana, donde se acumulan estos **9.** .... Esta dinámica solo hace que la pescadilla se **10.** .... la cola: se desechan aparatos que podrían ser reparados y, al mismo tiempo, se compran nuevos que también se desecharán a corto plazo. La industria continúa produciendo bienes **11.** .... bajo coste y transportándolos en barcos que contaminan, agravando así el problema ambiental.

Frente a este modelo de "sociedad de los desechos", surge la economía circular, que aboga **12.** .... un cambio de paradigma: en lugar de fabricar, usar y desechar, se propone fabricar, usar, reutilizar y reparar. Sin embargo, por **13.** .... que se quiera cambiar esta inercia, llevará tiempo. Quedan varias preguntas en el tintero: ¿es realmente tan complicado mejorar la durabilidad de los productos? ¿Qué papel juegan los gobiernos en este proceso? La solución no es sencilla, pero el modelo económico actual parece estar agotado, y el futuro requiere un **14.** .... más sostenible.

(Adaptado de https://obsolescencia.com/blog/que-es-la-obsolescencia-programada-y-como-nos-afecta)

2. Lee el texto de la actividad 1 y completa los huecos seleccionando una de las tres opciones.

1. A) promueve B) frena C) anima

2. A) en B) por C) al

3. A) desgaste B) desgastase C) haya desgastado

4. A) cambiado B) apartado C) dejado

5. A) No obstante B) Pese a C) Si bien

6. A) para B) en C) de

7. A) haya sido B) sea C) será

8. A) los B) so C) lo que

9. A) excrementos B) despojos C) residuos

10. A) coma B) corte C) muerda

11. A) en B) a C) sin

12. A) por B) ante C) a

13. A) tanto B) mucho C) cualquiera

14. A) enfoque B) ejemplo C) paisaje

3. Explica por qué, en tu opinión, una opción es correcta y las otras dos son incorrectas. Luego comprueba las respuestas y explicaciones en el Solucionario. Puedes tomar como modelo la Explicación de las respuestas que hay después de la tarea de este apartado y contrastar primero tus respuestas y explicaciones con las de un/a compañero/a.

En Las claves de la Tarea 1 de CL se practican algunos puntos importantes que son útiles para preparar también esta tarea. Revísalos.

Revisa las estructuras gramaticales, amplía tu repertorio léxico y la variedad de conectores y marcadores discursivos utilizados en la lengua escrita.

Es recomendable que conozcas estos términos para facilitar tus búsquedas en diccionarios y libros de gramática y práctica de ELE.

4. Relaciona cada color marcado en el texto anterior, "Programado para caducar", con la categoría gramatical a la que pertenece para comprobar las hipótesis que hiciste en la actividad 1.

1.	Sinónimos o palabras de significado similar	**a.**	turquesa
2.	Expresiones idiomáticas y colocaciones	**b.**	morado
3.	Locuciones	**c.**	rojo
4.	Verbos con preposición fija	**d.**	amarillo
5.	Tiempos verbales	**e.**	rosa
6.	Perífrasis verbales	**f.**	azul
7.	Pronombres	**g.**	verde
8.	Conectores y marcadores discursivos	**h.**	naranja

Comprensión auditiva y uso de la lengua
Las claves de la TAREA 3 (un ejemplo más)

¿QUÉ SE EVALÚA?

- La **comprensión de las ideas esenciales** y la capacidad de **extraer información** concreta de una **entrevista o conversación**.
- La **capacidad de inferir** posibles **implicaciones** en **interacciones orales** largas.

¿QUÉ TENGO QUE HACER?

- **Escuchar una entrevista o conversación** y responder a seis preguntas con tres opciones de respuesta cada una (A, B o C) sobre la entrevista.

¿QUÉ MATERIAL VOY A ESCUCHAR?

- Una **entrevista o debate del ámbito público o profesional en un medio de comunicación** con una duración de 5-6 minutos. La grabación se escuchará dos veces.

INSTRUCCIONES

Usted va a escuchar una entrevista a un prestigioso chef de un restaurante de Madrid. Después debe contestar a las preguntas (1-6).

35

Seleccione la opción correcta (A, B o C).

Marque las opciones elegidas en la **Hoja de respuestas**.

1. En palabras del entrevistador, Mario Sandoval...
A) ha llegado a lo más alto gracias a la cocina tradicional.
B) ha conseguido llevar la cocina madrileña a la élite de la cocina española.
C) ha hecho de su restaurante un lugar donde acudan quienes gusten de la calidad gastronómica.

2. Por lo que se dice en la entrevista, el menú del restaurante Coque...
A) es un legado de sabores elegidos cuidadosamente para sus clientes.
B) contiene delicias donde se ha tenido en cuenta no solo la vista, sino también el olfato y el paladar.
C) está repleto de platos de la familia para mantener el buen nombre de este proyecto colectivo.

3. Según el entrevistado, la singularidad de una experiencia gastronómica...
A) es algo propio de su cocina, pero no de otras.
B) depende de diversos factores.
C) resulta de las ganas de disfrutar de la comida.

4. En el restaurante de Mario Sandoval...
A) él mismo se encarga de seleccionar los ingredientes de sus platos.
B) la herencia culinaria de varias generaciones ha dejado una leve huella.
C) se trata a sus comensales como si fueran grandes amistades.

5. La cocina de Mario Sandoval según su propio creador es una cocina de autor que...
A) está basada en la inspiración y en la innovación.
B) tiene mucho que ver con lo regional.
C) se caracteriza por la intensidad de sus sabores tradicionales.

6. El menú del restaurante, según el cocinero madrileño, se complementa...
A) con platos hechos a base de verduras como la coliflor.
B) con unos postres donde no faltan los elaborados con frutas de temporada.
C) con una selección de vinos que ha sido premiada.

TAREA 3
Explicación de las respuestas

1. A☐ B☐ C■

La opción **C** al que quieren acudir quienes gusten de la calidad gastronómica es correcta porque, al principio, el entrevistador comenta que: "Mario Sandoval ha convertido a Coque, su restaurante en Madrid, en una visita obligada para los amantes de la buena mesa", en otras palabras, que ha hecho de su restaurante un lugar al que debe acudir toda persona que guste de la calidad gastronómica.

La opción **A** ha llegado a lo más alto gracias a la cocina tradicional no sería correcta porque no ha llegado a lo más alto gracias a la cocina tradicional sino "con un talento innato y una pasión por la buena cocina".

La opción **B** ha llevado a la cocina madrileña a la élite no es correcta porque el entrevistador lo único que dice es que Mario Sandoval es un defensor de la actual cocina madrileña.

2. A☐ B■ C☐

La opción **B** de que se han tenido en cuenta diversos sentidos es correcta porque en la entrevista se dice: "Un menú sólido y repleto de delicias gastronómicas mediante el que, como él mismo dice, entablará un diálogo con nosotros a través de la vista, los aromas y los elaborados sabores que pone sobre la mesa", por tanto, donde la vista, el olfato y el paladar intervienen.

3. A☐ B■ C☐

La opción **B** de depende de diversos factores es correcta porque el entrevistado, a la pregunta "¿Qué factores convierten para usted una experiencia gastronómica en algo realmente único?", responde: "Estamos hablando de una interacción multisensorial pero nunca garantizada, escurridiza incluso, ya que muchas veces la situación, el tiempo y el momento no nos permiten afinar o aprovechar al máximo sus posibilidades".

4. A■ B☐ C☐

La opción **A** él mismo se encarga de seleccionar los ingredientes es correcta porque Mario Sandoval dice en la entrevista: "... a través de la composición, de los aromas, las recetas y los productos que he ido a elegir para él al amanecer al campo, al mercado, a mi huerto urbano".

5. A☐ B■ C☐

La opción **B** tiene mucho que ver con lo regional es correcta porque a la pregunta "¿Cómo describiría su propia cocina?" él deja claro que se trata de una cocina de Madrid: "Hago cocina de autor de Madrid. La cocina de Madrid es tan actual como la de otras regiones y tan identitaria por ser de aquí como la de otras comunidades por el hecho de pertenecer a un territorio concreto y compartir unas materias primas y unas recetas de origen en las que se inspira y desde las que se desarrolla".

6. A☐ B☐ C■

La opción **C** con una selección de vinos que ha sido premiada es correcta porque Sandoval responde a la pregunta del entrevistador por el vino: "Es el complemento perfecto; en Coque tenemos una bodega que considero equilibrada, galardonada con el Premio Alimentos de España", donde "galardonada" equivale a "premiada".

No olvides contestar a todas las preguntas.

Si no sabes alguna de las respuestas no perderás puntos por responder al azar, mientras que si la dejas en blanco, seguro que tendrás una puntuación más baja.

Expresión, mediación e interacción escritas
Las claves de la TAREA 2 (opción 2)

¿QUÉ SE EVALÚA?

- La **elaboración de textos formales** adecuados para un contexto específico a partir de **estímulos gráficos o escritos**.

¿QUÉ TENGO QUE HACER?

- **Redactar una carta o correo formal** (reclamación, solicitud, recomendación, etc.) en respuesta a un texto breve.
- Los textos pertenecerán al **ámbito público, educativo o profesional**, dependiendo de la situación dada.
- Extensión recomendada: **180-220 palabras**.

¿QUÉ MATERIAL VOY A LEER?

- **Instrucciones** que proporcionan un contexto (finalidad, género textual y destinatario/a) y unas pautas que se deben cumplir para redactar el texto.
- **Estímulo para escribir.** Para la **opción 2**, un texto bastante breve: anuncio, noticia breve, reseña, fragmento de artículo de opinión, carta al periódico, etc.

OPCIÓN 2

Usted es habitante de la localidad donde suceden los hechos que explica la siguiente noticia. Va a escribir una carta de queja al Defensor del Pueblo para denunciar la situación.

EL PARQUE DE MANZANARES EL REAL DEJA DE SER PÚBLICO: LA DUQUESA DEL INFANTADO RECLAMA SU PROPIEDAD

EL PARQUE ESTÁ VALORADO ACTUALMENTE EN 1 200 000 EUROS. LA DUQUESA TRATARÁ DE RECUPERAR TAMBIÉN EL FAMOSO CASTILLO DE LOS MENDOZA

El único parque infantil que tiene Manzanares el Real deja de ser de uso público. El motivo es que su dueña, la duquesa del Infantado, ha reclamado su propiedad tras finalizar la cesión que su padre hizo, hace 50 años, al Ayuntamiento. Tras varios años de litigio, un tribunal le ha dado la razón y, por tanto, unos operarios están desmantelando el parque. "Un espacio protegido en el que no se puede construir", cuenta una vecina, en el que "se encuentran árboles muy antiguos e incluso nidos de cigüeña", añade. Los vecinos reclaman que se continúe cediendo o bien que se implante un alquiler a la medida del Ayuntamiento. El alcalde afirma que llevan años intentando llegar a un acuerdo económico, pero que para ellos es imposible pagar los 7000 euros mensuales que solicita la duquesa.

(Extraído de: https://www.rtve.es/noticias/20240904/parque-manzanares-real-publico-duquesa-infantado-propiedad/16236659.shtml)

En su carta deberá:

- introducir el tema y expresar su opinión sobre la decisión de la duquesa;
- explicar por qué, en su opinión, esos lugares deben ser públicos;
- anunciar algún acto de reivindicación si la situación no cambia.

Haz una lista o esquema de lo que tienes que escribir incluyendo, por orden, todos los puntos de las instrucciones.

En el examen, lo harás en un papel borrador. Algunas pautas de instrucción incluyen dos o tres acciones distintas. Fíjate bien en todos los puntos que tienes que cumplir y anótalos por orden, separadamente, dejando un hueco amplio entre uno y otro.

1. Anota en tu cuaderno las palabras claves de las instrucciones de la tarea en forma de lista o esquema.

Subraya las ideas más importantes del texto de entrada y escríbelas reformuladas en el papel borrador.

No se evalúa positivamente copiar de modo literal frases o expresiones del texto de entrada en tu propio texto. Conviene reformularlas expresando el mismo significado de manera diferente. Para ello, selecciona, trata de buscar el hilo conductor del texto (por ejemplo, la relación causa-efecto) y usa sinónimos y conectores diferentes.

2. Subraya las frases que contengan las principales ideas de la noticia de la tarea y escríbelas reformulándolas. Para ello, usa los consejos y estrategias para la prueba EMIE que has visto hasta ahora en las claves anteriores.

Distribuye las ideas principales del texto de entrada en el esquema de tu propio texto.

Piensa cuál o cuáles usarás para hacer la introducción, qué otra te viene mejor para expresar tu opinión, cuál o cuáles son más convenientes para desarrollar el resto de los puntos, etc.

3. Coloca cada una de las ideas de la noticia que ya has reformulado en un punto de la lista (o esquema) que has hecho en tu cuaderno para la actividad 1.

Después de redactar tu texto, no olvides revisarlo bien.

4. Después de escribir tu tarea contesta a estas preguntas. Este cuestionario de autoevaluación te va a servir para preparar las dos tareas de la prueba de Expresión, mediación e interacción escritas.

	Sí	No
1. ¿Saludas y te despides adecuadamente? (es una carta formal, en este caso)	☐	☐
2. ¿Has hecho una breve introducción? (en este caso, presentándote)	☐	☐
3. ¿Has tratado todas las pautas de las instrucciones?	☐	☐
4. ¿El contenido está ordenado y distribuido en párrafos?	☐	☐
5. ¿El registro (formal/informal) se ajusta a la situación? (carta de queja, destinatario/a...)	☐	☐
6. ¿El léxico es variado y preciso? ¿Hay alguna expresión idiomática o locuciones?	☐	☐
7. ¿Usas estructuras gramaticales más o menos complejas y diferentes tiempos verbales?	☐	☐
8. ¿Queda alguna incorrección del borrador?	☐	☐
9. ¿Hay faltas de ortografía? ¿Has puesto las mayúsculas y las tildes correctamente?	☐	☐
10. ¿La puntuación del texto es correcta? ¿No le falta alguna coma, punto, dos puntos, etc.?	☐	☐
11. ¿Las ideas del texto de entrada están expresadas con tus propias palabras?	☐	☐
12. ¿Has destacado cuáles son tus opiniones?	☐	☐

5. Escribe el texto de la tarea de esta unidad usando el esquema y las ideas que ya has preparado. Revísalo comprobando los puntos anteriores. Cuando lo hayas revisado, compáralo con el siguiente "Ejemplo de producción escrita". Observa las diferencias entre los dos textos y anótalas. ¿Encuentras elementos en común? ¿Cuáles? ¿Qué otros elementos no has usado tú y crees que pueden ser útiles?

TAREA 2 (opción 2)

Ejemplo de producción escrita

Al Defensor del Pueblo:

Le escribo para solicitar su ayuda y expresar mi queja ante la situación que está viviéndose en Manzanares el Real, mi ciudad, y que ha sido publicada en todos los medios estas últimas semanas. Tanto la decisión de la duquesa, que parece creer vivir todavía en la España medieval, como el fallo del juez a su favor me parecen equivocados e injustos.

Si su padre dejó al pueblo el parque y el castillo como herencia, la duquesa no debería tener derecho a reclamarlos, puesto que ya no es su heredera y, dicho sea de paso, su familia no los ganó con el sudor de su frente sino simplemente por ostentar un título nobiliario. Por tanto, creo que sus dueños/as actuales somos los/las habitantes de Manzanares y, por eso, a mi parecer estos lugares deberían continuar siendo accesibles al público gratuitamente.

Le pido que medie entre la duquesa y el pueblo para que estos bienes sean devueltos a la población lo antes posible. De otro modo, nos veremos en la obligación de convocar manifestaciones y ejercer presión mediante otras medidas de protesta. Así, será la opinión pública del país la que finalmente convenza a la duquesa de que cambie de idea, de una idea asombrosamente anticuada y egoísta.

Le agradezco su atención. Un cordial saludo.

Genaro Salas

En este tipo de cartas hay que usar un lenguaje formal, aunque no demasiado. Una carta al Defensor del Pueblo del país siempre se escribe para expresar quejas y reclamaciones y/o denunciar un hecho y explicarlo. Hoy día se escriben con un modelo fijo en una web de internet, no en papel, así que no hay que especificar lugar, fecha y otros datos. Es más importante que el tono y el estilo de la carta expresen la queja, la disconformidad o insatisfacción ante una situación que se cree injusta.

Ahora bien, sí se necesita introducir el problema por el que se escribe y escribir una despedida formal al final. A pesar de que su principal objetivo es exponer hechos y reclamar algo, en la explicación se puede (y se recomienda) expresar valoraciones y opiniones sobre el hecho denunciado o sus causas y consecuencias. De nuevo, como en otros formatos parecidos (carta de opinión a un periódico o cartas al director/a, cartas de reclamación a una empresa, etc.), esa es la parte en que se debe mostrar el dominio del léxico, de una gama variada de estructuras gramaticales, conectores, expresiones idiomáticas, etc., ya que el texto es formal pero también permite el uso de muchos recursos expresivos. No es como un informe o un texto técnico. En este caso, la carta se ha centrado en la idea de que la decisión de la duquesa es anticuada e insolidaria, pero podríamos haberla argumentado de otra manera: por ejemplo, centrándonos en la necesidad de un espacio seguro de juegos para los/las niños/as o el valor medioambiental del parque o incluso en la especulación inmobiliaria. Pero es importante elegir un enfoque, puesto que en 180-220 palabras aprox. no hay cabida para incluir toda la información que poseemos sobre el tema. Es mejor centrarnos en un aspecto o dos, sin más. La propuesta de soluciones al problema suele ser un elemento que se pide en este tipo de cartas o correos.

Expresión, mediación e interacción orales
Las claves de la TAREA 3 (un ejemplo más)

¿QUÉ SE EVALÚA?

- La capacidad de **intercambiar ideas, expresar y justificar opiniones y hacer valoraciones** negociando y llegando a acuerdos con el/la entrevistador/a.

¿QUÉ TENGO QUE HACER?

- **Conversar con el/la examinador/a durante 4-6 minutos** con el fin de llegar a un acuerdo. **Esta tarea no se prepara previamente.**

¿QUÉ MATERIAL VOY A TENER?

- **Lámina con instrucciones** que describen una situación del ámbito público, educativo o profesional y proporcionan unas pautas para la conversación. También muestran 4 opciones representadas mediante información gráfica y/o textos.

INSTRUCCIONES

Usted y el/la entrevistador/a trabajan en una agencia de viajes. Una gran empresa ha contratado sus servicios porque, como prestación extra, les subvenciona un viaje a algunos/as de sus trabajadores/as durante las vacaciones.

Para decidir deben tener en cuenta los siguientes criterios:

- el viaje debe durar 18 días en total;
- viajan con su familia, si la tienen;
- los objetivos de la empresa son: reducir el estrés y la ansiedad de los/las trabajadores/as, promover lazos afectivos entre ellos/as y sus familias y facilitar vacaciones a quienes tienen discapacidad (25 % de los/las participantes);
- el perfil medio de los/las trabajadores/as es: 40-50 años, 60 % hombres y 40 % mujeres, 70 % con 1-2 hijos/as menores, 30 % sin hijos/as;
- muchos/as suelen viajar durante el año por reuniones de trabajo a Italia, Grecia, Turquía y otros países de la zona.

Ahora mire las cuatro opciones. Teniendo en cuenta los aspectos citados arriba, ¿cuál cree que sería la opción más adecuada? Trate de llegar a un acuerdo con el/la entrevistador/a. Recuerde que se trata de una conversación abierta y que, por tanto, puede interrumpir a su entrevistador/a, discrepar, pedir y dar aclaraciones, argumentar sus opiniones, rebatir las ajenas, etc.

La duración de la conversación será de entre cuatro y seis minutos.

Propuesta 1: Safari en Tanzania

- Un viaje para conocer la naturaleza del corazón de África con guías especializados/as.
- Requisitos previos: vacunación.
- Alojamiento: bungalós tradicionales y campin.

Propuesta 2: Naturaleza y yoga en el Caribe

- Costa Rica en un resort.
- Actividades de meditación, espiritualidad y contacto con la naturaleza.
- Excursiones a parques naturales.

Propuesta 3: Crucero por el Mediterráneo

- Viaje en barco.
- Visite Roma, Atenas y las joyas de la historia mediterránea.
- Visitas a monumentos preorganizadas.

Propuesta 4: Conocer el Japón tradicional

- Viaje en tren recorriendo los rincones más bellos del Japón rural y del Japón imperial, lejos del bullicio de Tokio.
- Alojamientos en casas y hoteles rurales.

Practica para captar bien el contenido de las instrucciones en un minuto.

Aunque parezca obvio, es básico entender la situación y qué papel has de desempeñar en ella, además de qué opciones nos ofrecen y cuáles son los criterios.

Ten en cuenta que el objetivo de la conversación es llegar a un acuerdo con el/la entrevistador/a para elegir la mejor opción según los criterios dados.

1. **Marca qué propuesta encaja mejor en cada criterio. Puede haber más de una respuesta o incluso ninguna para una propuesta determinada.**

	Propuesta n.º
El viaje debe durar 18 días	....
Viajan con su familia	....
Objetivo: reducir el estrés y la ansiedad, promover lazos afectivos...	....
Perfil medio de los/las trabajadores/as	....
Muchos/as viajan a Italia, Grecia, Turquía...	....

Piensa en unas pocas ideas convincentes que apoyen tus opiniones.

La conversación dura entre 4-6 minutos, de modo que más que presentar un gran número de argumentos, es mejor que te centres en solo unos cuantos que refuercen tu opinión para elegir una de las opciones.

Cuando hables, no olvides tener en cuenta el registro que debes emplear: formal o informal (es decir, *tú* o *usted*, léxico algo/nada coloquial, etc.).

2. **Los argumentos que suelen ser más eficaces son las ventajas e inconvenientes de cada opción respecto a los criterios de las instrucciones. Anota en tu cuaderno una ventaja y un inconveniente de cada opción teniendo en cuenta los criterios de la tarea.**

Saber cómo se evalúa esta tarea te ayudará a identificar tus puntos fuertes y débiles . Así reforzarás unos y mejorarás los otros.

Las tareas de EMIO no son de calificación automática; las evalúan calificadores/as expertos/as según una serie de criterios. Los tres primeros son comunes a las Tareas 1, 2 y 3. Aquí nos centraremos en el **a)** y en el **d)**, que es un criterio específico para esta tarea.

a) Fluidez:

- Fluidez y naturalidad; frecuencia de las pausas.
- Claridad de la pronunciación; acento, entonación.
- Comprensión general del discurso.

b) Corrección gramatical.

c) Alcance lingüístico (léxico y capacidad de expresión).

d) Interacción y cumplimiento de la Tarea 3:

- Selección de la información más relevante del texto de entrada y comprensión de la situación planteada.
- Eficacia comunicativa en la conversación; manejo de los turnos de palabra.
- Capacidad de argumentación y cooperación para llegar a un acuerdo.

Grábate cuando hagas las tareas de EMIO y autoevalúate.

Para grabar esta Tarea 3 necesitas a alguien con quien hacer la entrevista. Los/Las evaluadores/as puntúan cada criterio del 0 al 3 (puntuación más alta).

1. **Busca un/a compañero/a para el papel de entrevistador/a y graba con él/ella el diálogo de la Tarea 3. Luego escucha la grabación y autoevalúate: puntúate con una calificación y justifícala según los criterios de evaluación.**

Fluidez ◯ Interacción y cumplimiento de la Tarea 3 ◯

....

....

....

....

....

2. **Luego, vuelve a escuchar tu grabación y compárala con el siguiente "Ejemplo de producción oral". Puedes marcar en el texto del ejemplo elementos similares a los que has usado en el diálogo y anotar otros para mejorar habilidades en esta tarea. Incluso puedes completar el ejemplo con algunas de tus preguntas, si son diferentes.** 36

TAREA 3
Ejemplo de producción oral

36

CANDIDATO/A: Yo creo que podríamos descartar ya dos posibilidades, ¿no?

ENTREVISTADOR/A: ¿Dos? ¿Por qué? Yo en principio las veo todas muy apropiadas...

CANDIDATO/A: ¿Sí? Pero si ya hay trabajadores que durante el año viajan a menudo a ciudades del Mediterráneo, conocerán la mayoría de los sitios y además les recordará el estrés del trabajo, la rutina... Yo lo eliminaría como opción.

ENTREVISTADOR/A: Bueno, pero puede que si llevan niños sea la mejor opción. Pueden disfrutar de la piscina del barco, de las actividades... ¿Y cuál es la otra que no te parece adecuada?

CANDIDATO/A: La de Costa Rica. Precisamente por los niños. ¿Un lugar para meditar, hacer yoga, espiritual? Se van a morir de aburrimiento.

ENTREVISTADOR/A: Sí, quizá. Pero las playas son preciosas y es un resort. Pueden estar jugando allí mientras los padres y las madres practican yoga, por ejemplo.

CANDIDATO/A: No sé... No me convence. A mí la que me parece mejor es la del safari en Tanzania. Sobre todo, pensando en los niños. Creo que se lo pasarían genial. Si a mí de niño me hubieran dicho que voy a ir a ver elefantes y jirafas y algo tan exótico, uf, me habría encantado, la verdad.

ENTREVISTADOR/A: Pues fíjate que yo la veo medio peligrosa. Ahora hay muchas enfermedades nuevas, también ha habido problemas de secuestros y robos en esa zona. Y en verano hace un calor espantoso.

CANDIDATO/A: Llevas razón... quizá sea una opción demasiado arriesgada. ¿Pues qué tal Japón?

ENTREVISTADOR/A: A mí esa me parece bien para todas las personas.

CANDIDATO/A: Sí, puede ser un poco pesado para menores, pero por la edad de la gente que irá al viaje, me parece que ya serán adolescentes o incluso mayores de edad. Y para las personas con discapacidad, que son bastantes, tal vez sea un viaje más cómodo. Sí, de acuerdo, vamos a ofrecerles el viaje a Japón y a ver qué dicen...

Modelos de examen

DELE

C1

Especificaciones del examen:

PRUEBA 1. COMPRENSIÓN DE LECTURA Y USO DE LA LENGUA

→ Contiene 5 tareas.
→ Debe responder a 40 preguntas.
→ La duración de esta prueba es de 90 minutos.

PRUEBA 2. COMPRENSIÓN AUDITIVA Y USO DE LA LENGUA

→ Contiene 4 tareas.
→ Debe responder a 30 preguntas.
→ La duración de esta prueba es de 50 minutos.

PRUEBA 3. EXPRESIÓN, MEDIACIÓN E INTERACCIÓN ESCRITAS

→ Contiene 2 tareas.
→ La duración de esta prueba es de 80 minutos.

PRUEBA 4. EXPRESIÓN, MEDIACIÓN E INTERACCIÓN ORALES

→ Contiene 3 tareas:

- **TAREA 1:** exposición sobre un tema (mediación) (3-5 minutos).
- **TAREA 2:** entrevista sobre el tema de la Tarea 1 (4-6 minutos).
- **TAREA 3:** negociación para llegar a un acuerdo (interacción) (4-6 minutos).

→ Tiene 20 minutos para preparar las Tareas 1 y 2.
→ Puede tomar notas y escribir un esquema.
→ Durante la prueba, puede consultar sus notas, pero no leerlas.

Prueba 1. Comprensión de lectura y uso de la lengua

Esta prueba tiene **cinco tareas**. Usted debe responder a 40 preguntas.

La duración es de 90 minutos.

Marque las opciones elegidas en la **Hoja de respuestas**.

Tarea 1

INSTRUCCIONES

Lea el texto y conteste a las preguntas (1-6). Seleccione la opción correcta (A, B o C).

Marque las opciones elegidas en la **Hoja de respuestas**.

GUÍA LEGAL SOBRE EL NOMBRE Y LOS APELLIDOS

Si Ud. desea inscribir el nombre de un recién nacido en el Registro Civil, debe tener en cuenta lo siguiente:

- No puede inscribirlo con más de un nombre compuesto o dos simples.
- Están prohibidos aquellos nombres que puedan suponer objetivamente un perjuicio a la persona, los diminutivos o variantes familiares y coloquiales que no hayan alcanzado entidad propia, los que hagan confusa la identificación y los que puedan inducir a error en cuanto al sexo.
- Tampoco puede imponerse a un niño el mismo nombre que ostente un hermano (ni siquiera su traducción a otra lengua), salvo que el hermano hubiese fallecido.

En cuanto al cambio del nombre de una persona que figura inscrito en el Registro Civil, no puede realizarse de forma arbitraria: es preciso demostrar que obedece a una razón determinada y que el cambio no causará perjuicios a una tercera persona.

Habitualmente el nombre ya inscrito solo puede modificarse si es contrario a la ley, es decir, si objetivamente perjudica a la persona, hace confusa su identificación y/o induce a error en cuanto al sexo. Aun así, también es posible cambiar el nombre cuando se desea:

- Traducir un nombre extranjero a cualquiera de las lenguas españolas.
- Cambiar el nombre inscrito por el impuesto canónicamente, si este fuese el que se utilizase habitualmente.
- Cambiar el nombre por su equivalente onomástico en cualquiera de las lenguas españolas.

El cambio de nombre puede solicitarlo todo aquel que tenga una causa justificada, bien por sí mismo o a través de su representante legal. Y puede realizarse la solicitud en cualquier momento.

Ud. puede presentar la solicitud para el cambio de nombre en el Registro Civil en el que se inscribió su nacimiento o bien en el que le corresponda por su domicilio.

A la solicitud debe acompañar los siguientes documentos:

- Certificación literal de la inscripción de su nacimiento.
- Los documentos que acrediten las circunstancias que justifiquen la solicitud del cambio de nombre.

En general, dado que existen diversos supuestos para solicitar el cambio de nombre, conviene que aporte las partidas de bautismo y, en su caso, proponga algún testigo.

En relación con los apellidos, generalmente, al recién nacido se le imponen dos apellidos, el primero, que coincide con el primero de los que ostenta el padre, y el segundo, que es el primero de los que ostenta la madre.

Sin embargo, como progenitores del recién nacido, Uds. tienen la posibilidad de alterar este orden e imponer como primer apellido el de la madre, siempre que se den las siguientes circunstancias:

- Que así lo decidan de común acuerdo.
- Que el orden (bien primero el del padre y segundo el de la madre o viceversa) sea escogido en el momento de la inscripción del nacimiento del niño en el Registro Civil.

Si no existe dicho acuerdo, o no se opta de forma explícita por ello, figurará como primer apellido del hijo el primero del padre.

Es importante destacar que el orden escogido para el primogénito determinará el orden que se impondrá a sus hermanos, esto es, no podrá alterarse el orden elegido cuando se inscriba el nacimiento de un segundo hijo.

Si no se conoce al padre o a la madre, el recién nacido llevará los dos apellidos de su padre o de su madre y el progenitor que lo inscriba podrá elegir el orden en el que desea que figuren estos.

El cambio en el orden de los apellidos pueden hacerlo el padre y la madre de común acuerdo o bien, si no existe este acuerdo o el hijo es el que desea el cambio, puede hacerlo al alcanzar la mayoría de edad.

Este cambio se solicita cumplimentando un formulario oficial en el momento en que se vaya a proceder a la inscripción del nacimiento, o bien a través de una solicitud ante el Registro Civil una vez el interesado alcance la mayoría de edad.

En el caso de que el hijo sea adoptado al inscribir la filiación en el Registro Civil, ustedes podrán escoger el orden de los apellidos que desean que ostente el menor de la misma forma que si se tratase de un hijo natural.

(Extraído de: http://iabogado.com/guia-legal/familia/el-nombre-y-los-apellidos/lang/es)

PREGUNTAS

1. Según la guía, el nombre para el recién nacido...
A) no debe coincidir con el de su progenitor, si este vive.
B) puede inscribirse en caso de ambigüedad de sexo.
C) no se admite si se trata de un apodo.

2. Si el nombre de pila es extranjero:
A) podrá solicitar cambiarlo por uno que sea español.
B) será posible cambiarlo por el correspondiente en español.
C) podrá modificarlo y registrarse con el que fue bautizado.

3. Los apellidos del recién nacido...
A) podrán ser los dos del padre o de la madre según qué casos.
B) serán el primero del padre y el segundo de la madre, y en ese orden, a no ser que algún progenitor acuerde lo contrario.
C) seguirán el orden de los apellidos del padre o de la madre, según se acuerde.

4. El orden por el que se opte para los apellidos...
A) no se podrá cambiar.
B) será el que se eligió para el menor de los hijos.
C) será el que se dio al primogénito.

5. Cuando se trata de un hijo en adopción...
A) serán los padres biológicos los que escojan el orden de los apellidos por mutuo acuerdo.
B) se seguirá el mismo procedimiento que para los hijos no adoptados a la hora de inscribirlo.
C) este será inscrito por sus progenitores.

6. Para el cambio en el orden de los apellidos...
A) será necesario ser mayor de edad para poder cumplimentar el formulario oficial de la primera inscripción.
B) si el interesado en el cambio es menor de edad, cumplimentará el formulario oficial uno de los progenitores.
C) no podrá solicitarlo el interesado a no ser que sea mayor de edad.

Tarea 2

INSTRUCCIONES

Lea el siguiente texto, del que se han extraído seis fragmentos. A continuación lea los siete fragmentos propuestos (A-G) y decida en qué lugar del texto (7-12) hay que colocar cada uno de ellos.

Hay un **fragmento** que no tiene que elegir.

Marque las opciones elegidas en la **Hoja de respuestas**.

"TODOS SANTOS, DÍA DE MUERTOS"

El solitario mexicano ama las fiestas y las reuniones públicas. Todo es ocasión para reunirse. Cualquier pretexto es bueno para interrumpir la marcha del tiempo y celebrar con festejos y ceremonias hombres y acontecimientos. Somos un pueblo ritual. Y esta tendencia beneficia a nuestra imaginación tanto como a nuestra sensibilidad, siempre afinadas y despiertas. El arte de la fiesta, envilecido en casi todas partes, se conserva intacto entre nosotros. **7.** ______.

Nuestro calendario está poblado de fiestas. Ciertos días, lo mismo en los lugarejos más apartados que en las grandes ciudades, el país entero reza, grita, come, se emborracha y mata en honor de la Virgen de Guadalupe o del general Zaragoza. Cada año, el 15 de septiembre a las once de la noche, en todas las plazas de México celebramos la fiesta del Grito; y una multitud enardecida efectivamente grita por espacio de una hora, quizá para callar mejor el resto del año. Durante los días que preceden y suceden al 12 de diciembre, el tiempo suspende su carrera, hace un alto y en lugar de empujarnos hacia un mañana siempre inalcanzable y mentiroso, nos ofrece un presente redondo y perfecto, de danza y juerga, de comunión y comilona con lo más antiguo y secreto de México. **8.** ______.

Pero no bastan las fiestas que ofrecen a todo el país la Iglesia y la república. La vida de cada ciudad y de cada pueblo está regida por un santo, al que se festeja con devoción y regularidad. Los barrios y los gremios tienen también sus fiestas anuales, sus ceremonias y sus ferias. **9.** ______.

Recuerdo que hace años pregunté a un presidente municipal de un poblado vecino a Mitla: "¿A cuánto ascienden los ingresos del municipio por contribuciones?". "A unos tres mil pesos anuales. Somos muy pobres. Por eso el señor gobernador y la Federación nos ayudan cada año a completar nuestros gastos". "¿Y en qué utilizan esos tres mil pesos?". "Pues casi todo en fiestas, señor. Chico como lo ve, el pueblo tiene dos Santos Patrones".

10. ______. En las grandes ocasiones, en París o en Nueva York, cuando el público se congrega en plazas o estadios, es notable la ausencia de pueblo: se ven parejas y grupos, nunca una comunidad viva en donde la persona humana se disuelve y rescata simultáneamente. Pero un pobre mexicano, ¿cómo podría vivir sin esas dos o tres fiestas anuales que lo compensan de su estrechez y de su miseria? Las fiestas son nuestro único lujo; ellas substituyen, acaso con ventaja, al teatro y a las vacaciones, al *weekend* y al *cocktail party* de los sajones, a las recepciones de la burguesía y al café de los mediterráneos.

En esas ceremonias —nacionales, locales, gremiales o familiares— el mexicano se abre al exterior. Todas ellas le dan ocasión de revelarse y dialogar con la divinidad, la patria, los amigos o los parientes. Durante esos días el silencioso mexicano silba, grita, canta, arroja petardos, descarga su pistola en el aire. Descarga su alma. **11.** ______.

Esa noche los amigos, que durante meses no pronunciaron más palabras que las prescritas por la indispensable cortesía, se emborrachan juntos, se hacen confidencias, lloran las mismas penas, se descubren hermanos y a veces, para probarse, se matan entre sí. La noche se puebla de canciones y aullidos. Los enamorados despiertan con orquestas a las muchachas. Hay diálogos y burlas de balcón a balcón, de acera a acera. Nadie habla en voz baja. Se arrojan los sombreros al aire. Las malas palabras y los chistes caen como cascadas de pesos fuertes. Brotan las guitarras. **12.** ______.

(Extraído de: Ensayo de Octavio Paz en su libro *El laberinto de la soledad*, 1950)

FRAGMENTOS

A.	Y su grito, como los cohetes que tanto nos gustan, sube hasta el cielo, estalla en una explosión verde, roja, azul y blanca y cae vertiginoso dejando una cauda de chispas doradas
B.	En ocasiones, es cierto, la alegría termina mal: hay riñas, injurias, balazos, cuchilladas. También eso forma parte de la fiesta. Porque el mexicano no se divierte: quiere sobrepasarse, saltar el muro de la soledad que el resto del año lo incomunica
C.	Esa respuesta no es asombrosa. Nuestra pobreza puede medirse por el número y suntuosidad de las fiestas populares. Los países ricos pocas: no hay tiempo, ni humor. Y no son necesarias; las gentes tienen otras cosas que hacer y cuando se divierten lo hacen en grupos pequeños. Las masas modernas son aglomeraciones de solitarios
D.	En pocos lugares del mundo se puede vivir un espectáculo parecido al de las grandes fiestas religiosas de México, con sus colores violentos, agrios y puros y sus danzas, ceremonias, fuegos de artificio, trajes insólitos y la inagotable cascada de sorpresas de los frutos, dulces y objetos que se venden esos días en plazas y mercados
E.	El tiempo deja de ser sucesión y vuelve a ser lo que fue, y es, originariamente: un presente en donde pasado y futuro al fin se reconcilian
F.	El exceso en el gastar y el desprecio de energías afirman la opulencia de la colectividad. Ese lujo es una prueba de salud, una exhibición de abundancia y poder. O una trampa mágica. Porque con el derroche se espera atraer, por contagio, a la verdadera abundancia. Dinero llama a dinero
G.	Y, en fin, cada uno de nosotros —ateos, católicos o indiferentes— poseemos nuestro santo, al que cada año honramos. Son incalculables las fiestas que celebramos y los recursos y tiempo que gastamos en festejar

Tarea 3

INSTRUCCIONES

Lea el texto y conteste a las preguntas (13-18). Seleccione la opción correcta (A, B o C).

Marque las opciones elegidas en la **Hoja de respuestas**.

MARIANA ENRÍQUEZ: EXPLORANDO EL HORROR DE LO COTIDIANO

A todos nos fascinan las historias de terror y podríamos contar alguna leyenda o el argumento de una película "de miedo" famosa. Lo cierto es que un libro de terror no es ninguna novedad, pero sí merece ser destacado cuando sobresale por su calidad literaria. Es el caso de las obras de la argentina Mariana Enríquez.

Esta escritora porteña inició su carrera a los 21 años con la novela *Bajar es lo peor* (1995). Desde entonces, se ha convertido en uno de los fenómenos más exitosos de la literatura hispana gracias a su estilo único, que mezcla el horror sobrenatural con las crudas realidades de la vida cotidiana. Desde muy temprana edad, Enríquez estuvo rodeada de testimonios sobre las desapariciones, torturas y asesinatos perpetrados por la dictadura militar que gobernó su país entre 1976 y 1983. Fueron su primer contacto con el "verdadero horror" y dejaron una huella indeleble en su imaginación y su obra. Este trasfondo se convertiría más tarde en el hilo conductor de su narrativa, llena de fantasmas, demonios y elementos ocultistas.

Su colección *Los peligros de fumar en la cama* fue finalista del Premio Booker Internacional en 2021, y su novela *Nuestra parte de noche* ganó el Premio Herralde en 2019. Esta última se centra en un médium, Juan, y su hijo Gaspar, que intentan escapar de una malévola sociedad secreta empeñada en alcanzar la vida eterna. Aunque abundan los elementos terroríficos, Enríquez también insta a los lectores a recordar que las monstruosidades de la vida real pueden ser más aterradoras que cualquier ficción. La brutalidad en América Latina se ha normalizado hasta tal punto que la reacción de la gente ante ella se ha ido atenuando. Por eso, la autora utiliza las herramientas del género para devolver esta violencia al campo de lo horrible, no al de lo cotidiano. Sus trabajos son más que relatos de terror; también exploran los traumas históricos y sociales de la Argentina. Los ecos de las peores realidades de la dictadura son claros en sus escritos. Una de las prácticas más miserables del régimen consistía en robar los hijos de los que estaban en su contra y entregárselos a familias vinculadas a la dictadura. Muchos de esos disidentes forman parte de los miles de argentinos que desaparecieron durante el régimen militar, una realidad marcada a fuego en la memoria del país, pues allí una palabra usual para referirse a un fantasma es "aparecido", la antítesis de los "desaparecidos" durante aquella lúgubre etapa.

Enríquez se inspira en las narraciones de célebres escritores argentinos como Jorge Luis Borges, Silvina Ocampo y Bioy Casares, si bien las influencias presentes en su obra son de lo más variopinto, desde el cine de Truffaut, Spielberg o Gaspar Noé a grupos de *rock* alternativo como Suede, de cuyos temas utiliza abundantes referencias musicales para añadir capas de significado y atmósfera en sus obras. Pero siempre se percibe un toque particular, patente en su preocupación por las cuestiones sociales. De hecho, ya en su debut literario, recientemente reeditado, trata temas como el abuso de drogas, el sexo y la juventud malograda. Igualmente, en *Un lugar soleado para gente sombría*, una de sus últimas publicaciones, destaca el primer cuento de la colección, "Mis muertos tristes", que presenta una visión oscura de la sociedad argentina donde las víctimas se convierten en fantasmas que recuerdan constantemente su suerte a los vivos. La sensación de vulnerabilidad y el miedo a la pobreza son los temores universales reflejados en esta narración.

La complejidad de su obra reside en su habilidad para combinar narrativas atractivas, reflexivas y aterradoras, convirtiendo sus obsesiones personales en historias imposibles de olvidar. La capacidad de Enríquez para mezclar el horror con lo social y su enfoque en las experiencias humanas más allá de los límites geohistóricos hacen que su obra sea tan terrorífica como profundamente relevante y conmovedora, consolidándola como una figura clave en la ficción gótica contemporánea.

(Extraído de: https://www.clarin.com/cultura/mariana-enriquez-primera-mujer-argentina-ganar-premio-herralde-novela-personal-involucra-politico-_0_9Dw7hoJl.html)

PREGUNTAS

13. Los delitos cometidos por el régimen dictatorial argentino...
A) empezaron a difundirse cuando Mariana tenía apenas tres años.
B) inspiraron a Enríquez la terrorífica trama de su primer libro.
C) dejaron una marca imborrable en la mente de esta autora.

14. En el texto se dice que...
A) los latinoamericanos se han acostumbrado a convivir con la violencia.
B) Enríquez fue galardonada por una antología de relatos sobrenaturales.
C) la autora recrea las experiencias de los opositores al régimen argentino.

15. En el texto, la dictadura militar argentina se califica de...
A) siniestra.
B) fantasmagórica.
C) reivindicativa.

16. El estilo de Mariana Enríquez...
A) se caracteriza por la musicalidad de su escritura.
B) viene influido por la tradición literaria de su país.
C) reproduce un tipo de ambiente muy cinematográfico.

17. Unos fantasmas se aparecen a las personas para que estas no olviden su destino en...
A) la nueva edición de la primera novela de la autora.
B) un relato recientemente publicado por Enríquez.
C) un capítulo de *Un lugar soleado para gente sombría*.

18. Según el texto, la obra de Mariana Enríquez...
A) provoca en el lector sensaciones complejas pero inolvidables.
B) refleja la fragilidad y el temor a la escasez de la sociedad argentina.
C) fusiona el género gótico con la literatura de corte social.

Tarea 4

INSTRUCCIONES

A continuación tiene seis textos (A-F) y ocho enunciados (19-26). Léalos y marque con una cruz la letra del texto que corresponde a cada enunciado.

Recuerde que hay textos que deben ser elegidos más de una vez.

Marque las opciones elegidas en la **Hoja de respuestas**.

RESUMEN DEL PRIMER FORO DE PAREJA Y FAMILIA DE LA UNAM

A. CLAROSCUROS DE LA EQUIDAD AL INTERIOR DE LA PAREJA Y LA FAMILIA

Tania Esmeralda Rocha Sánchez y Rolando Díaz-Loving. UNAM

En la medida en la cual hombres y mujeres se involucran en una relación y establecen una familia, muestran comportamientos y características más vinculados a los roles de género tradicionales. Sin embargo, en las últimas décadas se han registrado una serie de cambios tales como: la incorporación generalizada de las mujeres a los niveles educativos superiores, su incorporación al mercado laboral, la introducción de nuevas tecnologías reproductivas-anticonceptivas e incluso su incorporación académica a los estudios de género, cambios que inciden directamente en el interior de la vida familiar y de pareja. En la medida en la cual se han dado estos cambios, se ha generado la posibilidad de cuestionar y reconstruir las ideas y las creencias alrededor de los géneros, lo que impacta directamente sobre los comportamientos y las relaciones que se dan entre ellos. En el presente estudio se exploró el impacto de una postura más equitativa en el ejercicio de roles más o menos tradicionales tanto en la familia como con la pareja.

B. LOS COSTOS DEL TRABAJO DE LA MUJER COMO UN DETONANTE DEL CONFLICTO

Cinthia Cruz del Castillo, Sofía Rivera Aragón y Rolando Díaz-Loving. UNAM

Como regla general, el empleo incrementa en las mujeres la autoestima y los sentimientos de valor propio, así como el deseo de actuar independientemente. Como resultado, las mujeres que trabajan desarrollan un sentido de legitimidad, mayor asertividad y la creencia de que pueden incidir un poco más en cómo desempeñar las tareas del hogar. El contar con tales recursos, sin embargo, no necesariamente se traduce en la equidad de roles dentro de las labores del hogar ya que las mujeres que trabajan esperan que sus parejas colaboren en dichas tareas. En consecuencia, los conflictos surgen cuando la mujer espera que su pareja participe con ella y esta no desea hacerlo. Así, la intención de esta investigación fue conocer la relación entre los costos que tiene para la mujer el desempeño de un trabajo remunerado y los conflictos que surgen en su relación de pareja.

C. INFIDELIDAD Y CELOS, ¿JUNTOS O SEPARADOS?

Angélica Romero Palencia y Sofía Rivera Aragón. UNAM

Los celos son un estado emocional, cognoscitivo, psicológico y social que se produce por la percepción subjetiva de una pérdida real o potencial de la persona amada, ante un rival real o imaginario. Por tanto, la literatura ha ligado fuertemente los celos con la infidelidad, la cual, a su vez, ha sido definida como una relación entre una persona y alguna otra que no es su esposo(a), que provoca un impacto en el nivel de intimidad, distancia emocional y, sobre todo, en el balance dinámico del matrimonio y que puede ser emocional, sexual o una combinación de ambas. Por tanto, el objetivo del presente estudio consistió en encontrar y describir la relación existente entre la infidelidad y los celos, para posteriormente correlacionarlos. Los resultados describen la relación entre las variables en cada una de sus dimensiones y la discusión versa en torno a las diferencias de género basándose en las perspectivas sociocultural y evolutiva.

D. VALORES FAMILIARES: ENTRE LA TRADICIÓN Y LA MODERNIDAD

Melissa García Meraz. UNAM

Díaz-Guerrero describe la familia mexicana como tradicional, donde se acentúa la abnegación de la madre, la supremacía del padre, la obediencia de los hijos hacia los padres y la lealtad a la familia. Sin embargo, como toda sociedad, el cambio es inherente, el ingreso de la mujer al campo laboral, su participación más activa en las decisiones de la familia, el ingreso económico y por ende la independencia financiera plantean cambios que deben ser investigados. De esta manera, se preguntó a 360 personas, hombres y mujeres, de diferentes edades y niveles educativos, cuáles eran las palabras que relacionaban el estímulo familia y matrimonio, y cómo definían a una familia tradicional y a su propia familia. A través de los resultados se encontró que el significado de la palabra "familia" conlleva una serie de valores, tales como el amor, la confianza y el respeto. Las entrevistas corroboraron los datos, así como la mención de algunas parejas de que a diferencia de las familias tradicionales, en casa se habla más de la sexualidad, hay más comunicación entre padres e hijos y hay más libertad para los mismos.

E. EL MANEJO DE LA INFIDELIDAD Y LOS CELOS A TRAVÉS DE LA PAREJA ABIERTA

Blanca Barcelata Eguiarte y Nidya Obregón Velazco. UNAM

La CONAPO ha reportado la existencia de doce tipos de grupos familiares, entre ellos las menos convencionales, como la pareja libre o la asociación con una o varias personas. Este es el caso de una pareja que acudió al CAPSI de la Facultad de Psicología UNAM demandando orientación para enfrentar constantes conflictos, que generan malestar emocional. Se refieren problemas a nivel conyugal relacionados con pautas de interacción rígidas, infidelidad y celos. La propuesta de pareja abierta se presenta a iniciativa del hombre hace varios años. Se detecta una escalada simétrica en lucha del poder en la pareja como parte del conflicto. El objetivo fue discutir la viabilidad de la pareja "abierta" y establecer convenios.

El tema central del trabajo fueron los celos y el manejo de la "infidelidad". El propósito fue romper pautas de interacción destructivas y establecer pautas funcionales en el sistema. Se negociaron acuerdos que "beneficiaran a ambos". Se modificaron patrones comunicacionales. Se establecieron nuevas formas de negociación en la pareja, rompiéndose la escalada simétrica de los cónyuges.

F. EL EFECTO DEL TIEMPO EN LA ATRACCIÓN Y LA PASIÓN: DIFERENCIAS ENTRE HOMBRES Y MUJERES

Gerardo Benjamín Tonatiuh Villanueva Orozco, Sofía Rivera Aragón y Rozzana Sánchez Aragón. UNAM

Una etapa importante en las relaciones de pareja es la pasional, considerada como un elixir mágico para sentirse realizado en la vida, implicando prisa y precipitación por el placer. Asimismo se ha considerado como un éxtasis vertiginoso, experimentando felicidad, euforia, excitación, risa, satisfacción y disfrute sexual. Por otro lado, algunas investigaciones han comprobado que un antecedente a la etapa de la pasión es la etapa de atracción. En esta etapa, aparece la unión como motivo y la locomoción de acercamiento afectivo hacia el otro, despertando emociones intensas, como agrado, necesidad de acercamiento físico, locura pasional y placer. No obstante, ¿esta relación es igual para todos?

A partir de esta pregunta, el objetivo del presente estudio fue observar la relación que hay entre la atracción y la pasión, con la edad, el sexo y la escolaridad. Los datos muestran diferencias significativas por sexo y relación con la escolaridad. Los resultados se discuten a partir de elementos culturales y de género.

(Extraído de: *Primer foro pareja y familia* de la Facultad de Estudios Superiores de Zaragoza)

ENUNCIADOS

		A	B	C	D	E	F
19.	Se puede interpretar que la familia implica, de forma inherente, una serie de valores.						
20.	Se investigaron formas para mejorar la comunicación de la pareja y evitar los conflictos por seguir pautas poco constructivas entre ambos.						
21.	Trata íntimamente el problema del distanciamiento físico y psíquico de la pareja por una falta de confianza no real.						
22.	Se investigó en qué manera un reparto de papeles más equilibrado entre el hombre y la mujer puede afectar a la pareja y a la familia.						
23.	Se tiene en cuenta cómo una vez que la pareja forma una familia, esta sigue presentando características tradicionales.						
24.	Se pretende averiguar el grado de conflictividad en la pareja que supone la incorporación de la mujer al mundo laboral.						
25.	Las diferencias en el acercamiento no responden solo al hecho de ser hombre o mujer, sino a otros factores.						
26.	Una de las premisas se basa en los cambios que el nuevo papel de la mujer en la sociedad ha producido en la familia.						

Tarea 5

INSTRUCCIONES

Lea el texto y rellene los huecos (27-40) con la opción correcta (A, B o C).

Marque las opciones elegidas en la **Hoja de respuestas**.

RIESGOS DE LA CIRUGÍA ESTÉTICA

España es el país europeo donde más operaciones estéticas se practican. El 70 % de quienes visitan a un especialista de cirugía estética se acaban **27.** ______ a los tres meses. Las cirugías más demandadas son la implantación de prótesis de mamas y la liposucción. También son muy **28.** ______ la operación de nariz, el *lifting*, la eliminación de piel del abdomen y el injerto capilar.

Los centros de estética se han multiplicado **29.** ______ un 200 %, pero también han crecido el intrusismo profesional y las reclamaciones de los clientes. De los médicos que se dedican a la medicina estética, solo un 27 % están especializados y **30.** ______ con el aval de una formación mir y una especialidad de cinco años en un hospital.

La mayoría de las operaciones son de aumento de mamas, nariz, párpados y liposucciones. En tratamientos estéticos, priman los anticelulíticos, relleno de arrugas, **31.** ______ de bótox y dietas de adelgazamiento. Los médicos **32.** ______ de que ha aumentado el número de pacientes multioperados que padecen dismorfia (rechazo) corporal, y de que se debe limitar el uso de la toxina botulínica con fines estéticos, porque todavía se desconocen sus efectos a largo plazo.

El 15 % de las intervenciones en España se realizan en hombres. Las más frecuentes son las de párpados para evitar la caída o **33.** ______ las bolsas de los ojos, el implante de pelo y la rinoplastia. En las mujeres (85 %), son la liposucción, el aumento de mamas y el arreglo de párpados, además de las rinoplastias y del estirado de la piel facial, que suelen hacerse **34.** ______ los 50 años.

35. ______ que la liposucción es la más común, también es la que estadísticamente presenta más problemas, porque su aparente facilidad hace que personas poco cualificadas las **36.** ______ con equipos poco adecuados. La AECE declara que es necesario tener el título oficial de Cirugía Plástica y Reparadora para **37.** ______ públicamente el título de especialista en cirugía estética y ocupar un puesto de trabajo bajo esa denominación.

La cirugía plástica **38.** ______ la cirugía estética. Solo los cirujanos plásticos están habilitados legalmente para intervenir quirúrgicamente en operaciones de estética.

El Insalud ha recibido más de 6000 reclamaciones por fallos o errores sanitarios en los últimos años, que derivaron en unas **39.** ______ multimillonarias, sobre todo en las especialidades de traumatología, obstetricia, ginecología y urgencias.

En relación con la cirugía estética, el Defensor del Paciente (ADEPA) recibió solo el año pasado 286 denuncias de toda España. Pero muchas veces, los damnificados **40.** ______ llegan a tiempo de presentar sus quejas porque fallecen o quedan en coma tras la intervención.

(Extraído de: https://www.elindependiente.com/sociedad/2023/09/12/la-cirugia-estetica-se-dispara-un-200-en-espana-en-una-decada-y-seguira-creciendo/)

OPCIONES

27. A) de operar
B) operando
C) operados

28. A) denunciadas
B) rehusadas
C) solicitadas

29. A) a
B) en
C) con

30. A) cuentan
B) gozan
C) disponen

31. A) vacunas
B) inyecciones
C) pomadas

32. A) reconocen
B) alardean
C) alertan

33. A) inducir
B) reducir
C) ensalzar

34. A) transcurridos
B) vencidos
C) pasados

35. A) Pese a
B) Salvo
C) Mientras

36. A) practicaran
B) practiquen
C) practican

37. A) emitir
B) aplicar
C) atribuirse

38. A) engloba
B) ampara
C) implica

39. A) subvenciones
B) prestaciones
C) indemnizaciones

40. A) casi no
B) ni siquiera
C) apenas si

Prueba 2. Comprensión auditiva y uso de la lengua

Esta prueba tiene **cuatro tareas**. Usted debe responder a 30 preguntas.

La duración es de 50 minutos.

37

Marque las opciones elegidas en la **Hoja de respuestas**.

Tarea 1

INSTRUCCIONES

Usted va a escuchar una conferencia sobre las consecuencias epidemiológicas de la conquista de América, de la que se tomaron algunas notas. Entre las doce opciones que aparecen debajo (A-L) usted deberá elegir las seis notas que corresponden a esta conferencia.

Escuchará la audición dos veces.

Marque únicamente seis opciones en la **Hoja de respuestas**.

Ahora dispone de un minuto para leer las opciones.

OPCIONES

A.	La viruela se extendió entre los incas durante la invasión española de los Andes.
B.	Al no haber desarrollado inmunidad contra ellas, los nativos americanos sucumbieron ante numerosas infecciones procedentes de Europa.
C.	Debido a cuestiones genéticas, las sociedades aisladas son víctimas propicias para las epidemias.
D.	Algunas afecciones leves de los europeos se volvieron letales para los habitantes del Nuevo Mundo.
E.	La epidemia que se extendió en Santo Domingo tardó dos años en erradicarse.
F.	En ese mismo lugar, la viruela se cobró las vidas de unos mil nativos.
G.	La epidemia de lepra entre los aztecas facilitó la conquista española de sus territorios.
H.	Dos tercios de los nativos de Cuba fallecieron por el contagio de una enfermedad en 1529.
I.	El sarampión en México fue menos mortífero que la viruela, aunque infligió más daño en la población infantil.
J.	El tifus fue la única enfermedad que recibió diversos nombres según la zona de incidencia.
K.	Aunque la difteria se propagó rápidamente entre los indígenas americanos, sus consecuencias no fueron graves.
L.	A causa de la conquista, los aborígenes americanos se contagiaron de enfermedades provenientes de dos continentes.

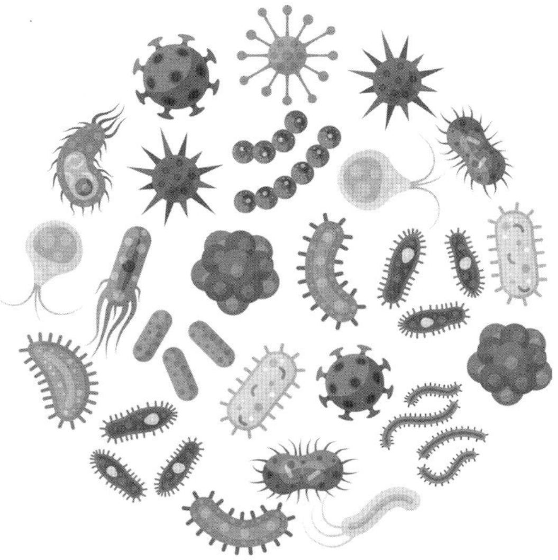

Tarea 2

INSTRUCCIONES

38

Usted va a escuchar cuatro conversaciones. Escuchará cada conversación dos veces. Después debe contestar a las preguntas (7-14). Seleccione la opción correcta (A, B o C).

Marque las opciones elegidas en la **Hoja de respuestas**.

CONVERSACIÓN 1

7. Según la información de la empleada el hombre...
- A) va a tener problemas para que le concedan la nacionalidad.
- B) tiene algunos de los requisitos pedidos en una de las modalidades.
- C) puede hacer la solicitud a través de la página web del Ministerio de Justicia.

8. El hombre que pide información...
- A) cumple con todos los requisitos que se piden.
- B) tiene la intención de ir al Registro Civil para informarse mejor.
- C) sabe que el papeleo va a ser una ardua tarea.

CONVERSACIÓN 2

9. La mujer, ante la llamada de su amigo...
- A) aunque se enoja por el favor que le pide, está interesada en su problema.
- B) se enfada porque está harta de que la llamen como si ella fuera médico.
- C) se siente molesta porque no ha podido dormir lo suficiente.

10. Tras escuchar a la mujer, el hombre...
- A) siente empatía hacia ella y renuncia a pedirle el favor.
- B) le da la razón y se despide fríamente.
- C) se muestra conciliador y dispuesto a seguir su consejo.

CONVERSACIÓN 3

11. La clienta, tras el cambio de imagen...
- A) se siente engañada porque no le han hecho lo que ella quería.
- B) no podía imaginar que iba a parecer tan joven.
- C) pese al primer impacto, acaba gustándole.

12. El profesional que ha atendido a la mujer...
- A) no entiende por qué la clienta no está satisfecha nada más ver el cambio.
- B) sabe cómo tratar a sus clientes para que se queden satisfechos con su trabajo.
- C) se muestra insolente ante la reacción de la señora.

CONVERSACIÓN 4

13. La mujer que atiende al teléfono de atención al público...
- A) hace todas las preguntas pertinentes ante la información requerida.
- B) conoce muy bien todo el proceso de tramitación y la documentación exigida.
- C) se muestra fría ante la actitud del hombre y se impacienta.

14. El hombre que pide la información...
- A) piensa que la empleada hace preguntas que no le incumben.
- B) se queda atónito ante lo que se pide para hacer la inscripción.
- C) cumple con todos los requisitos exigidos y solo le queda pedir cita para hacer la inscripción.

Tarea 3

INSTRUCCIONES

Usted va a escuchar una entrevista. Después debe contestar a las preguntas (15-20). 39

Seleccione la opción correcta (A, B o C).

Marque las opciones elegidas en la **Hoja de respuestas**.

PREGUNTAS

15. El tema principal de la entrevista es...
A) informar sobre lo que es una doula y la importancia de su presencia en el trance de traer al mundo un hijo.
B) mostrar un ejemplo de altruismo en la figura de Marisa Drexler.
C) dar a conocer la organización Doulas de la Patagonia y su función en esta región de la Argentina.

16. La entrevistada se hizo doula...
A) porque siempre había sentido vocación de ayudar a las mujeres.
B) al darse cuenta de lo necesario que es un apoyo emocional durante la maternidad.
C) tras ser madre.

17. Según la entrevistada, la labor de una doula...
A) no se restringe únicamente a la ayuda en el parto.
B) es un trabajo que solo pueden hacer las mujeres.
C) es hacer que la parturienta no experimente ningún tipo de dolor.

18. Para llegar a ser doula...
A) es imprescindible tener una formación académica.
B) solo hay que tener ganas y contactar con una asociación como la de Doulas de la Patagonia.
C) aparte de los conocimientos teóricos, que son importantes, se debe mostrar una gran empatía hacia la embarazada o parturienta.

19. En cuanto a los servicios que ofrece una doula, la entrevistada comenta...
A) que estos no forman parte todavía de ningún hospital público o privado.
B) que tienen un costo en el que se incluyen una serie de servicios antes, durante y después del parto.
C) que son gratuitos porque se trata de un trabajo voluntario.

20. ¿Por qué la entrevistada recomendaría a una futura madre la compañía de una doula?
A) Porque con una doula el dar a luz se convierte en algo más natural.
B) Entre otras cosas, porque con ella los partos duran menos.
C) Porque junto a ella no hay peligro de padecer depresión posparto.

Tarea 4

INSTRUCCIONES

Usted va a escuchar diez diálogos breves. Escuchará cada diálogo dos veces. Después debe contestar a las preguntas (21-30). Seleccione la opción correcta (A, B o C).

40

Marque las opciones elegidas en la **Hoja de respuestas**.

DIÁLOGO 1

21. Ante el problema que tiene la mujer, el hombre...
A) muestra su disposición a ayudarla.
B) la compadece y se pone en su lugar.
C) la entiende como amigo pero no ofrece su ayuda.

DIÁLOGO 2

22. A su interlocutor, la reacción del amigo de Rosa le parece...
A) desacertada.
B) una postura muy realista.
C) que da que pensar.

DIÁLOGO 3

23. La interlocutora piensa que Javier...
A) está como una cabra.
B) es un impresentable.
C) es un lince.

DIÁLOGO 4

24. La opinión del hombre sobre Clara...
A) le hace tener dudas a su interlocutor.
B) no le sorprende a la persona con la que habla.
C) es compartida por su interlocutor.

DIÁLOGO 5

25. A Arturo le parece...
A) increíble que lo haya engañado.
B) que su amigo ha sido un blando con él.
C) asombroso que no se haya dado cuenta.

DIÁLOGO 6

26. La madre creía que Pedro y Marisa...
A) tenían muy mala relación.
B) se entendían la mar de bien.
C) eran una pareja sin igual.

DIÁLOGO 7

27. Al interlocutor le parece...
A) rara su actitud.
B) normal que esté tan enfadada.
C) extraño que le saque de quicio el jefe de personal.

DIÁLOGO 8

28. El que responde dice que a Elena se le...
A) puso la carne de gallina.
B) fue la fuerza por la boca.
C) paralizaron los brazos.

DIÁLOGO 9

29. La discusión que tuvo Pablo con su jefe terminó...
A) de modo bastante tenso.
B) con sus más y sus menos.
C) amistosamente.

DIÁLOGO 10

30. El que responde opina que...
A) las apariencias no engañan.
B) el que la sigue la consigue.
C) no hay que decir "de esta agua no beberé".

Prueba 3. Expresión, mediación e interacción escritas

Esta prueba tiene **dos tareas**.

La duración es de 80 minutos.

Tarea 1

INSTRUCCIONES 41

Usted escribe en la revista de un conservatorio profesional de música dirigida a profesores y estudiantes de esta disciplina. Ha asistido a una ponencia del musicoterapeuta Raúl Arqueros sobre los beneficios de la música en el estado de ánimo.

Después de escucharla, va a escribir un artículo de opinión sobre el tema.

Escuchará la ponencia dos veces y podrá tomar notas.

En su artículo deberá:

- hacer una introducción sobre el tema;
- resumir los puntos principales de la ponencia;
- valorar lo expuesto por Raúl Arqueros y opinar sobre su propuesta de musicoterapia personalizada.

Número de palabras: entre 220 y 250 palabras.

Tarea 2

INSTRUCCIONES

Elija solo una de las dos opciones que se le ofrecen a continuación.

Número de palabras: entre 180 y 220 palabras.

OPCIÓN 1

Usted trabaja en una empresa de coches de alquiler que ha recibido una ayuda para la transición ecológica. Su jefe debe invertirla en movilidad sostenible y le pide un informe sobre las tendencias en ese sector. Para elaborarlo dispone de los siguientes datos extraídos de diversas encuestas

Frecuencia de uso de transporte sostenible en la ciudad

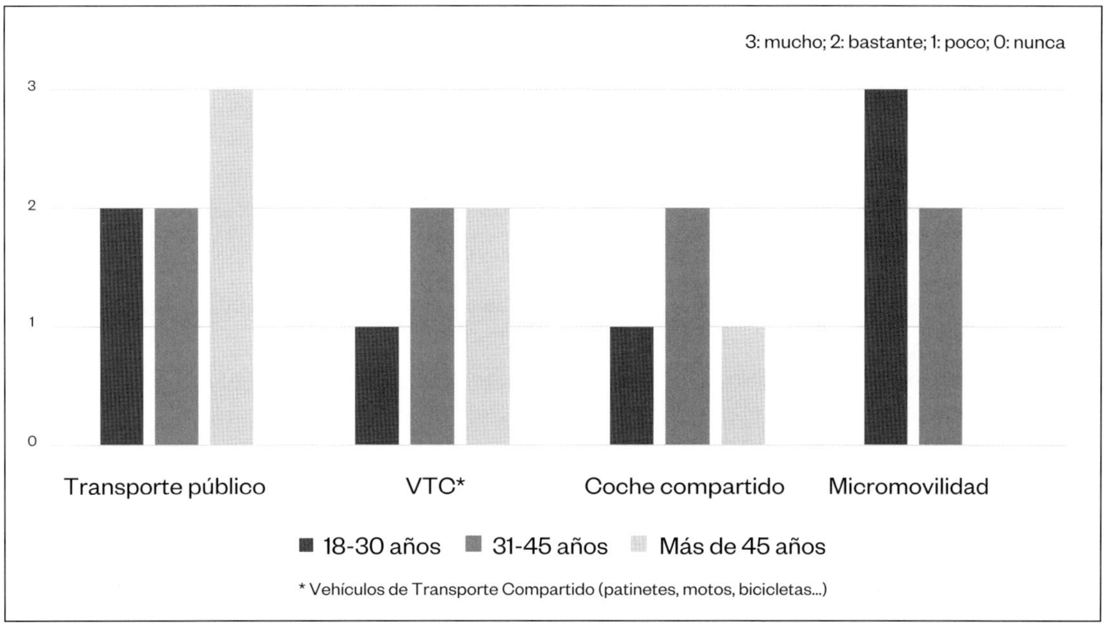

USO MICROMOVILIDAD Y COCHE COMPARTIDO (18-45 AÑOS)

Porcentaje de uso de cada transporte

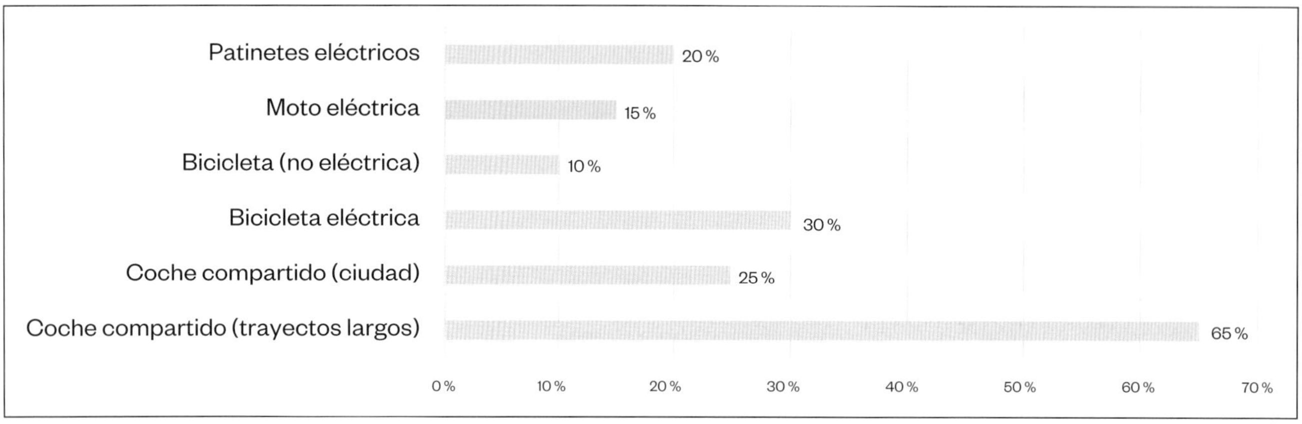

Razones de uso

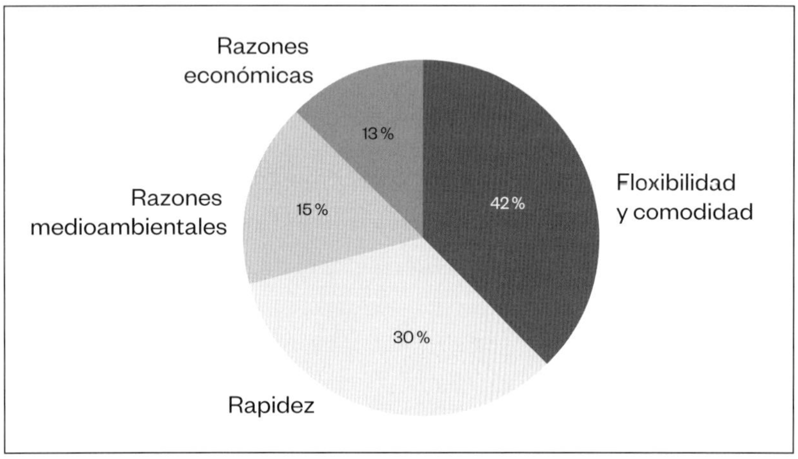

(Adaptado de: https://www.diariodesevilla.es/sociedad/espanoles-usa-micromovilidad-comodidad-rapidez_0_1799220867.html)

En su informe deberá:

- presentar el tema del transporte sostenible;
- destacar la información más relevante de los gráficos y valorarla;
- dar consejos y sugerencias sobre cómo invertir el dinero de la ayuda y explicar por qué.

OPCIÓN 2

Usted iba a asistir al estreno de una obra teatral que ha sido cancelada, como cuenta la siguiente noticia. También se había programado un coloquio posterior con su autor. Usted va a escribir una carta al editor del periódico local criticando la decisión del Ayuntamiento.

Se cancela el estreno de "Palabras prohibidas" en el Teatro Municipal

Su protagonista, Bermejo Sierra, ha sido acusado de varios delitos en las redes sociales. El actor niega las acusaciones y las autoridades aseguran que no han recibido ninguna denuncia. El Ayuntamiento ha decidido cancelar la obra indefinidamente por prudencia y seguridad. "Hay mucha polémica. Mejor prevenir que curar", admite el concejal de Cultura.

"Palabras prohibidas" es un drama autobiográfico escrito por Andrea Batuz, víctima de la censura durante la dictadura de su país en los años 90.

En la carta deberá:

- exponer el motivo de su carta;
- explicar las causas de su desacuerdo con la decisión del Ayuntamiento;
- opinar sobre las palabras del concejal y sobre la "cultura de la cancelación" en general;
- relacionar el tema de la obra con los hechos ocurridos.

Prueba 4. Expresión, mediación e interacción orales

INSTRUCCIONES

La prueba de Expresión, mediación e interacción orales tiene **tres tareas**:

- TAREA 1. Exposición sobre un tema (mediación). Usted tiene que hablar ante el/la entrevistador/a sobre un tema durante 3-5 minutos.
- TAREA 2. Entrevista sobre el tema de la Tarea 1 durante 4-6 minutos.
- TAREA 3. Negociación con el/la entrevistador/a para llegar a un acuerdo durante 4-6 minutos.

Tiene 20 minutos para preparar lasTareas 1 y 2. Puede tomar notas y escribir un esquema de sus respuestas.
Durante la prueba, puede consultar sus notas, pero no leerlas.

Tarea 1

INSTRUCCIONES

Usted debe hacer una presentación oral sobre el texto adjunto. Su exposición debe incluir los siguientes puntos:

- resumir los puntos principales del texto;
- valorar el texto (interés, novedad, claridad, intención de su autor/a, lógica de los argumentos, etc.);
- opinar sobre el tema.

Dispone de entre tres y cinco minutos para hablar. Puede consultar sus notas, pero la presentación no puede limitarse a una lectura de las mismas.

CÉLULAS MADRE: EL DEBATE CONTINÚA

CIENTÍFICOS AÚN PONDERAN SI ES MEJOR APROVECHAR LAS EMBRIONARIAS O LAS PROVENIENTES DE TEJIDOS ADULTOS.

MÉXICO, D. F.- Aunque la obtención de células madre a partir de tejidos adultos parecía un gran paso en el camino hacia las terapias regenerativas, libre de obstáculos y controversias éticas, recientes hallazgos han hecho pensar a muchos científicos que el aprovechamiento terapéutico de ese material genético aún es incierto y que, lejos de constituir una alternativa real, es aún una esperanza lejana.

Originalmente, los ensayos para desarrollar ese tipo de tratamientos —que buscan revertir trastornos incurables como cáncer, alzhéimer, lesiones de la médula espinal o diabetes— estaban basados en el uso de jóvenes células madre embrionarias, procedentes de óvulos fertilizados *in vitro*. Estas unidades biológicas, por encontrarse aún en estado de inmadurez, pueden generar todos los tipos de tejido existentes en el cuerpo, como células nerviosas, musculares o cardiacas, entre otras.

Pero hace unos años, los investigadores Kazutoshi Takahashi y Shinya Yamanaka, de la Universidad de Kioto en Japón, demostraron por primera vez con un ensayo en ratones que las células adultas ya completamente diferenciadas podrían ser reprogramadas para adquirir de manera artificial, con la introducción de genes externos, un estado primigenio muy parecido al de las embrionarias. Por ello, también podrían usarse para reparar lesiones, probar fármacos o regenerar tejidos. A estas unidades se las conoce como Induced Pluripotent Stem Cells (IPSC, Células Madre Pluripotenciales Inducidas).

Tras introducir virus que contenían los genes promotores de los cambios deseados, los científicos nipones obtuvieron células de piel, musculares y neuronales. Pero la hazaña no terminó ahí: poco después, junto con expertos de la Universidad de Wisconsin (EE. UU.) produjeron IPSC a partir de células de piel humana, con lo cual abrieron un campo de investigación al que se le veía gran potencial, pues ese material evita el rechazo del sistema inmunitario. Además, se pensó que esto enfriaría el debate ético sobre el uso de embriones humanos, pues con el nuevo método tal vez ya no sería necesario utilizarlos.

"Los virus son usados comúnmente para introducir los factores de reprogramación a las células adultas (para 'forzarlas' a expresar los genes y características que los asemejen a las embrionarias) y este proceso debe ser cuidadosamente controlado y probado antes de que pueda llevar a la aplicación de tratamientos útiles para los seres humanos", se advierte en un documento de los Institutos Nacionales de Salud (NIH) en Estados Unidos. Y es que, según ese informe público, "si bien esas células (IPSC) cumplen con el criterio de ser madre y pluripotenciales, no se sabe si difieren de las embrionarias en forma clínicamente significativa".

Pero la introducción de virus y oncogenes no es el único inconveniente ligado a las IPSC humanas: el proceso de reprogramación que emplean los científicos para obtenerlas a partir de células adultas simples como las de piel no es perfecto como antes se creía, sino "aberrante" pues aquellas preservan en su genoma una especie de "memoria" sobre su origen, según un estudio liderado por Joseph R. Ecker, del Instituto Salk de California y difundido en la revista *Nature*.

Algunos puntos importantes del genoma de esas IPSC mantienen la memoria incluso después de que los investigadores las transformen en otros tipos de material biológico apto para trasplantes, esto es, el proceso de reprogramación no borra por completo el programa genético natural que hizo adultas a dichas células.

"Esta ciencia es demasiado nueva todavía para conocer con seguridad qué tipos de células madre podrán encajar mejor en algunos tipos de investigación o tratamientos", argumentó Ecker. Sean Morrison, director del Centro de Biología con Células Madre en la Universidad de Michigan en Ann Arbor compartió esa postura y añadió "es científicamente insensato reducir esto a un debate entre (usar) células madre embrionarias o adultas (IPSC)".

Aunque en México no hay líneas de investigación similares, el médico Rafael Rico García Rojas, exdirector del Servicio de Genética del Hospital de Especialidades La Raza del IMSS, consideró que más allá del debate incitado por grupos religiosos y conservadores que son —dijo— los opositores

a este tipo de ensayos, las células madre provenientes de embriones, por ser totipotenciales (pueden dar paso a todo tipo de tejidos), son las más promisorias.

"Es claro que de ninguna manera estos nuevos descubrimientos eliminan o disminuyen la importancia de las investigaciones con células troncales humanas embrionarias, no solamente para generar posibles tratamientos contra diabetes, esclerosis, párkinson, quemaduras o infartos de miocardio, sino también para proporcionar información valiosísima sobre el desarrollo y diferenciación de los tejidos", ponderó Tapia Conyer. "Hemos avanzado mucho, pero aún no acabamos".

(Extraído de: http://www.vanguardia.com.mx/celulasmadreeldebatecontinua-706980.html)

Tarea 2

INSTRUCCIONES

El/La examinador/a le hará una entrevista sobre el tema del texto de la Tarea 1.

Le formulará algunas preguntas para concretar, ampliar o personalizar el tema.

Ampliación del tema

- Existe un fenómeno llamado "bebés a medida": cuando se decide tener un/a niño/a para obtener células madre que permitan curar a un/a hermano/a de una enfermedad. ¿Sabe de algún caso? ¿Qué piensa sobre ello?
- ¿Cree que la medicina debe prevalecer sobre la ética, las creencias y las ideologías? ¿Las demás ciencias también? ¿Por qué?

¿Qué haría usted?

- Si usted tuviera que poner límites a la ingeniería genética y la modificación de genes, ¿cuáles pondría? ¿Solo en personas o también en animales y plantas? ¿Por qué?

Personalización del tema

- ¿Le gusta estar al día en avances científicos? ¿Lee sobre ello o ve documentales? ¿Qué disciplina científica le atrae más? ¿Por qué?

Responda a las preguntas argumentando sus opiniones y añadiendo ejemplos o detalles a sus explicaciones. La entrevista durará entre cuatro y seis minutos.

Tarea 3

INSTRUCCIONES

Usted y el/la entrevistador/a colaboran en una asociación vecinal de un barrio con un elevado índice de población de origen inmigrante, procedente de diversas culturas. La asociación ha diseñado una campaña para promover la interculturalidad y la cohesión social entre la juventud. De entre estas cuatro propuestas, ustedes tienen que elegir cuál sería el lema y la imagen de la campaña.

Para decidir la opción más adecuada se deben tener en cuenta los siguientes aspectos:

- el 85 % de las personas adolescentes solo tiene amistades de su mismo origen y el porcentaje de parejas mixtas ha descendido del 25 % al 5 % en los últimos años;
- cada comunidad celebra sus festividades y actos socioculturales por separado;
- la imagen debe ser atractiva, inclusiva, respetuosa y eficaz, sobre todo para la juventud.

Ahora mire las cuatro opciones. Teniendo en cuenta los aspectos citados arriba, ¿cuál cree que sería la opción más adecuada? Trate de llegar a un acuerdo con el/la entrevistador/a.

Recuerde que se trata de una conversación abierta y que por tanto puede interrumpir a su interlocutor/a, discrepar, pedir y dar aclaraciones, argumentar sus opiniones, rebatir las ajenas, etc.

La duración de la conversación será de entre cuatro y seis minutos.

Propuesta 1: "Nuestro barrio CREE en su juventud"

Propuesta 2: "El amor no sabe de colores"

Propuesta 3: "Celebra la diversidad: Únete"

Propuesta 4: "Arraiguemos cooperando"

Prueba 1. Comprensión de lectura y uso de la lengua

Esta prueba tiene **cinco tareas**. Usted debe responder a 40 preguntas.

La duración es de 90 minutos.

Marque las opciones elegidas en la **Hoja de respuestas**.

Tarea 1

INSTRUCCIONES

Lea el texto y conteste a las preguntas (1-6). Seleccione la opción correcta (A, B o C).

Marque las opciones elegidas en la **Hoja de respuestas**.

LA IMPORTANCIA ECONÓMICA DE LA LENGUA ESPAÑOLA

"Estudiar español multiplica por siete las relaciones comerciales y por cuatro las inversiones", declaró el director de Instituto Cervantes, Luis García Montero, en el IX Congreso Internacional de la Lengua Española celebrado en Cádiz. Esta afirmación se ha convertido en todo un símbolo del fuerte vínculo existente entre lengua y economía. Desde una perspectiva económica, la lengua es un componente esencial del capital humano y social de una comunidad. De hecho, se calcula que un 15 % del producto interior bruto (PIB) de un Estado está asociado a la lengua. Por eso, desde una perspectiva económica, el peso y potencial de un idioma está íntimamente relacionado con los índices macroeconómicos de los países en los que es lengua oficial.

En el caso del español, no se puede dejar de lado el PIB nominal correspondiente a la comunidad hispana de los Estados Unidos, que es de 2,9 billones de dólares según las últimas cifras facilitadas por el Banco Mundial. Este dato es conservador si tenemos en cuenta que atribuye a la comunidad hispana de dicho país solo un 9 % del PIB, lo que le daría una capacidad de compra de 5 billones de dólares. Sin embargo, se estima que en las fechas en que el estudio se llevó a cabo la capacidad de compra hispana en EE. UU. era al menos del 9,5 %, puesto que la cifra oficial no tiene en cuenta otros factores, como los 10 millones de hispanos que en ese momento no estaban regularizados.

Dos tercios de ese PIB vinculado al español se generan entre dos grandes áreas. Por un lado, Norteamérica (México, Estados Unidos y Canadá) y por otro la Unión Europea. Estas dos regiones representan el 78 % del poder adquisitivo de los hablantes de español en el mundo, mientras que los casi 400 millones de hispanohablantes de Hispanoamérica apenas alcanzan el 22 % del total.

Los economistas han distinguido al menos tres funciones económicas de la lengua: la lengua como mercado; la lengua como soporte de la comunicación y de la creación; y la lengua como idioma para el comercio.

La lengua como mercado

La lengua como mercado se refiere a la enseñanza del idioma y a las actividades mercantiles asociadas a ella, como

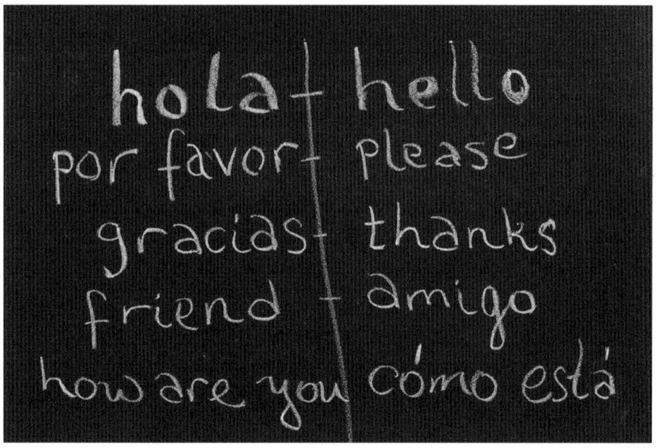

los servicios lingüísticos, la enseñanza del español para extranjeros, las ediciones para la enseñanza del español y las tecnologías de la lengua (desarrollo de herramientas y recursos informáticos relacionados con la lengua española). El sector turístico cifra en unos 100 millones de euros los ingresos del turismo idiomático en España durante el pasado año. Los 133 000 estudiantes que llegaron al país destinaron 88,7 millones a los cursos de español, de los que el 86 % fue a parar a centros privados de idiomas, y el porcentaje restante, a las universidades. El número de turistas idiomáticos que llegan a España ha crecido desde el final de la pandemia hasta un 125 %.

La lengua como soporte de la comunicación y la creación

La lengua como soporte de la comunicación y la creación es un elemento central del sector cultural, que ha cobrado una gran importancia en la economía internacional con el crecimiento de las industrias culturales: la literatura, el teatro, el cine, la música, los medios de comunicación, la producción científica e intelectual y la educación. La edición es un sector económico en el que la lengua constituye la materia prima. España produce tantos títulos editoriales al año como el conjunto de países hispanoamericanos y su sector editorial ocupa el cuarto puesto en el mundo. Es un sector que factura una parte sustancial de sus ventas anuales en los mercados exteriores, con Francia muy destacada como destino europeo y México entre los iberoamericanos.

La internacionalización de las editoriales por la vía de la inversión directa se ha revelado como una forma superior de proyectarse hacia el exterior, supliendo, en parte, los intercambios comerciales y las exportaciones editoriales. Las empresas editoriales españolas tienen 162 filiales en el mundo repartidas en 28 países, más del 80 % en Iberoamérica, lo que demuestra la importancia de la lengua común a la hora de invertir en terceros países.

La lengua como idioma para el comercio

La lengua y la cultura, en relación con el comercio, facilitan las inversiones internacionales. Este factor reduce los costes de transacción (formación, información y negociación) y acorta la distancia psicológica entre los agentes económicos.

(Extraído de: https://cvc.cervantes.es/lengua/anuario/anuario_22/informes_ic/p02.htm)

PREGUNTAS

1. Según este informe, una lengua...
A) depende de la situación económica de un país.
B) forma parte del PIB de un país.
C) genera ingresos en proporción a su expansión.

2. En EE. UU. los hispanos...
A) regularizados son los ciudadanos que generan más ingresos.
B) constituyen casi un tercio de toda la población del país.
C) que están sin censar no aparecen representados en estos datos.

3. En cuanto a los ingresos que genera la lengua española, la Unión Europea y Norteamérica...
A) superan a Hispanoamérica en más de un 50 %.
B) compiten por alcanzar dos tercios del total mundial.
C) obtienen en conjunto más de la mitad de ellos.

4. Respecto a la lengua, los economistas creen...
A) que gira en torno a la actividad comercial y del sector servicios.
B) que como mínimo abarca tres objetivos económicos importantes.
C) que el sector editorial ocupa el cuarto puesto dentro de este mercado.

5. Según este informe, las casas editoriales españolas...
A) delegan trabajo en sucursales creadas en diferentes países hispanos.
B) tienen filiales en Latinoamérica para una mejor expansión de la lengua.
C) lideran mundialmente el mercado del comercio de la enseñanza del español.

6. Otro de los puntos importantes de este informe es...
A) la repercusión económica en el sector cultural español gracias a la lengua.
B) la expansión de la lengua a través de los productos de su industria cultural.
C) la inversión en turismo como consecuencia de la promoción lingüístico-cultural.

Tarea 2

INSTRUCCIONES

Lea el siguiente texto, del que se han extraído seis fragmentos. A continuación lea los siete fragmentos propuestos (A-G) y decida en qué lugar del texto (7-12) hay que colocar cada uno de ellos.

Hay un **fragmento** que no tiene que elegir.

Marque las opciones elegidas en la **Hoja de respuestas**.

LA ADICCIÓN A LAS PANTALLAS EN NIÑOS Y ADOLESCENTES

Los expertos aseguran que las claves para la prevención son el ejemplo que den los padres y los límites de tiempo y espacio en su uso.

La creciente adicción a las pantallas entre jóvenes y adolescentes se ha convertido en un tema de gran preocupación para los expertos en salud mental y bienestar social. Este interés se intensificó tras observar un aumento considerable de casos durante la pandemia de covid-19. En este contexto, el Hospital Clínic Barcelona ha percibido un aumento significativo en el uso de dispositivos digitales entre los jóvenes, impulsado por las restricciones que los obligaron a permanecer en casa. Confinados en sus hogares, **7.** ______.

Para entender lo que implica una adicción a las pantallas, es importante reconocer, explica el doctor Daniel Alzarbe, que

8. ______. Este psiquiatra añade que, para diagnosticar esta adicción, los profesionales se guían por criterios específicos, que incluyen un deseo intenso y persistente de uso, un incremento en la tolerancia y **9.** ______.

"Es fundamental desarrollar hábitos saludables desde pequeños y adaptarnos a las nuevas realidades y necesidades que las tecnologías nos presentan", afirma.

Se recomienda establecer límites de tiempo y espacio, como no usar móviles durante las comidas o retirarlos por la noche para evitar interrupciones del sueño. Desinstalar aplicaciones que resulten particularmente adictivas y establecer programas de control de uso que ayuden a monitorizar el tiempo dedicado a cada actividad también son prácticas útiles. Además, es beneficioso **10.** ______, fomentando así un entorno de apoyo mutuo.

"Los niños aprenderán a usar las pantallas de la manera que vean en casa. Si los adultos son conscientes y moderados en su uso de dispositivos, los más pequeños seguirán su ejemplo", señala el doctor Alzarbe. Y añade que las gratificaciones derivadas de la interacción social, como los abrazos, las conversaciones cara a cara y las actividades físicas, son fundamentales para un desarrollo saludable. "Si observamos que alguien de nuestra familia o amigos se engancha, es importante ofrecer nuestro apoyo y consejo con empatía. En casos en que los hábitos de pantalla puedan estar causando problemas serios, se aconseja buscar la ayuda de un profesional de salud mental", explica el psiquiatra. Además, remarca la necesidad de **11.** ______.

Asimismo, recuerda que los padres juegan un papel crucial en la prevención de la adicción a las pantallas. Se aconseja seguir pautas específicas basadas en la edad para fomentar un uso responsable, dado que **12.** ______. Esta propensión aumenta porque sus cerebros están todavía en desarrollo y porque utilizan estas tecnologías en actividades cotidianas, como estudiar, trabajar y socializar.

Ante un posible escenario de adicción a las pantallas, es esencial adoptar una perspectiva equilibrada hacia la tecnología, entendiendo tanto sus beneficios como sus riesgos. La prevención y la educación temprana en el uso de las pantallas evitan la adicción y preparan a los niños y adolescentes para enfrentarse a un futuro en el que las pantallas seguirán siendo una parte integral de la vida cotidiana. Así, con el apoyo adecuado y la intervención oportuna, podemos aspirar a un futuro en el que la tecnología enriquezca la vida de los niños y jóvenes.

(Extraído de: https://www.lavanguardia.com/vida/salud/20240627/9758890/adiccion-pantallas-ninos-adolescentes.html)

FRAGMENTOS

A.	los menores y adolescentes son particularmente vulnerables a desarrollar adicciones a internet, redes sociales y videojuegos
B.	el trastorno por uso de videojuegos es el único que está clasificado como tal por las normativas internacionales
C.	implementar acuerdos de uso familiar que no solo se apliquen a los menores, sino a todos los miembros de la familia
D.	intervención temprana y acompañamiento profesional continuo para fomentar un enfoque integral en el manejo de estas situaciones
E.	los menores recurrieron a la tecnología no solo para continuar con sus estudios, sino también como medio principal de ocio y socialización
F.	la presencia de unos síntomas de abstinencia que acarrean problemas en el funcionamiento personal, social o escolar
G.	Alzarbe subraya la importancia de la prevención y la educación temprana para evitar estas adicciones

Tarea 3

INSTRUCCIONES

Lea el texto y conteste a las preguntas (13-18). Seleccione la opción correcta (A, B o C).

Marque las opciones elegidas en la **Hoja de respuestas**.

ASÍ FUNCIONAN LAS COOPERATIVAS DE VIVIENDA EN URUGUAY

Cuando Stefanie Márquez vio instalada la primera ventana de su futura casa en Montevideo rompió a llorar. "No pude contener las lágrimas al ver cómo tantas horas de esfuerzo invertidas en la cooperativa empezaban a convertirse en hogar", confiesa. En el modelo cooperativo uruguayo es lógico vivir cada pequeño avance como un triunfo, pues a diferencia de lo que sucede en otros países, todo depende del esfuerzo de los socios: desde la compra del terreno hasta decidir el tamaño de las ventanas.

Para esta joven de 30 años, madre de tres hijos, encontrar vivienda en el mercado inmobiliario era inviable debido a los altos precios, por lo que decidió construirse su propio apartamento a través de una cooperativa y ahora se siente orgullosa de haber elegido este modelo. "Hoy en día es muy complicado comprar una casa en Uruguay porque es imposible ahorrar. Yo lo intenté con mi pareja, pero al final nos anotamos en una cooperativa de viviendas. Nunca pensé que me gustaría tanto hacerme mi propia casa. Es un trabajo tan intenso como hermoso", nos cuenta.

Desde la Ley Nacional de Vivienda de 1968, este tipo de cooperativas de vivienda han ofrecido una solución accesible para muchas familias uruguayas con ingresos demasiado bajos para pedir hipoteca. En este país se distinguen las cooperativas de ayuda mutua, donde los socios trabajan unas 20 horas semanales en la construcción, y las de ahorro previo, en las que cada cooperativista aporta por anticipado el 15 % del costo inicial en efectivo.

Las actividades que realizan los socios incluyen pintar, instalar electricidad y limpiar terrenos, mientras que el trabajo pesado lo realizan empresas constructoras contratadas. El Ministerio de Vivienda, Ordenamiento Territorial y Medio Ambiente (MVOTMA) proporciona asesoría técnica y financiamiento a través del Fondo Nacional de Vivienda, cubriendo el 85 % del costo. Si una cooperativa no es seleccionada en los sorteos anuales para recibir estos préstamos, puede recibir financiamiento directo tras tres intentos fallidos. Los cooperativistas pagan cuotas mensuales durante 25 años y pueden beneficiarse de exenciones fiscales y subsidios si pierden su empleo.

A pesar de las ventajas, el camino para los cooperativistas es arduo y puede extenderse varios años desde la creación de la cooperativa hasta el inicio de la construcción. Además, se destacan desafíos como la falta de titularidad compartida, lo que afecta principalmente a las mujeres. Gustavo Bernini, presidente del Instituto Nacional del Cooperativismo, señala que muchas de ellas, aunque trabajan y contribuyen igual que los varones, no poseen la titularidad de las viviendas. Con todo, como las casas pertenecen a la comunidad, los socios cuentan con un contrato de "uso y goce" sin limitación de tiempo, por lo que lo pueden transferir a familiares o parejas.

Este concepto de propiedad colectiva es característico de este modelo cooperativo uruguayo, impidiendo así la especulación inmobiliaria. Leonard Mattioli, sociólogo, destaca que este sistema permite que el valor de las viviendas no se dispare, ofreciendo una solución accesible a los ciudadanos. Además, las decisiones se toman colectivamente, involucrando a los socios en aspectos como el tipo de árboles plantados y una relación más humana con el barrio.

En España, por el contrario, el modelo cooperativo difiere significativamente. La propiedad es del socio de la cooperativa y no existen ayudas estatales, lo que hace que la inversión inicial sea considerablemente mayor.

El modelo uruguayo ha inspirado iniciativas en Bolivia, Paraguay, Honduras y El Salvador, si bien salvando las distancias en cuanto a los resultados. No solo ha sido crucial para proporcionar viviendas dignas y asequibles a miles de familias uruguayas, sino que también ha fortalecido la cohesión social y comunitaria, permitiendo a los cooperativistas participar activamente en la construcción y gestión de sus hogares. Sin duda, esta participación mejora la calidad de vida de los habitantes y fomenta un sentido de pertenencia y responsabilidad compartida. Por ello, el modelo sigue evolucionando y expandiéndose, promoviendo la inclusión socioeconómica de la ciudadanía.

(Extraído de: https://www.eldiario.es/internacional/propiedad-colectiva-especulacion-cooperativas-uruguay_1_1596039.html)

PREGUNTAS

13. A Stefanie le...
A) entristecía no poder ser propietaria de un hogar.
B) emocionó el hecho de ver su casa terminada.
C) ha encantado su experiencia en la cooperativa.

14. En el sistema cooperativo de viviendas uruguayo existe la opción de...
A) poder construir cada rincón de tu propia casa por tu cuenta.
B) elegir participar en la edificación o adelantar una suma de dinero.
C) pagar parte del valor de la casa con un crédito hipotecario.

15. El Ministerio de Vivienda uruguayo...
A) solo permite solicitar subvención tres veces a una misma cooperativa.
B) presta servicios de consultoría gratis mediante el Fondo Nacional de Vivienda.
C) ofrece ayudas a los cooperativistas frente a un despido laboral.

16. Uno de los principales retos de este sistema...
A) es reducir el tiempo que se necesita para llegar a fundar una cooperativa.
B) se asocia con un problema de igualdad de género en los títulos de propiedad.
C) consiste en el traspaso del llamado contrato de "uso y goce" a los cónyuges.

17. Según Mattioli, este modelo cooperativo...
A) evita el incremento repentino de los precios inmobiliarios.
B) impide que existan otras alternativas para encontrar vivienda.
C) pone freno al impacto medioambiental y a la discriminación.

18. La implantación de este modelo uruguayo...
A) ha tenido consecuencias igual de positivas en otros cuatro Estados de Iberoamérica.
B) ha facilitado el acceso a la vivienda y reforzado la convivencia entre los ciudadanos.
C) ha resultado un rotundo fracaso en España debido a la falta de apoyo gubernamental.

Tarea 4

INSTRUCCIONES

A continuación tiene seis textos (A-F) y ocho enunciados (19-26). Léalos y marque con una cruz la letra del texto que corresponde a cada enunciado.

Recuerde que hay textos que deben ser elegidos más de una vez.

Marque las opciones elegidas en la **Hoja de respuestas**.

ÚLTIMAS INVESTIGACIONES CIENTÍFICAS EN ALGUNAS UNIVERSIDADES LATINOAMERICANAS

A. EXPERIMENTACIÓN DE LA UNAP CON HARINA DE LOMBRIZ

Este trabajo se realizó en el fundo UNAP de Zúngarococha, a 20 km de la ciudad de Iquitos, con el propósito de determinar la factibilidad de sustitución de harina de pescado por harina de *Eisenia foetida* (lombriz) en raciones de *Oryctolagus cuniculus* (conejos) en engorde.

Se evaluaron veinte animales destetados a los 37 días de edad en promedio, distribuidos en cinco tratamientos de acuerdo a los diferentes niveles de sustitución de harina de pescado por harina de lombriz, 25, 50, 75 y 100 %, siendo el testigo 100 % de harina de pescado. Se completó con forraje verde *Axonopus scoparius* (maicillo verde), 300 g/día/tratamiento.

B. CLASIFICACIÓN TAXONÓMICA DE LA NATURALEZA EN LAS ESCUELAS

Este proyecto está dirigido a alumnos y alumnas de NB3 y consiste en la elaboración de una guía de campo de plantas y animales del patio de la escuela o de un lugar aledaño a este. Los alumnos colectarán diversas especies de animales y vegetales, los cuales, en cuanto a sus características morfológicas, clasificarán taxonómicamente, elaborarán claves de clasificación e identificarán cada sector con el nombre de las especies vegetales y animales del lugar. La clasificación taxonómica es, sin duda, una herramienta fundamental a la hora de estudiar la naturaleza desde el punto de vista ecológico y de conservación, cada estudio debe tener bases científicas sólidas y es necesario que los alumnos adquieran la habilidad de conocer a fondo los organismos que los rodean, teniendo así una mayor comprensión de su entorno y, por ende, mayor respeto a la vida.

(Extraído de: https://idoc.pub/documents/proyecto-de-herbario-e-insectario-relj8yrz2741)

C. ESTUDIO DE URBANISMO EN LIMA

Dadas las diferentes interrogantes sobre la pertinencia de la producción de vivienda de interés social en altura, esta investigación plantea un estado del arte formulando una línea histórica que caracteriza la producción de vivienda multifamiliar económica realizada por el Estado y la inversión privada y sus propiedades cualitativas, comenzando desde los planteamientos de los CIAM y su aplicación en Latinoamérica hasta el caso concreto de la ciudad de Bogotá, desde la producción estatal hasta la consolidación del mercado inmobiliario en las primeras décadas del siglo XXI.

En este sentido, se identifican los impactos urbanos de la vivienda multifamiliar económica dentro del modelo de ciudad compacto impulsado en Bogotá y su relación con la política de aprovechamiento del suelo, donde la valorización del suelo urbano y las dinámicas del mercado inmobiliario determinadas por una localización aventajada definen la calidad y accesibilidad de la VIS multifamiliar.

(Extraído de: https://revistainvi.uchile.cl/index.php/INVI/article/view/62306)

D. DOS MODELOS DE VIVIENDA

La generación de soluciones de vivienda y hábitat para sectores de bajos ingresos aparece hoy como un desafío central para nuestra sociedad. Ello impone no solo una reflexión acerca de las posibles líneas de acción al respecto, sino una revisión crítica y puesta en común de las experiencias desarrolladas en nuestro medio, sus realizaciones y los alcances e impactos producidos por ellas.

Para ello, proponemos realizar un estudio comparativo entre dos experiencias de producción habitacional que en el mismo período se han puesto en práctica, dirigidas a familias de muy bajos ingresos pero impulsadas desde concepciones y paradigmas diferentes.

(Adaptado de: https://udelar.edu.uy/pmb/doc_num.php?explnum_id=1663/)

E. NOVEDADES EN LA CLONACIÓN DE CÉLULAS

El proceso de clonación a partir de células adultas ya diferenciadas ha sido el resultado de mínimo 40 años de investigación en diferentes áreas del conocimiento, como la genética y la biología reproductiva. El sincronizar tanto la célula donante como la receptora permitió el éxito final de un procedimiento que se creía imposible. Este avance científico abrirá nuevos horizontes especialmente en el campo de la biotecnología, pero es precisamente su aplicación lo que tiene hoy al mundo, tanto científico como político, en reflexión y legislando al respecto. Vale la pena aclarar que la clonación de animales superiores y de embriones humanos ya había sido posible, pero a través de una técnica diferente, donde se separaban las blastómeras de embriones en estado de más o menos 8 células (antes de que estas se diferencien), obteniendo embriones idénticos con la misma constitución genética.

(Adaptado de: https://repository.unab.edu.co/handle/20.500.12749/10688/)

F. BIOCIDAS CONTRA LA RESISTENCIA BACTERIANA

Durante mucho tiempo, los seres humanos han utilizado productos con propiedades biocidas para mantener a los microorganismos dañinos bajo control de forma eficaz. Hoy en día, las bacterias se están volviendo cada vez más resistentes a los antibióticos y existen pruebas científicas de que el uso y el abuso de biocidas como los desinfectantes, los antisépticos y los conservantes puede contribuir a la resistencia a los antibióticos. Hasta el momento, la falta de datos concretos, en especial sobre la cantidad de biocidas utilizados, hace que sea imposible determinar qué biocidas suponen un mayor riesgo de generar resistencia a los antibióticos.

(Adaptado de: https://ec.europa.eu/health/opinions/es/biocidas-resistencia-antibioticos/)

ENUNCIADOS

		A	B	C	D	E	F
19.	Ciertos experimentos son tan complicados que lleva mucho tiempo testar su éxito.						
20.	Entre los proyectos hay uno que se ha desarrollado en una periferia urbana.						
21.	Hay un proyecto que se encarga de rentabilizar el suelo habitable para personas desfavorecidas.						
22.	Algunos gérmenes suponen un riesgo para la vida de las personas.						
23.	Uno de los proyectos está dirigido al estudio de plantas y animales.						
24.	Los bacilos son el objeto de estudio de algunos de estos proyectos.						
25.	La implicación social en alguno de estos proyectos es tenida en cuenta para su desarrollo urbanístico.						
26.	Uno de los experimentos se realizó con animales para testar su alimentación.						

Tarea 5

INSTRUCCIONES

Lea el texto y rellene los huecos (27-40) con la opción correcta (A, B o C).

Marque las opciones elegidas en la **Hoja de respuestas**.

EL CONCEPCIÓN, UN GALEÓN ANSIADO POR LOS CAZATESOROS

En julio de 1641, las treinta naves de la Flota de Nueva España partieron de Veracruz de vuelta a la Península. A la cabeza iba, como capitana, el galeón San Pedro; a la **27.** ______, la embarcación del almirante Juan de Villavicencio, el Concepción, un impresionante galeón que **28.** ______ construido en La Habana en 1620. Llevaba una carga de incalculable valor: nada **29.** ______ que 25 toneladas de oro y plata en miles de monedas de Felipe IV, resultado de dos años de explotación minera en México y Potosí (Bolivia).

Tras hacer **30.** ______ en La Habana para reparar averías, la flota reanudó el viaje, pero en Florida le sorprendió un huracán que hundió la mayoría de los barcos. El fuerte oleaje arrastró el Concepción, que chocó violentamente con unos arrecifes. La tripulación intentó ponerse a **31.** ______, pero los corales partieron el casco. Solo una parte logró escapar de la muerte mientras el galeón se **32.** ______ sumergiendo en el Atlántico.

La valiosa carga del Concepción hizo que de inmediato **33.** ______ el proyecto de rescatar el tesoro hundido. El propio Villavicencio trató de organizar una expedición al efecto, pero **34.** ______ fue imposible debido a la burocracia, los temporales y los piratas franceses.

Unas décadas después del **35.** ______, en 1687, un capitán de barco llamado Phips se enteró por un superviviente de la posición del galeón en el mar y fletó dos barcos. Para engañar a las autoridades españolas permaneció en puerto **36.** ______ se dedicara al comercio, mientras el marino Rogers, amigo suyo, navegaba en busca del tesoro en el otro barco.

Como se temía que al cabo de cuarenta años la madera **37.** ______ desaparecido, Rogers centró su búsqueda en localizar los cañones. **38.** ______, se hallaban en un arrecife de coral que sobresalía con la marea baja, indicando el lugar del tesoro hundido. Con las riquezas que extrajo, Phips volvió a Inglaterra inmensamente rico, recibió el título de *sir* y terminó **39.** ______ en gobernador de Massachusetts.

Durante los tres siglos siguientes, nadie recordó el Concepción, hasta que en la década de 1960 renació el interés por él y, sobre todo, por la carga que Phips no había rescatado. Finalmente sería un cazatesoros norteamericano, Burt Webber, quien, por pura casualidad, encontrase la pista del galeón español. Recibió una sorprendente carta de un tal Mr. Earle, profesor aficionado a la historia naval, en la que le proponía escribir un libro sobre el tema. Al final dejaba caer esta frase: "**40.** ______, casi olvido decirle que tengo el cuaderno de bitácora del marino Rogers". Así, la suerte volvió a sonreír a los cazatesoros.

(Extraído de: https://historia.nationalgeographic.com.es/a/concepcion-galeon-presa-cazatesoros_20309)

OPCIONES

27. A) cresta
B) cola
C) punta

28. A) había sido
B) estuviera
C) se fue

29. A) mínimo
B) menor
C) menos

30. A) cese
B) detención
C) escala

31. A) rumbo
B) socorro
C) salvo

32. A) iba
B) quedó
C) fuera

33. A) surgiese
B) surgiría
C) surgió

34. A) le
B) lo
C) la

35. A) naufragio
B) arrastre
C) derrumbe

36. A) aun cuando
B) de manera que
C) como si

37. A) habrá
B) haya
C) habría

38. A) Ahora bien
B) Al fin y al cabo
C) Efectivamente

39. A) convertido
B) converso
C) convirtiéndose

40. A) En definitiva
B) Por cierto
C) No cabe duda

Prueba 2. Comprensión auditiva y uso de la lengua

Esta prueba tiene **cuatro tareas**. Usted debe responder a 30 preguntas.

La duración es de 50 minutos.

Marque las opciones elegidas en la **Hoja de respuestas**.

Tarea 1

INSTRUCCIONES

42

Usted va a escuchar una conferencia, de la que se tomaron algunas notas, sobre dónde se habla mejor la lengua española. Entre las doce opciones que aparecen debajo (A-L) usted deberá elegir las seis notas que corresponden a esta conferencia. Escuchará la audición dos veces.

Marque las opciones elegidas en la **Hoja de respuestas**.

Ahora dispone de un minuto para leer las opciones.

OPCIONES

A.	Debido al prestigio de los autores clásicos, el español de Castilla suele considerarse el más correcto.
B.	Las demás variantes del español se valoran por su expresividad y estética.
C.	La diversidad del español resulta una realidad indiscutible que paradójicamente genera discusiones abundantes.
D.	El conferenciante ve superfluo dar explicaciones sobre los criterios para elegir cuál es el mejor español.
E.	Desde su perspectiva, las variantes de una lengua solo deberían clasificarse según rasgos gramaticales.
F.	El conferenciante pregunta si ciertas variantes del español poseen un mayor potencial comunicativo que otras.
G.	Con el tiempo, buena parte de las variedades del español han ido perdiéndose.
H.	Las opiniones de los hispanohablantes sobre las variedades de su propio idioma reflejan clichés acerca de quienes las usan.
I.	El renombre que posee una variedad entre los hispanoparlantes depende del prestigio histórico de la comunidad que la habla.
J.	Según algunas investigaciones, la percepción que tiene un extranjero de determinadas variantes del español difiere mucho de la de los hispanohablantes.
K.	Curiosamente, en Panamá los acentos mejor considerados son el hondureño y el boliviano.
L.	La respuesta al interrogante planteado es más sencilla de lo que parecía a primera vista.

Tarea 2

INSTRUCCIONES

Usted va a escuchar cuatro conversaciones. Escuchará cada conversación dos veces. Después debe contestar a las preguntas (7-14). Seleccione la opción correcta (A, B o C).

43

Marque las opciones elegidas en la **Hoja de respuestas**.

CONVERSACIÓN UNO

7. La oferta de esta autoescuela...
A) no contempla la posibilidad de clases extra.
B) la han creado los jefes de la secretaria.
C) está regulada por la administración pública.

8. El hombre que pide información...
A) se indigna ante el precio de la matrícula de examen.
B) echa la culpa de lo cara que es la inscripción a la secretaria.
C) está decepcionado por el comportamiento de la secretaria.

CONVERSACIÓN DOS

9. ¿Qué expresa la abuela en esta conversación sobre las nuevas tecnologías?
A) Su incapacidad de mandar un correo electrónico a su hija.
B) La poca curiosidad por las redes sociales y la rapidez con la que todo funciona.
C) Su intento de adquirir dominio en los servicios que ofrece internet.

10. El nieto, al final de la conversación, se muestra...
A) enfermo porque tiene un problema en la sangre.
B) agotado por tanta explicación.
C) entusiasmado ante la nueva pregunta de su abuela.

CONVERSACIÓN TRES

11. El cliente busca una nueva casa...
A) que esté en el centro de la ciudad.
B) porque ha tenido una mala experiencia con su casa anterior.
C) para invertir el dinero que tiene en el banco.

12. La agente inmobiliaria...
A) se muestra disponible ante todas las preguntas del cliente.
B) controla también las cuestiones financieras de las viviendas que enseña.
C) concede dos días al cliente para que se lo piense.

CONVERSACIÓN CUATRO

13. La señora llegó a la comisaría...
A) aturdida.
B) muy preocupada.
C) furiosa.

14. El delincuente no podrá ser detenido...
A) hasta después del interrogatorio.
B) sin pruebas que lo inculpen.
C) si no ha habido testigos.

Tarea 3

INSTRUCCIONES

Usted va a escuchar una entrevista. Después debe contestar a las preguntas (15-20).

44

Seleccione la opción correcta (A, B o C).

Marque las opciones elegidas en la **Hoja de respuestas**.

15. Para el poeta Vicente José Castro una frase perfecta es aquella que...
A) perdura en el tiempo.
B) da más quebraderos de cabeza.
C) genera una cierta complacencia a su creador.

16. Tras la publicación de un libro...
A) le cuesta aceptar una crítica.
B) tiene la manía de seguir revisando el texto.
C) le confirma que la experiencia ayuda pero no siempre.

17. El exilio de muchos intelectuales españoles...
A) tuvo buenas repercusiones para los literatos hispanoamericanos.
B) ayudó al intercambio literario entre escritores de muchos países.
C) le fue muy ajeno al poeta porque aún no había nacido.

18. El poeta exalta la riqueza de la lengua española...
A) porque tiene muchas variantes y todas son aceptadas.
B) por su flexibilidad y su adaptación al contexto regional en el que se encuentre.
C) para resaltar la diferencia entre el castellano y el español.

19. Borges era un escritor que...
A) no visitó nunca otros países de Hispanoamérica.
B) aprendió palabras del español que solo se usan en el país de Vicente José Castro.
C) contradecía a todos en lo que a léxico se refiere.

20. Hay palabras que el periodista utiliza en el sur de España...
A) que se utilizaban en la literatura del Siglo de Oro.
B) que tienen diferentes significados en otras partes de España.
C) que al poeta le resultan muy familiares.

Tarea 4

INSTRUCCIONES

Usted va a escuchar diez diálogos breves. Escuchará cada diálogo dos veces. Después debe contestar a las preguntas (21-30). Seleccione la opción correcta (A, B o C).

45

Marque las opciones elegidas en la **Hoja de respuestas**.

DIÁLOGO 1

21. La madre le dice a su hijo que si las cosas no salen como él quería...
A) después le explicará las razones.
B) redactará una carta para la comunidad de vecinos.
C) tendrá que asumir las consecuencias.

DIÁLOGO 2

22. A María el nuevo plan de integración le parece...
A) bastante irreal.
B) que cumple con lo que promete.
C) que muestra las dos caras de la moneda.

DIÁLOGO 3

23. La emisión de ciertas imágenes en televisión...
A) llega a todas las personas, incluso las que la ven poco.
B) resulta innecesario.
C) no provoca extrañeza en mucha gente.

DIÁLOGO 4

24. Para conseguir una beca de transporte...
A) debe tenerse en cuenta la declaración de la renta familiar.
B) los requisitos están todavía en el aire.
C) el solicitante tiene que ser de fuera de Valencia.

DIÁLOGO 5

25. A Juan, el carril bici...
A) le parece de gran utilidad.
B) lo ayuda en su vida social.
C) no le cambia la vida.

DIÁLOGO 6

26. La amiga responde que...
A) lo hará bajo cualquier circunstancia.
B) hay que tener cuidado con la velocidad.
C) lo acompañará si conduce despacio.

DIÁLOGO 7

27. Mireia está enfadada...
A) porque el consejo de su amigo es que siga su camino.
B) porque la ha dejado su novio.
C) porque su amigo defiende a su novio.

DIÁLOGO 8

28. La respuesta de Sara ante la petición de su amigo es que...
A) el jersey es muy caro.
B) se lo puede comprar tranquilamente.
C) a primera vista está bien.

DIÁLOGO 9

29. La respuesta que le da a Ana su amigo resalta...
A) que es algo conocido por el resto menos por ella.
B) que a Ana le falta madurez.
C) su postura de acuerdo con él.

DIÁLOGO 10

30. Para Juan la noticia...
A) no es sorprendente.
B) es decepcionante, aunque se muestra indiferente.
C) está totalmente fuera de sus expectativas.

Prueba 3. Expresión, mediación e interacción escritas

Esta prueba tiene **dos tareas**.

La duración es de 80 minutos.

Tarea 1

INSTRUCCIONES 46

Usted estudia en un centro de formación profesional donde Carola Pascual, experta en inteligencia artificial, ha dado una charla sobre los efectos que tendrá la IA en el mercado laboral. Después de escucharla, va a escribir una reseña de la charla para el blog del centro de estudios.

Escuchará la charla dos veces y podrá tomar notas.

En su reseña deberá:

- hacer una introducción sobre el tema;
- resumir los puntos principales de la charla;
- opinar sobre lo expuesto por la experta y valorar el impacto de la IA en la formación y la sociedad.

Número de palabras: entre 220 y 250 palabras.

Tarea 2

INSTRUCCIONES

Elija solo una de las dos opciones que se le ofrecen a continuación.

Número de palabras: entre 220 y 250 palabras.

OPCIÓN 1

Usted colabora en una revista de salud y bienestar. Va a escribir un artículo sobre la automedicación (tomar medicamentos sin prescripción médica). Para ello dispone de estos datos extraídos de un estudio del Ministerio de Salud.

Porcentaje de personas que se automedican

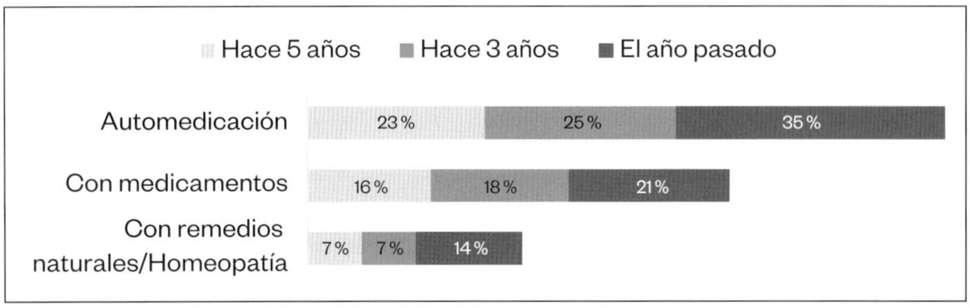

Automedicación: productos más consumidos

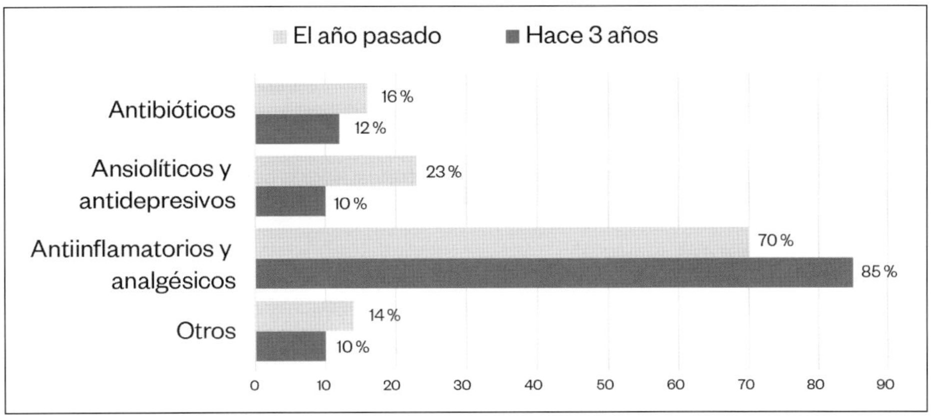

Personas automedicadas: Seguidores de *influencers* de salud (TV e internet)

Hace 3 años: 38 %

El año pasado: 56 %

Productos consumidos por recomendación de *influencers*

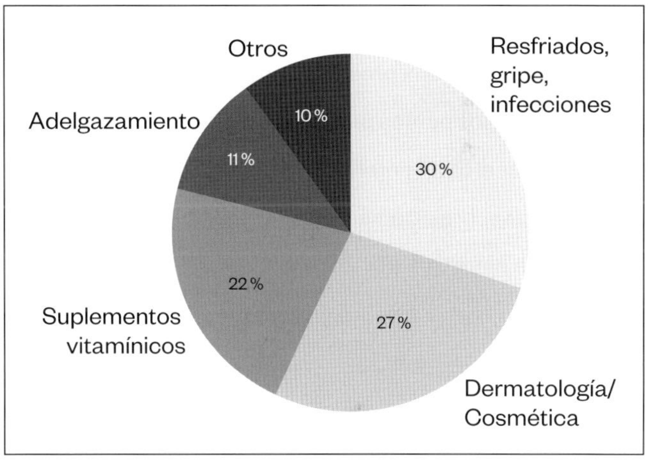

(Adaptado de: https://www.aegon.es/te-cuida/estudio-salud-estilo-vida. España)

En su artículo deberá:

- presentar el tema;
- valorar los datos de los gráficos que considere más significativos;
- explicar cuáles son, en su opinión, las causas de la automedicación;
- alertar de los riesgos de la automedicación y proponer algunas medidas para reducirla.

OPCIÓN 2

Usted ha abierto un pequeño hotel rural hace unos meses. Ha visto esta convocatoria de ayudas y quiere solicitar una. Para ello, ha de escribir una carta de presentación y motivación adjunta a la solicitud.

www.

CÁMARA DE COMERCIO

Convocatoria de ayudas a pequeñas empresas del sector turístico

Objetivo: Fomentar la sostenibilidad ecológica en la industria hotelera (agua, energía, alimentación, reducción de la huella ecológica, etc.).

Cuantía máxima: 20 000 euros. Se valorarán la utilidad e innovación de los proyectos.

El plazo de entrega de solicitudes finaliza el día 30 del próximo mes.

En la carta deberá:

- contar su formación y experiencia en el sector turístico y/o medioambiental;
- describir su actividad empresarial actual;
- justificar la necesidad de la ayuda y la cuantía solicitada;
- explicar un plan de medidas de sostenibilidad ambiental para su hotel y sus posibles beneficios en la zona.

Prueba 4. Expresión, mediación e interacción orales

INSTRUCCIONES

La prueba de Expresión, mediación e interacción orales tiene **tres tareas**:

- TAREA 1. Exposición sobre un tema (mediación). Usted tiene que hablar ante el/la entrevistador/a sobre un tema durante 3-5 minutos.
- TAREA 2. Entrevista sobre el tema de la Tarea 1 durante 4-6 minutos.
- TAREA 3. Negociación con el/la entrevistador/a para llegar a un acuerdo durante 4-6 minutos.

Tiene 20 minutos para preparar las Tareas 1 y 2. Puede tomar notas y escribir un esquema de sus respuestas.
Durante la prueba, puede consultar sus notas, pero no leerlas.

Tarea 1

INSTRUCCIONES

Usted debe hacer una presentación oral sobre el texto adjunto. Su exposición debe incluir los siguientes puntos:

- resumir los puntos principales del texto;
- valorar el texto (interés, novedad, claridad, intención de su autor/a, lógica de los argumentos, etc.);
- opinar sobre el tema.

Dispone de entre tres y cinco minutos para hablar. Puede consultar sus notas, pero la presentación no puede limitarse a una lectura de las mismas.

LAS 7 ETAPAS DE LA BURBUJA

TODA BURBUJA TIENE SU CICLO DE VIDA. EL RECONOCIDO ECONOMISTA HYMAN MINSKY (1919-1996) LAS TIPIFICÓ MUY BIEN. FIJAOS BIEN EN CÓMO PREDIJO, PUNTO POR PUNTO, LA SITUACIÓN EN LA QUE ESTAMOS:

Fase 1 - Planteamiento: Toda crisis financiera comienza con una perturbación. Puede ser el invento de una nueva tecnología, como internet. Puede ser un cambio en la política económica. Por ejemplo, los tipos de interés podrían reducirse inesperadamente. Sea lo que sea, las cosas cambian para un sector de la economía.

Fase 2 - Los precios comienzan a subir: Enseguida, los precios en el sector empiezan a subir. Inicialmente, ese incremento casi no es percibido. Muchas veces, estos precios más altos reflejan una mejora en los indicadores económicos. Según los precios van aumentando más, la gente empieza a notarlo.

Fase 3 - Crédito fácil: El aumento de precios no es suficiente para una burbuja. Toda crisis financiera necesita combustible para el cohete, y solo hay una cosa que este cohete quema: crédito barato. Sin él, no puede haber especulación. Cuando una burbuja empieza, el mercado es invadido por agentes externos. Sin crédito barato, los agentes externos no pueden entrar.

El crédito barato es el billete de entrada para los agentes externos. Por ejemplo, los precios de la gasolina han aumentado fuertemente en los últimos años. Sin embargo, los bancos no están concediendo préstamos para que la gente almacene gasolina en sus garajes esperando que el

precio se doble en tres meses. Pero los bancos sí que están dando préstamos a gente de poca solvencia para comprar casas con la idea de que se pueden vender enseguida.

El crédito fácil y la innovación financiera son un cóctel peligroso.

Fase 4 - Recalentamiento del mercado: Según el efecto del crédito fácil se va notando, el mercado comienza a recalentarse. El recalentamiento estimula los volúmenes y aparecen las escaseces. Los precios comienzan a acelerarse y se recogen beneficios fáciles. Más agentes externos son atraídos y los precios se desbocan. Las subidas de precios atraen a los bobos, los codiciosos y los desesperados por meterse en el mercado.

Fase 5 - Euforia: La burbuja entra ahora en su fase más trágica. Saldrán algunas voces prudentes y dirán que la burbuja no puede seguir más. Pondrán argumentos convincentes basados en indicadores económicos a largo plazo y simple lógica económica. Sin embargo, estos argumentos se evaporan en el calor del hecho inapelable: los precios aún están subiendo. Los prudentes son acallados por charlatanes, que justifican la locura de precios con el argumento eufórico de que ahora el mundo es diferente y que este mundo significa precios más altos.

En este punto, los charlatanes adornan su optimismo con la más cruel de las mentiras: cuando los precios toquen máximos, habrá un "suave aterrizaje". La idea de una apacible desaceleración de los precios calma los nervios. Todo es seguro, porque piensan marcharse justo antes de que la burbuja explote. Los fuertes se quedan fuera y asumen la oportunidad perdida. Los débiles compran y se tiran a los pies de los caballos.

Fase 6 - Los expertos recogen beneficios: Todo el mundo quiere creer en un futuro mejor, y la burbuja se aprovecha de eso. Una burbuja necesita que todos crean en un futuro mejor, y mientras esta euforia continúa, la burbuja se mantiene. Sin embargo, al tiempo que la locura se apodera de los recién llegados, los expertos recuerdan el viejo mundo. Los expertos comienzan a vender. Típicamente, los expertos intentan escurrirse sin ser percibidos. Otras veces, los recién llegados al mercado los ven mientras intentan largarse. En cualquier caso, sean detectados o no, el hecho de que esos expertos vendan es ya el principio del fin.

Fase 7 - El estallido: A veces, la marcha de los expertos infecta a los recién llegados. Otras veces, es el fin del crédito fácil o alguna serie de noticias inesperadas. Pero sea lo que sea, la euforia es reemplazada por el miedo. Los recién llegados comienzan a vender, pero no hay compradores. Llega el pánico. Los precios se desploman, el crédito se corta y las pérdidas comienzan a acumularse.

(Extraído de: https://www.elblogsalmon.com/economia/las-siete-etapas-de-la-burbuja-inmobiliaria)

Tarea 2

INSTRUCCIONES

El/La examinador/a le hará una entrevista sobre el tema del texto de la Tarea 1.

Le formulará algunas preguntas para concretar, ampliar o personalizar el tema.

Ampliación del tema

- El/La autor/a dice que toda crisis financiera comienza por una perturbación. ¿Qué cree que nos podría llevar a otra fuerte crisis en el mundo actual? ¿O es que ya estamos en ella?
- ¿Cuál es su opinión sobre la situación actual de los precios aquí o en su país? ¿En qué productos o sectores está influyendo más? ¿Qué consecuencias podría acarrear?

¿Qué haría usted?

- La "burbuja inmobiliaria" también se menciona en el texto: ¿Qué medidas propondría para reducir la especulación inmobiliaria y facilitar el acceso a una vivienda digna?

Personalización del tema

- ¿Se considera una persona ahorradora o más bien derrochadora? ¿Ha influido alguna vez la situación económica mundial o nacional directamente en su vida personal? ¿Cómo?

Responda a las preguntas argumentando sus opiniones y añadiendo ejemplos o detalles a sus explicaciones. La entrevista durará entre cuatro y seis minutos.

Tarea 3

INSTRUCCIONES

Usted y el/la entrevistador/a acaban de poner en marcha una productora. El Ministerio de Cultura ha convocado la solicitud de ayudas para la creación de obras audiovisuales y les interesa mucho pedir una. En su productora han recibido cuatro proyectos de directores/as jóvenes y tienen que elegir uno para solicitar la ayuda.

Para seleccionar el proyecto más adecuado deben tener en cuenta los siguientes aspectos:

- el interés sociocultural del proyecto para el ministerio;
- el riesgo de un presupuesto alto cuando la empresa está empezando;
- su trayectoria profesional hasta ahora, centrada en reportajes de TV de corte social;
- el interés para el público: el *true crime* (crímenes reales) triunfa en la TV y la animación para personas adultas en los festivales de cine.

Ahora mire las cuatro opciones. Teniendo en cuenta los aspectos citados arriba, ¿cuál cree que sería el proyecto más adecuado? Trate de llegar a un acuerdo con el/la entrevistador/a.

Recuerde que se trata de una conversación abierta y que por tanto puede interrumpir a su interlocutor/a, discrepar, pedir y dar aclaraciones, argumentar sus opiniones, rebatir las ajenas, etc.

La duración de la conversación será de entre cuatro y seis minutos.

Propuesta 1: *El largo viaje del loro pirata*. Animación. Aventuras para todos los públicos.

Propuesta 2: *Elenco asesino*. Miniserie. Blanco y negro. Crimen real en el Hollywood del cine mudo.

Propuesta 3: *Las Martas*. Documental. 700 españolas emigradas a Australia engañadas por el franquismo.

Propuesta 4: *Supervallecanas*. TV. 20 min./episodio. Comedia social. Superheroínas en un vecindario popular.

Prueba 1. Comprensión de lectura y uso de la lengua

Esta prueba tiene **cinco tareas**. Usted debe responder a 40 preguntas.

La duración es de 90 minutos.

Marque las opciones elegidas en la **Hoja de respuestas**.

Tarea 1

INSTRUCCIONES

Lea este contrato laboral y conteste a las preguntas (1-6). Seleccione la opción correcta (A, B o C).

Marque las opciones elegidas en la **Hoja de respuestas**.

En Madrid, a 17 de noviembre de 2024

REUNIDOS

De una parte, D. Juan Soto Gil, en su calidad de gerente de la empresa Motoexport Industrial, con domicilio social en Madrid, calle de Néstor Uría, n.º 28, y de otra parte, D. Evaristo Yuste Martos, de 42 años de edad, de estado civil casado, con domicilio en Fuenlabrada, plaza de la Constitución , n.º 6 y DNI n.º 40530004F.

Reconociéndose con capacidad para este contrato, libre y espontáneamente, y con voluntad de obligarse

EXPONEN

1.º.- Que la empresa se dedica a la actividad de exportación de maquinaria industrial para el sector textil, estando dada de alta en la Seguridad Social con el n.º patronal 17014598534745101110.

2.º.- Que la empresa ha decidido crear un puesto de alta dirección, que asumirá las funciones de director comercial para Europa y el norte de África.

3.º.- Que D. Evaristo Yuste Martos está interesado en el referido puesto, y es por ello por lo que, habiendo llegado las partes a un acuerdo, otorgan el presente contrato que formalizan bajo las siguientes

CLÁUSULAS

Primera.- El trabajador D. Evaristo Yuste Martos prestará sus servicios en la empresa Motoexport Industrial, ocupando el cargo de director comercial para Europa y el norte de África y realizando concretamente los trabajos de supervisión del funcionamiento de la red comercial de dicha área. Será responsable de la gestión de la cartera de clientes así como de la red de agentes comerciales compuesta por 18 trabajadores; comprometiéndose a dichas tareas con la debida diligencia dada la responsabilidad de las funciones encomendadas.

Segunda.- El trabajador pacta con la empresa la exclusividad de sus servicios así como la más alta confidencialidad en cuanto a cualquier tipo de información referente a la actividad comercial de Motoexport Industrial.

Tercera.- Se pacta expresamente un período de prueba de dos meses prorrogable por parte de la empresa, en caso de considerarlo necesario, hasta un máximo de cuatro meses.

Cuarta.- La duración del contrato será de tres años, y se iniciará el día 21 de noviembre de 2024 y se dará por finalizado el 20 de noviembre de 2027.

Quinta.- La jornada de trabajo será de ocho horas diarias de lunes a viernes; dicha jornada se realizará en las oficinas de la empresa en Madrid de ocho de la mañana a cinco de la tarde, el trabajador tendrá una hora libre para almorzar. Una semana al mes deberá desplazarse a una de las diez delegaciones internacionales a fin de supervisar su buen funcionamiento. A final de año el director comercial deberá haber verificado el buen funcionamiento de toda la red. En caso de estimarse oportuno la empresa se reserva el derecho a ampliar la duración y/o frecuencia de los desplazamientos. Todos los gastos ocasionados (viajes, dietas, hoteles...) correrán a cargo de la empresa.

Sexta.- La cuantía de la retribución por todos los conceptos será de 63 480 € anuales brutos en catorce pagas más variables en función de los resultados obtenidos por las delegaciones bajo su responsabilidad. Dichos ingresos variables supondrán el 3 % del beneficio del área. Además, dispondrá de seguro médico para él y sus personas allegadas y coche de empresa.

Séptima.- El período de vacaciones será de 30 días naturales de duración a los que se sumarán dos días de libranza por cada cinco días de viaje de trabajo.

Octava.- En todo lo no previsto en el presente contrato se estará a lo dispuesto en la legislación vigente que resulte de aplicación, y concretamente por el Real Decreto 1382/1985, Estatuto de los Trabajadores, en su caso, y subsidiariamente, por lo dispuesto en la legislación civil y mercantil.

Y para que conste, firman las partes interesadas en el lugar y la fecha arriba indicados.

El trabajador,	Sello de la empresa,	La empresa,
D. Evaristo Yuste Martos	D. Juan Soto Gil	Motoexport Industrial

PREGUNTAS

1. El empleado...
   A) sustituirá a otro trabajador que se jubila.
   B) cambiará de departamento para asumir nuevas funciones.
   C) ocupará un puesto de trabajo de nueva creación.

2. Se trata de un contrato...
   A) indefinido.
   B) de duración determinada.
   C) de aprendizaje.

3. Las funciones del director comercial serán las de...
   A) crear una red comercial en Europa y el norte de África.
   B) liderar un equipo de agentes comerciales.
   C) visitar a clientes por Europa.

4. El trabajador está obligado a...
   A) hacer diez viajes al año.
   B) trabajar más de cuarenta horas semanales.
   C) no dar a conocer ninguna información referente a la actividad de la empresa.

5. El periodo de vacaciones...
   A) será de un mes por año.
   B) dependerá de los días que haya viajado.
   C) será de 30 días laborables.

6. El salario del trabajador...
   A) será de 63 480 €, impuestos excluidos.
   B) será siempre el mismo.
   C) dependerá de los resultados económicos.

Tarea 2

INSTRUCCIONES

Lea el siguiente texto, del que se han extraído seis fragmentos. A continuación lea los siete fragmentos propuestos (A-G) y decida en qué lugar del texto (7-12) hay que colocar cada uno de ellos.

Hay un **fragmento** que no tiene que elegir.

Marque las opciones elegidas en la **Hoja de respuestas**.

CUANDO EL ESTRÉS ATACA AL EJECUTIVO

Germán Santos-Vinaz, consejero delegado de Floyds, se ha visto obligado a abandonar temporalmente su cargo por prescripción médica debido al estrés. Es un mal que padecen muchos ejecutivos y profesionales actualmente, agravado por la situación financiera internacional y la presión por los resultados económicos a corto plazo. **7.** ______.

A pesar de que en España no existen datos registrados sobre el porcentaje de directivos que abandonan sus puestos debido al estrés, sirva como ejemplo el dato que ofrece un estudio de la consultora Bray & Dillinger, que señala que más de un millar de consejeros delegados abandonaron su trabajo en EE. UU. durante el pasado año. Los expertos de la revista *Cinco Días* coinciden en que mantener cierto estrés en el trabajo es positivo, pero cuando es excesivo se rinde menos de lo que se rendiría si no se pusiera un objetivo. Bajo presión hacemos las cosas peor.

El parámetro de la realidad actual es la velocidad, lo que conduce a nuevos modelos de planificación estratégica, señala Rosa María Mansala, experta en gestión del cambio y profesora del IFE (Instituto de Formación Económica), además de autora del libro *Asunto: Anticipación*. **8.** ______.

Eduardo Sandiego, experto en comportamiento organizacional del IFE, relata la conversación que tuvo recientemente con un médico de familia, quien le aseguró que el 65 % de las consultas que se realizan ahora se deben al estrés. **9.** ______.

Pero el estrés no aparece de la noche a la mañana. Lo explica el psicólogo Gaspar Cisales, catedrático de la Universidad

de Madrid y presidente de la Asociación Española para la Prevención de la Ansiedad: "El estrés aumenta inicialmente el rendimiento, pero a la larga te hace caer, y ese agotamiento de recursos es el que hace a la persona ser más vulnerable a enfermedades", señala. **10.** ______.

La profesora Mansala apunta que "la inteligencia emocional puede ayudarnos; la autorregulación del estrés significa regular las emociones en un entorno de velocidad terrible, incierto y sistémico". Cuando trabaja con directivos les aconseja, en primer lugar, "conocer sus recursos, capacidades y competencias que faciliten la gestión de su realidad". **11.** ______.

Asimismo, la experta afirma que es difícil ofrecer una recomendación más allá de que cualquier sistema de fijación de objetivos ha de utilizarse con sensatez. "Es importante en la dirección de empresas no pedir lo que no se es capaz de conseguir, buscar objetivos que no sean fáciles de cumplir, pero no imposibles".

No hay que olvidar el ejercicio físico, practicar deporte, intentar relajar la mente, llevarla a entornos diferentes al habitual, no llevar papeles a casa. **12.** ______.

(Adaptado de: https://cincodias.elpais.com/cincodias)

FRAGMENTOS

A.	Según la docente, el profesional ha de crear espacios de confianza, con el fin de simplificar los procesos, ya que el "excesivo control nos lleva a la preocupación"
B.	"Yo he trabajado con empresas japonesas del sector naval y las planificaciones se hacían a 25 años vista. Ahora se hacen a tres años y con flexibilidad anual", señala. El corto plazo hace sufrir
C.	"Se piensa que se es mucho más productivo cuando uno renuncia a su ocio y atiende asuntos de trabajo en su tiempo libre, y es todo lo contrario", afirma Rosa María Mansala, que tiene claro que trabajar 14 horas no genera estrés, lo que lo produce es el desequilibrio
D.	Como él hay más ejemplos de ejecutivos que han tenido que parar para tomar aire. El año pasado, el consejero delegado de la farmacéutica Zipher, Harry Hendler, abandonó su cargo agobiado por la presión, aunque la versión más diplomática relataba que era un intento de recuperar el tiempo perdido con su familia
E.	Los síntomas empiezan con señales como malas digestiones, pérdida de sueño, arritmias, nervios, apatía, hartazgo por la rutina, sensación de que se ha perdido el control o crisis de ansiedad
F.	"Hoy nadie escapa a ello, afecta a todos, y tiene que ver con el balance entre las capacidades que se tienen y la demanda del entorno. Cuando se atienden todas las demandas no se llega a todo"
G.	A pesar de lo que dicen los expertos un poco de estrés siempre favorece la atención y hace que la apatía y la desgana no aparezcan. El problema está en saber qué cantidad de estrés somos capaces de soportar

Tarea 3

INSTRUCCIONES

Lea el texto y conteste a las preguntas (13-18). Seleccione la opción correcta (A, B o C).

Marque las opciones elegidas en la **Hoja de respuestas**.

RICOS MÁS RICOS, POBRES MÁS POBRES

La brecha salarial en los países de la OCDE se ha disparado al nivel más alto en décadas

Un coche pequeño, utilitario, pero un nuevo y flamante coche. Ese es probablemente el primer símbolo de la democratización del consumo, del nacimiento de las clases medias en las economías desarrolladas, el momento en que los trabajadores tuvieron el acceso a la compra de un automóvil. A Henry Ford se le ha atribuido muchas veces el papel de promotor de la clase media americana, hace un siglo, porque creó un modelo, el Ford T, que estaba al alcance de la mayor parte de los estadounidenses y la producción en cadena que inventó dio lugar a un nuevo tipo de obrero especializado, con mejor salario que el proletario, un miembro de esa nueva clase media.

En España, el Ford T de los trabajadores fue el Seat 600, el coche que popularizó el automóvil entre esos españoles que empezaron a descubrir el turismo en la Península en los años sesenta y que, unos años después, ya tenían en sus casas dos televisores.

Las clases medias mantienen el poder de compra, pero la brecha entre los más ricos y los más pobres se ha disparado al nivel más alto de los últimos 30 años en los países miembros de la Organización para la Cooperación y el Desarrollo Económico (OCDE), incluso en los tradicionalmente más igualitarios, como Alemania.

No son las crisis las que han obrado el milagro (solo lo han agravado), sino una etapa de crecimiento sostenido en la que desde finales del siglo pasado han ido perdiendo fuerza las políticas de redistribución de la riqueza; a saber, los impuestos, los servicios públicos y las prestaciones sociales.

La globalización es uno de los motivos por los que la desigualdad tiende a crecer, porque la mano de obra empieza a competir de forma global y entre los rivales figuran potencias emergentes con mano de obra más barata. El progreso tecnológico también provoca disparidad salarial, porque premia mucho más al profesional formado y perjudica al menos cualificado (...).

Desigualdad no es lo mismo que pobreza. Esta última se puede reducir al tiempo que crece la brecha entre ricos y pobres. Así que hay también quienes ponen el acento en la reducción de la miseria, pero no de la diferencia entre ricos y pobres. Nicholas G. Mankiw, de la Universidad de Harvard, responde que el aspecto importante de la desigualdad es la miseria y la política pública debe centrarse en reducir ese problema, "y no la desigualdad en sí misma". A su juicio, "el crecimiento económico puede incrementar los ingresos y el bienestar de las clases medias mucho más que la redistribución". Puede hacerlo, pero no siempre ocurre. La bonanza reciente lo muestra.

Imaginen, propone Mankiw, que un pájaro mágico entrega a cada persona 1000 dólares. Ello no reduciría ninguna desigualdad, pero no deja de ser una mejora para todos que no recae a expensas de nadie. Mankiw, al igual que su antecesor, Martin Feldstein, habla de "igualitarismo rencoroso", el sentimiento de rechazo de aquellos que, aunque vean mejorar sus ingresos, protestan porque los ricos aún se alejan más. Y añade que esos 1000 dólares significan más para el pobre que para el rico, con lo que su situación avanza más en términos relativos.

Las clases medias en España siguen teniendo coches, y televisores, y además, después de la pandemia, pueden volver a viajar en aerolíneas de bajo coste, pero un pequeño detalle ha cambiado en los últimos años: el peso de la deuda de las familias, que equivalía al 32 % del PIB hace una década, era más del doble hace 2 años, un 85 %. Por hacer una comparación –odiosa–, en Alemania se ha mantenido estable en el mismo periodo.

Los hogares españoles, en fin, han acogido un nuevo miembro: una fenomenal deuda.

(Extraído de: https://elpais.com/diario)

PREGUNTAS

13. Según el/la autor/a de este artículo, el automóvil es...
A) un claro ejemplo de poder adquisitivo.
B) un símbolo de que el consumo ha llegado a la mayoría de la población.
C) un objeto de deseo para la clase media.

14. En países como Alemania la brecha salarial...
A) se ha reducido en los últimos años.
B) sigue la misma tendencia que en la mayoría de los países.
C) no ha variado en las últimas décadas.

15. Las crisis han hecho que las diferencias económicas...
A) se hayan reducido gracias a la redistribución de la riqueza.
B) hayan tenido un crecimiento sostenido.
C) sean aún mayores.

16. La desigualdad y la pobreza...
A) crecen al mismo ritmo.
B) son conceptos diferentes y se comportan de diferente manera.
C) aumentan en tiempos de crisis.

17. Para el/la autor/a, la globalización supone un...
A) incremento de la competencia.
B) factor que reduce la desigualdad.
C) proceso negativo para el mercado laboral.

18. El consumo no ha disminuido en España...
A) debido al crecimiento de la población activa.
B) por el aumento del PIB.
C) gracias al crédito.

Tarea 4

INSTRUCCIONES

A continuación tiene seis textos (A-F) y ocho enunciados (19-26). Léalos y marque con una cruz la letra del texto que corresponde a cada enunciado.

Recuerde que hay textos que deben ser elegidos más de una vez.

Marque las opciones elegidas en la **Hoja de respuestas**.

FRAGMENTOS DE RESÚMENES DE TESIS DOCTORALES RELACIONADOS CON EL TRABAJO Y LA ECONOMÍA EN LOS SIGLOS XIX-XX

A. LAS ARCAS DEL ESTADO ESPAÑOL (1800-1980)

Se estudian los ingresos y gastos del presupuesto del Estado español entre 1845 y 1935 con el fin de conocer su estructura y sus efectos sobre la economía española, que también se ha examinado. Se contrastan las teorías existentes para los distintos periodos: la época isabelina y el Sexenio Democrático; la Restauración; y la dictadura de Primo de Rivera y la Segunda República. Asimismo, se analiza la evolución presupuestaria a largo plazo (1800-1980) y se descubre una evolución similar a la de otros países europeos, pero con un retardo ocasionado por el desfase en la modernización económica y política española.

Resumen de la tesis *El presupuesto del Estado y la economía española*, de Francisco Comín Comín, Universidad de Alcalá.

B. UNIVERSITARIOS FRENTE A LA REFORMA DEL MERCADO LABORAL

En los últimos años se han producido una serie de cambios de tipo social, económico y laboral que pueden haber provocado un desfase entre las creencias, valores y comportamientos que tiene la juventud universitaria hacia el trabajo y las actitudes laborales que serían necesarias para culminar con éxito la inserción en el mercado de trabajo. Utilizando una metodología de investigación social, tanto cualitativa como cuantitativa, hemos conseguido demostrar que no existe tal desfase, ya que la juventud conoce cuáles son las actuales demandas del mercado, las valora de forma positiva (a excepción de las condiciones de trabajo, que son evaluadas negativamente) y, además, está dispuesta a aceptarlas y asumirlas.

Resumen de la tesis *Las actitudes de los jóvenes universitarios frente a la reforma del mercado laboral*, de José M.ª González, Universidad de Granada.

C. EL RETIRO TEMPRANO DEL MERCADO LABORAL

Existe un debate en el mundo académico sobre cuáles son las principales causas del "retiro temprano" del mercado laboral, y de las diferentes magnitudes que dicho fenómeno ha alcanzado en según qué países. Por retiro temprano se entiende el abandono por parte de un/a trabajador/a de la actividad laboral a una edad anterior a los 65 años. Esta salida puede ser voluntaria o no deseada, y conduce a quien la vive a una situación de prejubilación, desempleo, jubilación anticipada, jubilación por incapacidad laboral, o a cualquier otro estado que no incluya su participación en alguna actividad económica remunerada. El debate sobre la naturaleza de las causas de este fenómeno social gira, fundamentalmente, en torno a dos ideas principales: la más extendida lo considera como una consecuencia lógica del desarrollo socioeconómico experimentado por los países de la OCDE desde el final de la Segunda Guerra Mundial. La postura alternativa, por el contrario, sostiene que nos hallamos ante un fenómeno relacionado con un descenso en la demanda de mano de obra, precipitado por una serie de crisis sectoriales.

Una de las principales contribuciones de esta investigación ha sido la elaboración, a partir de la revisión de la literatura especializada sobre el tema, de una topología clasificatoria de causas del retiro temprano. Esta topología parte de una postura integradora, considerando que las principales aportaciones al estudio de este fenómeno son complementarias y no necesariamente excluyentes.

Resumen de la tesis *El retiro temprano del mercado laboral y sus determinantes sociolaborales en España*, de Alberto Veira Ramos, UNED.

D. LAS CAUSAS DEL PARO EN ESPAÑA

La tesis doctoral se centra en el análisis de los determinantes de la tasa de paro en España a lo largo del período 1967-1998. Partiendo de la presentación de los enfoques tradicionales para el análisis del mercado de trabajo —laTasa Natural de Paro (TNP) o NAIRU y de la histéresis—, el trabajo está orientado a la búsqueda de un enfoque que, sobre la base de las distintas perspectivas que ofrecen estas teorías, permita explicar de modo satisfactorio las causas del elevado paro en España. En el trabajo se argumenta que la Chain Reaction Theory —teoría de la cadena de reacción— constituye un enfoque alternativo al análisis del mercado de trabajo que trata de dar un paso adelante respecto a los enfoques tradicionales mencionados. Esta nueva perspectiva enfatiza la importancia que los procesos dinámicos de ajuste tienen en el mercado de trabajo.

Resumen de la tesis *Dinámica del desempleo. Una aproximación a las causas del paro en España*, de Héctor Sala Lorda, Universidad Autónoma de Barcelona.

E. CAPITAL, TRABAJO Y RIQUEZA

Dios creó al mundo y todo lo que en él existe para servir a la humanidad, a la que quiso hacer a su imagen y semejanza, dotándola así de una dignidad eminente, que nadie puede mancillar privándola de participar de los bienes que precisa para su más pleno desarrollo humano. Nadie tiene más derecho que cualquier otro hombre o mujer a una calidad de vida acorde con la dignidad humana. Se dan muchas desigualdades en la distribución de las riquezas, que a veces llegan a ser escandalosas, en abierta contradicción con los deseos de Dios. Se estudia la cuestión social; el ámbito de las opciones económicas, analizando el individualismo liberal y las reacciones a sus excesos; la empresa como lugar económico y creación de riqueza, el sentido del trabajo para las personas y cómo ha de entenderse el capital; la propiedad, la gestión y los beneficios de las empresas.

Resumen de la tesis *Capital, trabajo y distribución de la riqueza*, de Luis Antonio Arauzo Quesada, Universidad de Navarra.

F. LA IMPLANTACIÓN DEL TELETRABAJO EN ESPAÑA

El objeto de esta investigación se fundamenta en la hipótesis de que el teletrabajo constituye una nueva fuente de empleo y una preocupación de la Unión Europea. Esta forma de actividad laboral sustentada por las TIC se impondrá de manera paulatina y gradual, tanto en el área de la Biblioteconomía y la Documentación como en otras áreas relacionadas con el proceso, el tratamiento, la gestión, la difusión y la transmisión de datos, de información y de conocimiento. Se pretende aportar una descripción pormenorizada sobre cómo se está llevando a cabo el tránsito hacia la llamada Sociedad del Conocimiento en nuestro país y la influencia que están ejerciendo estos cambios en la implantación del teletrabajo.

Resumen de la tesis *La sociedad de la información en España: el teletrabajo como acción clave*, de Ana M.ª Morales García, Universidad Carlos III de Madrid.

(Extraído de: https://www.educacion.gob.es/teseo)

ENUNCIADOS

		A	B	C	D	E	F
19.	En el futuro se impondrán nuevos tipos de condiciones laborales.						
20.	Una de las tesis da una visión de la historia económica de España.						
21.	Uno de los estudios mezcla temas espirituales con otros mucho más terrenales.						
22.	Un sector de la población tiene una actitud frente al trabajo diferente a lo que se cree.						
23.	Hay especialistas que creen que ha disminuido el número de trabajadores/as necesarios/as.						
24.	Una de las tesis propone un nuevo enfoque para explicar las causas del desempleo.						
25.	La evolución económica de España ha ido a remolque de la del resto de Europa.						
26.	Una de las tesis pretende aunar dos explicaciones diferentes para el mismo fenómeno.						

Tarea 5

INSTRUCCIONES

Lea el texto y rellene los huecos (27-40) con la opción correcta (A, B o C).

Marque las opciones elegidas en la **Hoja de respuestas**.

EL INFLUJO DE LA COMPARACIÓN

PRECIOS MÁS BAJOS, PÓLIZAS MÁS BÁSICAS Y DIVERSIFICACIÓN DE LAS COMPAÑÍAS SON ALGUNOS DE LOS EFECTOS DE LA IMPLANTACIÓN DE LOS COMPARADORES *ONLINE* EN ESPAÑA

Redacción. Revista *Cinco Días*.

Consultar un comparador de seguros *online* **27.** ______ la hora de contratar la póliza del coche se ha **28.** ______ casi en una rutina entre los consumidores españoles. Como por arte de birlibirloque, en apenas quince años de existencia este negocio ha pasado de ser un desconocido a tomar un peso de tal **29.** ______ en el ramo del automóvil que está provocando una transformación **30.** ______ vuelta atrás en todo el sector. El desembarco de compañías extranjeras, como la italiana Seguros.es, o también nacionales, como Rastreator.com, la guerra de precios o el cambio de los hábitos de consumo de los españoles son solo algunas de las consecuencias de su implantación.

La crisis, que propició la búsqueda de descuentos **31.** ______ parte de los consumidores españoles, fue el principal motivo de esta explosión, y "no es de extrañar, teniendo en cuenta que comparar **32.** ______ conseguir ahorros de hasta el 50 % en las primas", asegura la directora general de Rastreator.com, una de las precursoras de la **33.** ______ de la comparación *online* en España y de las mejor situadas hasta el momento.

El precio es una de las principales variables que las aseguradoras se han visto obligadas a modificar por la **34.** ______ influencia que están ejerciendo los comparadores en la decisión de los consumidores a la hora de contratar el seguro del coche.

La guerra de precios entre compañías, **35.** ______ juicio de la directora de Rastreator, aún vigente, es otro de los efectos de esta nueva herramienta y el resultado también está siendo positivo para los consumidores, ya que ha obligado a bajar los **36.** ______ de las aseguradoras, lo que se está traduciendo en precios más competitivos.

Otra de las consecuencias directas del **37.** ______ de los comparadores es la diversificación de productos por parte de las compañías. En este contexto de mayor transparencia, los consumidores han **38.** ______ de ser fieles a la compañía de seguros de toda la vida y esto está obligando a las aseguradoras a **39.** ______ mecanismos para fidelizarlos. "Si con un cliente tienes solo un producto, tienes un problema. Si tienes dos productos se reduce el problema". Esta **40.** ______ es, según la ejecutiva de Rastreator, lo que ha impulsado a las aseguradoras de coches a entrar en otros ramos de seguros diferentes para fidelizar a los usuarios.

(Extraído de: https://elpais.com/diario)

OPCIONES

27. A) a
B) en
C) para

28. A) vuelto
B) convertido
C) devenido

29. A) altitud
B) envergadura
C) longitud

30. A) sin
B) con
C) por

31. A) por
B) de
C) a

32. A) prevé
B) permite
C) incita

33. A) acogida
B) intrusión
C) implantación

34. A) masiva
B) espesa
C) escasa

35. A) en
B) a
C) de

36. A) servicios
B) gastos
C) márgenes

37. A) poderío
B) influjo
C) asomo

38. A) dejado
B) desistido
C) tratado

39. A) contratar
B) simplificar
C) articular

40. A) convicción
B) seguridad
C) condición

Prueba 2. Comprensión auditiva y uso de la lengua

Esta prueba tiene **cuatro tareas**. Usted debe responder a 30 preguntas.

La duración es de 50 minutos.

Marque las opciones elegidas en la **Hoja de respuestas**.

Tarea 1

INSTRUCCIONES

47

Usted va a escuchar una conferencia sobre la inteligencia de las plantas de la que se tomaron algunas notas. Entre las doce opciones que aparecen debajo (A-L) usted deberá elegir las seis notas que corresponden a esta conferencia. Escuchará la audición dos veces.

Marque las opciones elegidas en la **Hoja de respuestas**.

Ahora dispone de un minuto para leer las opciones.

OPCIONES

A.	El comportamiento imprevisto de una planta durante unos ensayos llegó a irritar al conferenciante.
B.	Un organigrama ilustra que los humanos concebimos nuestro entorno según nuestra propia fisiología.
C.	Negamos que las plantas sean seres inteligentes solo porque son distintas a nosotros.
D.	Se ha demostrado que las plantas tienen una decena más de sentidos que las personas.
E.	En comparación con las plantas, los humanos tenemos más capacidad de aguante, pero menos eficiencia.
F.	Las especies vegetales pueden detectar minerales nocivos y campos electromagnéticos.
G.	La gran capacidad de previsión de las plantas se debe a su falta de movilidad.
H.	Para sobrevivir, las plantas pueden alterar sus rasgos físicos con una rapidez asombrosa.
I.	La *Mimosa pudica* se protege de otros organismos replegando sus hojas.
J.	Las mimosas cambiaron su reacción tras recibir el mismo estímulo diario durante dos meses.
K.	Se empleó un robot para la búsqueda de armamento en el subsuelo de algunos terrenos.
L.	El mundo vegetal puede asegurar la continuidad de la flora y fauna terrestres.

Tarea 2

INSTRUCCIONES

Usted va a escuchar cuatro conversaciones. Escuchará cada conversación dos veces. Después debe contestar a las preguntas (7-14). Seleccione la opción correcta (A, B o C). 48

Marque las opciones elegidas en la **Hoja de respuestas**.

CONVERSACIÓN UNO

7. Las dos personas que conversan están...
A) buscando trabajo.
B) paradas.
C) hablando sobre el día a día.

8. La mujer le recomienda al hombre que...
A) amplíe su formación.
B) no pierda el tiempo.
C) salga al extranjero a buscar trabajo.

CONVERSACIÓN DOS

9. El hombre ha entrado al banco para...
A) contratar un plan de pensiones.
B) abrir una cuenta bancaria.
C) solicitar un crédito.

10. El banco le regala una televisión si...
A) la empresa le ingresa el salario todos los meses en la cuenta.
B) ingresa cada mes una determinada cantidad en la cuenta.
C) contrata tres productos del banco.

CONVERSACIÓN TRES

11. Chelo fue despedida del trabajo anterior porque...
A) se le acabó el contrato y la empresa no quiso renovárselo.
B) su rendimiento no era el esperado.
C) la empresa decidió reducir el número de trabajadores/as.

12. Chelo ha trabajado...
A) de abogada en un bufete.
B) de comercial en una empresa de telefonía.
C) haciendo labores de asesoría legal.

CONVERSACIÓN CUATRO

13. Estas dos personas hablan sobre...
A) profesiones extravagantes.
B) trabajos que han realizado a lo largo de sus vidas.
C) empleos que les gustaría hacer en un futuro.

14. El primo de la chica trabaja cuidando...
A) a gente mayor.
B) animales.
C) menores de corta edad.

Tarea 3

INSTRUCCIONES

Usted va a escuchar una entrevista a un autor de libros sobre economía. Después debe contestar a las preguntas (15-20). 49

Seleccione la opción correcta (A, B o C).

Marque las opciones elegidas en la **Hoja de respuestas**.

15. Los libros de este autor están dirigidos...
A) a gente universitaria.
B) a personas expertas.
C) al público en general.

16. Según el autor, la economía también está...
A) en la política.
B) en pequeños actos cotidianos.
C) en el mundo editorial.

17. Según él, las decisiones a corto plazo pueden ser...
A) acertadas.
B) precipitadas.
C) irracionales.

18. De la entrevista se desprende que a muchas personas...
A) nos engañan en el día a día.
B) nos ofrecen muchos productos para confundirnos.
C) nos quieren arruinar.

19. Para el entrevistado, los pequeños gestos...
A) no son efectivos.
B) pueden ser importantes.
C) arreglan pequeños problemas.

20. Según este experto, la economía...
A) no es tan importante como la poesía.
B) es algo que se debe tener siempre en cuenta.
C) puede tratarse en programas de televisión.

Tarea 4

INSTRUCCIONES

Usted va a escuchar diez diálogos breves. Escuchará cada diálogo dos veces. Después debe contestar a las preguntas (21-30). Seleccione la opción correcta (A, B o C).

50

Marque las opciones elegidas en la **Hoja de respuestas**.

DIÁLOGO 1

21. Van a bajar el salario a...
- A) las personas que tienen unos ingresos más elevados.
- B) todas las personas trabajadoras.
- C) personas que desempeñan una función pública.

DIÁLOGO 2

22. Toni le dice a su mujer que...
- A) no ha conseguido financiación para la tienda.
- B) van a tener que cerrar su negocio.
- C) el banco les aconseja comprar la tienda.

DIÁLOGO 3

23. El Sr. Encina...
- A) ha recibido una noticia que ya esperaba.
- B) ha sido ascendido.
- C) va a ser trasladado.

DIÁLOGO 4

24. Daniel trabaja más horas de las permitidas porque...
- A) lo ha acordado así con su jefe.
- B) no quiere cambiar de trabajo.
- C) cobra un sobresueldo en negro.

DIÁLOGO 5

25. Juan le dice a José que...
- A) contrate a alguien para hacer un reportaje sobre la crisis de la construcción.
- B) pida ayuda a dos compañeros para realizar su trabajo.
- C) escriba un reportaje cuanto antes.

DIÁLOGO 6

26. La persona que solicita el subsidio por desempleo...
- A) nunca lo había pedido antes.
- B) ha trabajado toda su vida.
- C) es la segunda vez que lo solicita.

DIÁLOGO 7

27. El Sr. Román le dice a Néstor que...
- A) debe hacer el trabajo de sus compañeros.
- B) tiene que ayudar a sus compañeros.
- C) no es momento para quejas.

DIÁLOGO 8

28. Las dos personas que hablan tuvieron un problema...
- A) con el dependiente de un banco.
- B) para conseguir dinero en un cajero.
- C) para renovar su tarjeta de crédito.

DIÁLOGO 9

29. La persona entrevistada...
- A) no es válida para realizar ningún tipo de trabajo.
- B) quiere empezar su andadura profesional.
- C) está haciendo su primera entrevista de trabajo.

DIÁLOGO 10

30. Si Ana ganara la lotería...
- A) seguiría trabajando.
- B) le gustaría poder aburrirse.
- C) se iría a trabajar a una empresa mayor.

Prueba 3. Expresión, mediación e interacción escritas

Esta prueba tiene **dos tareas**.

La duración es de 80 minutos.

Tarea 1

INSTRUCCIONES 51

Usted vive en una población costera. A unos 200 km se están realizando prospecciones mineras en el fondo marino, lo que está creando cierta polémica en su localidad. Después de escuchar el siguiente pódcast, va a escribir un artículo de opinión sobre la minería submarina para el periódico local.

Escuchará el pódcast dos veces y podrá tomar notas.

En su artículo de opinión deberá:

- hacer una introducción sobre el tema;
- resumir las ideas principales del pódcast;
- valorar los distintos puntos de vista y dar su opinión sobre la minería submarina y sus posibles efectos para su localidad en un futuro.

Número de palabras: entre 220 y 250 palabras.

Tarea 2

INSTRUCCIONES

Elija solo una de las dos opciones que se le ofrecen a continuación.

Número de palabras: entre 180 y 220 palabras.

OPCIÓN 1

Usted trabaja en una editorial que solo publica libros en papel. Su directora le ha pedido que redacte un informe sobre los nuevos hábitos de lectura porque quiere ampliar la oferta de libros a otros formatos. Para elaborarlo dispone de los siguientes datos.

Personas que leen en su tiempo libre

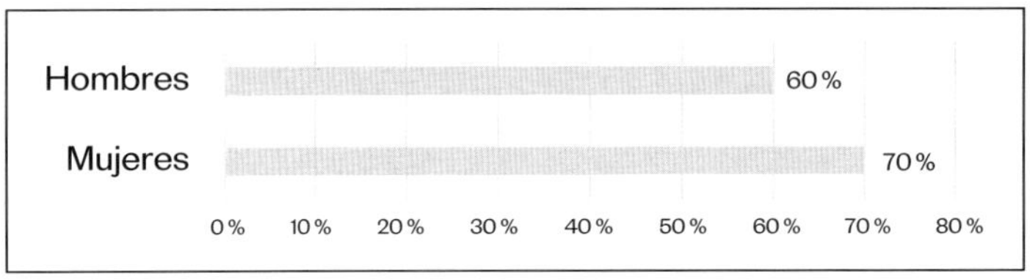

Población lectora general

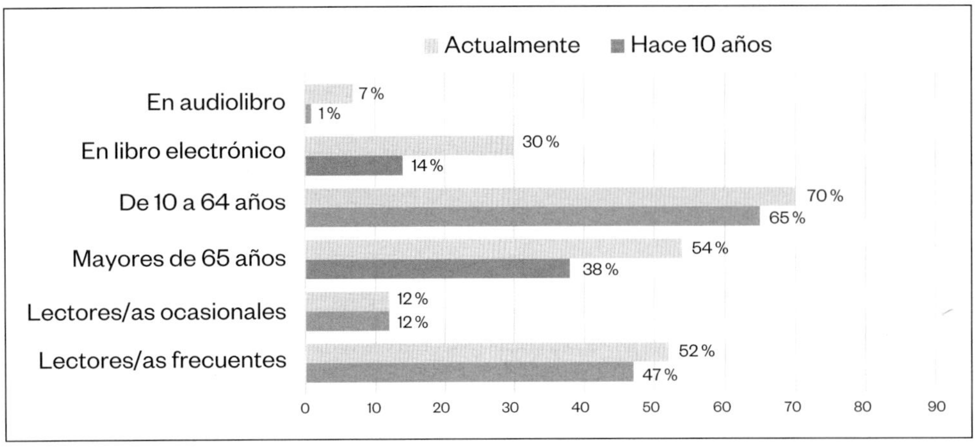

Población lectora en formato digital

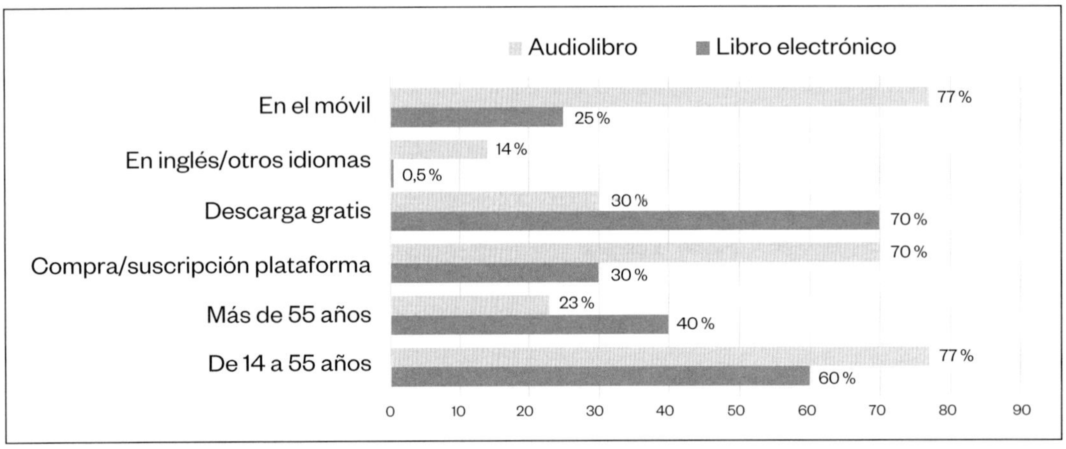

(Adaptado de: https://www.federacioneditores.org/lectura-y-compra-de-libros-2023-presentacion.pdf)

En su informe deberá:

- describir los cambios en los hábitos de lectura según los gráficos;
- explicar las razones que, en su opinión, llevan a leer/escuchar libros en formato digital;
- valorar las conclusiones extraídas de los datos y darle algunos consejos/sugerencias a la editorial para ampliar su oferta digital.

OPCIÓN 2

Usted es el/la presidente/a fundador/a de una asociación que acaba de ganar un importante premio, como se lee en la siguiente nota de prensa:

> La Asociación Hipotálamo gana el premio Dádiva, dotado con 60 000 euros, "por sus logros en el tratamiento de la ansiedad y otros trastornos mentales de niños, niñas y adolescentes cuyas familias no pueden costearse especialistas del sector privado y por su lucha contra el acoso escolar, optimizando sus escasos recursos y recurriendo a la ayuda de voluntariado profesional durante sus 15 años de actividad", anuncia el director de la organización Dádiva, que otorga el premio.

Usted quiere escribir un correo de agradecimiento a quienes le han ayudado en su proyecto.

En su correo deberá:

- expresar cómo se siente y qué significa el premio para su asociación;
- destacar el trabajo de las distintas personas o colectivos que más han colaborado y agradecérselo;
- dedicar el premio a alguien y decir por qué;
- explicar los planes de la asociación y cómo prevé emplear el dinero del premio.

Prueba 4. Expresión, mediación e interacción orales

INSTRUCCIONES

La prueba de Expresión, mediación e interacción orales tiene **tres tareas**:

- TAREA 1. Exposición sobre un tema (mediación). Usted tiene que hablar ante el/la entrevistador/a sobre un tema durante 3-5 minutos.
- TAREA 2. Entrevista sobre el tema de la Tarea 1 durante 4-6 minutos.
- TAREA 3. Negociación con el/la entrevistador/a para llegar a un acuerdo durante 4-6 minutos.

Tiene 20 minutos para preparar las Tareas 1 y 2. Puede tomar notas y escribir un esquema de sus respuestas.
Durante la prueba, puede consultar sus notas, pero no leerlas.

Tarea 1

INSTRUCCIONES

Usted debe hacer una presentación oral sobre el texto adjunto. Su exposición debe incluir los siguientes puntos:

- resumir los puntos principales del texto;
- valorar el texto (interés, novedad, claridad, intención de su autor/a, lógica de los argumentos, etc.);
- opinar sobre el tema.

Dispone de entre tres y cinco minutos para hablar. Puede consultar sus notas, pero la presentación no puede limitarse a una lectura de las mismas.

UN HOGAR INTELIGENTE

Con la tecnología al alza, las casas inteligentes son cada vez más populares. ¿Cómo no? ¿No es fabuloso tener un frigorífico que nos avise de que nos estamos quedando sin nuestra comida favorita? ¿No es cómodo encender el aire acondicionado o la calefacción antes de llegar a casa para que la temperatura esté a nuestro gusto? Los avances en domótica permiten que hoy ajustemos, cambiemos, encendamos o apaguemos aparatos sin levantarnos del sillón, o sin estar en casa siquiera. Además, basta pulsar un icono en el celular para activar el proceso. Incluso es posible programarlo a una hora exacta y personalizar el funcionamiento de la casa, adaptándolo a nuestras preferencias. Nos podemos acostar cada noche bien tranquilos: las luces y los electrodomésticos se apagarán automáticamente.

Sin embargo, aunque la comodidad es la virtud más preciada de una casa inteligente, la seguridad no le va a la zaga. Por poner ejemplos famosos, en su mansión de 12 000 m^2 Gates mandó instalar sensores que detectan la presencia de personas y, gracias a un sistema de reconocimiento facial, puede abrir las puertas con un mero gesto. En la residencia de Mark Zuckerberg, un asistente de voz llamado Jarvis controla tanto la iluminación, la música y la temperatura como las cámaras de vigilancia y los sensores de movimiento de alta seguridad.

De hecho, una casa inteligente supone un doble beneficio en cuanto a seguridad. Un sistema de vigilancia inteligente nos da tranquilidad y confianza, al permitir observar a todos y todo lo que pasa en nuestro hogar 24/7. Ya no hay que preocuparse por la familia, al menos mientras esté bajo techo. En segundo lugar, el sistema desconecta la plancha y el gas si se nos olvida hacerlo y nos avisa antes de que se produzca alguna avería para que pueda ser reparada a tiempo. Por eso, algunas aseguradoras consideran estas casas menos vulnerables a robos y siniestros, y ofrecen reducciones en sus primas, lo cual implica una considerable suma de dinero a largo plazo.

No obstante, aunque esta automatización doméstica maravilla a muchos, confunde y preocupa a otros. No es oro todo lo que reluce en la domótica. El precio del *software* de una casa inteligente puede ser muy elevado. Incluso las versiones más baratas pueden dejarle a uno en números rojos. A eso se añade pagar al contratista para que instale el *software* y conecte todos los dispositivos, y el posterior mantenimiento. Es decir, si su bolsillo no está listo para semejante inversión, reconsidere optar por un hogar inteligente, por más que a la larga terminase ahorrando dinero.

Otro inconveniente es que no todos los sistemas que desee integrar en la automatización de su casa serán compatibles con sus dispositivos. Quizá necesite también varias aplicaciones y programas para gestionar y hacer un seguimiento de la tecnología de su hogar. Es cierto que una plataforma centralizada permite controlar todos los sistemas, pero actualmente es un lujo al alcance de muy pocos. Por otra parte, los sistemas domóticos son muy vulnerables a las caídas de internet, de ahí que se aconseje tener un plan alternativo. Pero enfrentarse a esa falta de fiabilidad en su hogar puede resultar agotador: la vida entera paralizada porque se ha caído la red. O por una simple sobrecarga eléctrica: afecta al rúter, todos los dispositivos se quedan *offline* y, al depender de conexiones inalámbricas, la casa "se desploma". Asimismo, los ciberataques acechan y pueden surgir problemas de privacidad de datos. Para colmo, hay que dedicarle tiempo a aprender a usar los sistemas y ponerse al día en las últimas tecnologías. Si no, mejor preparar la mente para un constante estado de confusión durante las primeras semanas, o meses...

Pero volvamos a ver el vaso medio lleno: las casas inteligentes son la solución perfecta para ancianos y discapacitados por su mayor accesibilidad. Pueden favorecer su independencia, dado que ofrecen funciones como el comando de voz, con la que pueden controlar múltiples aspectos de la vida doméstica. También algunas funciones sirven para monitorear hábitos de salud y bienestar, como el tiempo de sueño o la actividad física, facilitando datos útiles que pueden ser revisados por profesionales sanitarios para mejorar la calidad de vida.

La promoción de la sostenibilidad medioambiental es otro aspecto positivo de la domótica, debido a la eficiencia energética de los hogares inteligentes, capaces de ahorrar energía gracias a la personalización de los dispositivos de temperatura y luz. Una optimización de esos recursos equivale a un menor consumo. Por otro lado, los electrodomésticos inteligentes también pueden responder a las señales de la empresa de servicios para evitar consumir energía en horas de alta demanda. Y se puede ir más allá: en la casa WeGrow, en Dinamarca, utilizan exclusivamente energía eólica y solar para generar la electricidad que necesitan, aparte de contar con un sistema inteligente de recolección de agua de lluvia y un huerto "inteligente" en la azotea, donde cultivan frutas y verduras para su autoconsumo.

Quizá en un futuro no tendremos que cuidar de nuestro hogar, sino que él será el que cuide de nosotros, incluso anticipándose a nuestros deseos.

(Adaptado de: https://blog.ferrovial.com/es/2022/02/ventajas-desventajas-vivir-casas-inteligentes/)

Tarea 2

INSTRUCCIONES

El/La examinador/a le hará una entrevista sobre el tema del texto de la Tarea 1.

Le formulará algunas preguntas para concretar, ampliar o personalizar el tema.

Ampliación del tema

- La domótica también gasta. ¿Cree que realmente promueve la sostenibilidad ambiental o es solo *greenwashing* (lavado verde)? ¿Qué piensa de la contaminación digital?
- El/La autor/a concluye que en el futuro puede que nuestra casa nos cuide y se anticipe a nuestros deseos. ¿Está de acuerdo? ¿Cómo sería eso posible? ¿A usted le gustaría?

¿Qué haría usted?

- Si un día se despertara en el futuro y todo funcionara por inteligencia artificial, ¿qué haría para acostumbrarse a esa nueva cotidianidad? ¿Cree que lo conseguiría?

Personalización del tema

- ¿Cómo describiría su casa en cuanto a nivel de tecnología y dispositivos "inteligentes"? ¿Le gustaría instalar algún sistema inteligente en particular? ¿Por qué?

Responda a las preguntas argumentando sus opiniones y añadiendo ejemplos o detalles a sus explicaciones. La entrevista durará entre cuatro y seis minutos.

Tarea 3

INSTRUCCIONES

Usted y el/la entrevistador/a trabajan en una biblioteca pública en la que cada vez hay menos visitas y usuarios/as, y corre peligro de ser clausurada. Han acudido a la Fundación Libro Libre y les han sugerido actividades para revitalizar su biblioteca. Tienen que elegir una de estas cuatro propuestas.

Para decidir la actividad más adecuada se deben tener en cuenta los siguientes aspectos:

- debe ponerse en marcha cuanto antes (máx. el próximo mes);
- debe generar interés en todo tipo de usuarios/as, sobre todo en la juventud;
- debe ser posible la continuidad de esta actividad con el fin de fidelizar a los/las usuarios/as;
- debe ser una propuesta compatible con el funcionamiento y horario de una biblioteca pública.

Teniendo en cuenta los aspectos citados arriba, ¿cuál cree que sería la opción más adecuada? Trate de llegar a un acuerdo con el/la entrevistador/a.

Ahora mire las cuatro opciones. Teniendo en cuenta los aspectos citados arriba, ¿cuál cree que sería la opción más adecuada? Trate de llegar a un acuerdo con el/la entrevistador/a.

Recuerde que se trata de una conversación abierta y que por tanto puede interrumpir a su interlocutor/a, discrepar, pedir y dar aclaraciones, argumentar sus opiniones, rebatir las ajenas, etc.

La duración de la conversación será de entre cuatro y seis minutos.

Actividad 1: Taller de encuadernación artesanal para reparar libros o crear uno propio.

Actividad 2: Presentaciones de las novedades editoriales por sus autores/as o traductores/as.

Actividad 3: Club de lectura de relatos breves con concurso de relatos al final del año.

Actividad 4: Curso para diseñar el *storyboard* de una película a partir de una obra literaria.

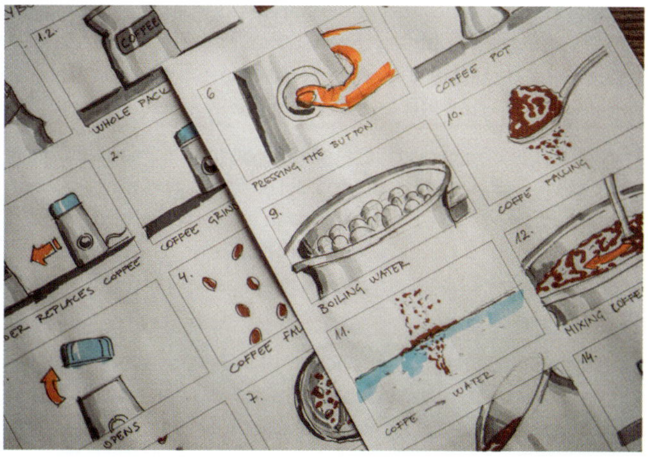

Prueba 1. Comprensión de lectura y uso de la lengua

Esta prueba tiene **cinco tareas**. Usted debe responder a 40 preguntas.

La duración es de 90 minutos.

Marque las opciones elegidas en la **Hoja de respuestas**.

Tarea 1

INSTRUCCIONES

Lea el texto y conteste a las preguntas (1-6). Seleccione la opción correcta (A, B o C).

Marque las opciones elegidas en la **Hoja de respuestas**.

LA HISTORIA MODERNA DE LA EDUCACIÓN EN MÉXICO

La historia moderna de la educación en México está estrechamente relacionada con la llegada de las ideas liberales que se gestaron en Europa desde el siglo XVIII, y que en nuestro país encontraron un suelo fértil en el XIX.

Sabemos que el siglo XIX marcó para nuestra historia la lucha entre dos posturas política, social, económica e ideológicamente contrarias: el conservadurismo y el liberalismo. Muchos procesos influyeron para transformar el México que dejaba atrás la época colonial y se incluía en el concierto de naciones con dirigencia liberal.

Van a ser los primeros gobiernos liberales, resultado del proceso independentista, los que crean las instancias encargadas de la educación pública en México. Las leyes liberales de 1883 van a sentar las bases de tal educación: libre, secular y de competencia del Estado.

Fue en 1841 cuando se creó el Ministerio de Instrucción Pública e Industria. Dadas las vicisitudes políticas de mediados del siglo XIX, el ramo educativo pasó al Despacho de Relaciones Interiores y Exteriores.

Al triunfo definitivo del proyecto liberal en 1867, el gobierno de Benito Juárez estructura la Secretaría de Estado y del Despacho de Justicia e Instrucción Pública. Siguiendo el espíritu de las Leyes de Reforma le imprime a la enseñanza pública el carácter de laica, gratuita y obligatoria.

A pesar de las buenas intenciones, los municipios fueron incapaces de afrontar la problemática educativa y, ya para 1919, la educación pública resentía gravemente la falta de una adecuada organización: tan solo en el Distrito Federal, quedaban abiertas 148 de las 344 escuelas existentes en 1917.

Para cumplir con la democratización de la administración educativa, y con los postulados del Artículo Tercero Constitucional, era ya necesaria una acción de ámbito nacional, pues no bastaba con solo declarar la educación gratuita, laica y obligatoria: se necesitaba tomar medidas para realizarla.

Como rector de la Universidad y titular del Departamento Universitario, el Lic. Vasconcelos inició la formulación práctica del proyecto, emprendiendo diversas medidas con el objeto de reunir a los distintos niveles educativos; depuró las direcciones de los planteles, inició el reparto de desayunos escolares y llevó a cabo su idea fundamental: que la nueva Secretaría de Educación tuviese una estructura departamental.

Lic. José Vasconcelos Calderón

Los tres departamentos fundamentales fueron:

- el Departamento Escolar, en el cual se integraron todos los niveles educativos, desde el jardín de infancia hasta la Universidad;
- el Departamento de Bibliotecas, con el objeto de garantizar materiales de lectura para apoyar la educación en todos los niveles; y
- el Departamento de Bellas Artes para coordinar las actividades artísticas complementarias de la educación.

Más adelante se crearon otros departamentos para combatir problemas más específicos, tales como la educación indígena, las campañas de alfabetización, etcétera.

El 12 de octubre del mismo año, el Lic. José Vasconcelos Calderón asume la titularidad de la naciente Secretaría. En sus inicios la actividad de la Secretaría de Educación Pública se caracterizó por su amplitud e intensidad: organización de cursos, apertura de escuelas, edición de libros y fundación de bibliotecas; medidas estas que, en su conjunto, fortalecieron un proyecto educativo nacionalista que recuperaba también las mejores tradiciones de la cultura universal.

En 1921 el número de maestros de educación primaria aumentó de 9560, en 1919, a 25 312; es decir, se registró un aumento del 164,7 %; existían 35 escuelas preparatorias, 12 de abogados, siete de médicos alópatas, una de médicos homeópatas, cuatro de profesores de obstetricia, una de dentistas, seis de ingenieros, cinco de farmacéuticos, 36 de profesores normalistas, tres de enfermeras, dos de notarios, diez de bellas artes y siete de clérigos.

Además de estas escuelas, existían otras 88 de tipo técnico: mineras, industriales, comerciales y de artes y oficios, 71 de carácter oficial y 17 particulares.

En la política educativa oficial se propuso la ampliación de la infraestructura y extensión de la educación, así como la elevación no solo de la calidad, sino de la especialización. Sin embargo, a pesar de los avances logrados en el impulso inicial de la Secretaría, la lucha electoral por la sucesión presidencial de 1924, que desembocó en la rebelión delahuertista, y las presiones norteamericanas plasmadas en los compromisos acordados en las conferencias de Bucareli limitaron el alcance nacionalista que se pretendía en el proyecto vasconcelista, pues aunque no se abandona el proyecto original, este se modera.

(Extraído de: http://www.monografias.com/trabajos7/edme/edme.shtml)

PREGUNTAS

1. A lo largo de la historia en México, la educación...
   A) ha contado con un constante cambio de ministerios.
   B) ha sido un aspecto de la sociedad muy importante sobre todo en el siglo XIX.
   C) ha estado en manos de los gobiernos liberales que nacen en el siglo XVIII.

2. Según el texto, la educación...
   A) dependía de las nuevas ideologías del siglo XIX.
   B) variaba según las ideologías de los diferentes ministerios.
   C) se veía influida por otros países.

3. La formación pública en México...
   A) existió desde el primer momento en el que se habló de educación.
   B) nació con los gobiernos que tenían en sus programas una óptica más liberal.
   C) dependía del gobierno que hubiera en cada momento de la historia.

4. El licenciado Vasconcelos consiguió...
   A) renovar la educación y crear muchos tipos de escuelas diferentes.
   B) innovar la educación gracias a su cargo de rector.
   C) organizar la educación para que diferentes oficinas se especializaran y funcionaran mejor.

5. A partir de 1919 y en tan solo dos años...
   A) el licenciado Vasconcelos consiguió ascender de cargo.
   B) aumentaron tanto el número de escuelas como el de estudiantes.
   C) se crearon nuevos departamentos en el ámbito educativo.

6. Todos los logros del proyecto de Vasconcelos...
   A) triunfaron incluso después de muchos años.
   B) fracasaron tras dos años de ser implantados.
   C) tuvieron un retroceso provocado por las relaciones que se mantenían con los EE. UU.

Tarea 2

INSTRUCCIONES

Lea el siguiente texto, del que se han extraído seis fragmentos. A continuación lea los siete fragmentos propuestos (A-G) y decida en qué lugar del texto (7-12) hay que colocar cada uno de ellos.

Hay un **fragmento** que no tiene que elegir.

Marque las opciones elegidas en la **Hoja de respuestas**.

LOS DESASTRES NATURALES

Cuando los fenómenos naturales superan los límites de normalidad

El viento, las olas y toda la dinámica natural nos muestran la compleja interrelación que existe entre litósfera, hidrósfera, atmósfera y biósfera. **7.** ______. Un movimiento sísmico, un huracán o cualquier otro fenómeno extremo de la naturaleza se convierte en desastre o catástrofe cuando ocasiona pérdidas humanas o económicas. Es decir, se denomina "desastre natural" solo cuando el problema social o económico es detonado por un fenómeno de la naturaleza. Loe Golden dice "... un peligro latente se convierte en desastre si ocurre donde vive gente".

8. ______.

En ellos, un desastre puede ocasionar una reducción del Producto Bruto Nacional (PBN) por varios años. Por ejemplo, una inundación arrastra la capa fértil del suelo y tarda años en recuperarse. Se ha calculado que las pérdidas del PBN debidas a los desastres pueden ser, en proporción, 20 veces mayores en los países en desarrollo que en las naciones más adelantadas.

Los desastres pueden tener consecuencias tardías, es decir, que solo se pueden evaluar a lo largo de varios años.

9. ______. Según la Oficina del Coordinador de las Naciones Unidas para el Socorro en Casos de Desastre (UNDRO), las inundaciones registradas en 1972 en Filipinas retrasaron los esfuerzos de desarrollo del país entre tres y cinco años.

10. ______.

Además, pasado el fenómeno, las víctimas no solo necesitan ayuda material sino también apoyo psicológico. Los estudios demuestran un elevado aumento de casos de estados depresivos, personas con problemas relacionados con el consumo de alcohol y drogas, e incluso un preocupante incremento de la tasa de suicidios.

11. ______. La magnitud de la problemática parte del aumento de la población mundial y de la pobreza. Los riesgos tanto físicos (lesiones y muertes) como sociales y económicos son agravados por el dónde y el cómo construye el hombre sus viviendas.

Otro ejemplo destacable son las viviendas asentadas en las riberas de ríos. En los momentos en que los mismos aumentan su caudal, se desbordan y producen graves inundaciones.

Un factor importante es la falta de conciencia y cuidado del medioambiente, que se materializa en la desforestación y en la contaminación agravando los efectos de los fenómenos naturales. **12.** ______.

Clases de desastres naturales

Se han clasificado más de 20 riesgos capaces de producir desastres. Abarcan desde terremotos hasta nieblas y brumas, pero los más importantes son:

- Hidrológicos: oleajes tempestuosos, tsunamis.
- Geofísicos: movimientos sísmicos y vulcanismo, avalanchas, derrumbes, aluviones, aludes.
- Biológicos: marea roja (aparición en la superficie de las aguas de mejillones, almejas, etc., que son portadores de toxinas y alteran la cadena trófica).

(Extraído de: http://www.portalplanetasedna.com.ar/desastres01.htm)

FRAGMENTOS

A.	Gran parte de esa dinámica es para los seres humanos casi imperceptible, como la erosión y la sedimentación producidas por el viento, los ríos, los glaciares, etcétera. Sin embargo, hay momentos en los cuales el comportamiento de los elementos naturales se vuelve violento, como los movimientos sísmicos y las erupciones volcánicas, poniendo en riesgo las sociedades, sus bienes y sus actividades
B.	Las selvas taladas de las laderas de las montañas favorecen las avalanchas o aludes, y sus sedimentos rellenan los cauces de los ríos, haciendo que se desborden con mayor frecuencia, pero cobrándose miles de vidas
C.	Las consecuencias de los desastres naturales no deben mirarse únicamente desde el punto de vista de las vidas que se pierden, sino también desde el punto de vista económico, porque constituyen un obstáculo para el desarrollo económico y social de la región, especialmente en los países en desarrollo
D.	Una de las causas más importantes de la lentitud en el proceso de recuperación y reconstrucción de los países en desarrollo y subdesarrollados después de un desastre es el hecho de no contar con un alto porcentaje de bienes asegurados, como en los países desarrollados
E.	Meteorológicos: inundaciones, huracanes, ciclones, tifones, tornados, sequías, heladas, granizadas, olas de frío o de calor, nevadas o temporales de invierno
F.	Una sequía o una inundación pueden afectar la economía de la región o de un país de manera tal que repercuta en la calidad de vida y en la salud de su población por varios años, incluso décadas
G.	Es importante saber que los desastres o catástrofes originados por fenómenos naturales son cada vez mayores y acarrean pérdidas millonarias. Los científicos que observan, registran y analizan la dinámica natural afirman que la frecuencia de los casos extremos no ha aumentado considerablemente

Tarea 3

INSTRUCCIONES

Lea el texto y conteste a las preguntas (13-18). Seleccione la opción correcta (A, B o C).

Marque las opciones elegidas en la **Hoja de respuestas**.

LA DEFENSA DE WIRIKUTA

Hace ya casi dos décadas una compañía canadiense compró 22 concesiones mineras en la Sierra de Catorce, ubicada en el estado mexicano de San Luis Potosí. Estas concesiones permitían a la corporación llevar a cabo un agresivo programa de perforación y exploración del subsuelo.

El problema es que precisamente dicho territorio pertenece a la región desértica de Wirikuta, donde llega la peregrinación anual de los wixaritaris, conocidos en español como los huicholes. Desde hace siglos los miembros de esta etnia van caminando hasta allí desde sus comunidades en la Sierra Madre Occidental, en los estados de Jalisco, Nayarit, Durango y Zacatecas, para celebrar sus ceremonias religiosas, acompañados y guiados por los *mara'akates*, sus chamanes o sacerdotes. Para ellos, no es solo el lugar donde nació el sol, sino también el centro del equilibrio del mundo. Wirikuta y su pueblo son un invaluable patrimonio nacional. De hecho, la UNESCO lo reconoció como uno de los 14 sitios naturales sagrados del mundo en 1999.

Para muchos ciudadanos, la entrega de esta tierra a una compañía extranjera con el fin de extraer plata para su beneficio económico no solo revelaba una mentalidad colonial por parte de los políticos y funcionarios que habían participado en la venta de uno de los recursos más emblemáticos del país, es decir, la plata, sino que implicaba la desacralización de la tierra de los huicholes, lo que era aún más grave.

"El pueblo huichol ha sobrevivido a través de los siglos en la historia de México. Su religión, su mitología, sus tradiciones y sus objetos rituales, entre otros la extraordinaria belleza que envuelve el culto del peyote, están reflejados en su día a día. Autorizar minas de plata en Wirikuta, su lugar sagrado, es como clavar una estaca mortal en el corazón de su cultura", señaló el poeta Homero Aridjis, quien en nombre de la asociación ecologista Grupo de los Cien coordinó la protesta en defensa del pueblo huichol. En efecto, más de 150 intelectuales y artistas de 30 países le pidieron al entonces presidente mexicano, Felipe Calderón, la cancelación de las concesiones otorgadas por el gobierno a la empresa canadiense. He aquí un extracto de sus declaraciones: "Si bien México es el mayor productor de plata del mundo, no todo lo que brilla es plata, también los países brillan por sus mitos y sus ritos, sus tradiciones y su cultura, y el pueblo huichol ha brillado en México por haber mantenido a través del tiempo sus propias creencias. Las peregrinaciones anuales de los huicholes por Wirikuta hacia el Cerro Quemado, la mítica montaña del Amanecer, son de fama internacional".

A su vez, por si fuera poco, una filial de otra empresa canadiense anunció su intención de extraer oro en el paisaje sagrado de la zona núcleo de Wirikuta con el método de tajo a cielo abierto, el cual solo es posible mediante el proceso de cianuración. A la polémica de carácter histórico-cultural, se unió el serio riesgo que ambas operaciones mineras representaban para la vida de las personas y el medioambiente, puesto que supondrían una grave amenaza para los escasos recursos hídricos de la zona.

Desde entonces no han cesado las protestas y manifestaciones, los procesos judiciales contra las mineras transnacionales y las peticiones a las autoridades federales. Ante esta situación, los gobiernos encabezados por López Obrador y Claudia Sheinbaum suspendieron el otorgamiento de más concesiones mineras y, además, las 78 concesiones existentes están detenidas, a la espera de una sentencia judicial a favor del pueblo huichol, que mantiene su ilusión a lo largo de los años acogido a un recurso de amparo y sin bajar la guardia para proteger su territorio, el lugar del nacimiento del sol.

(Extraído de: https://ibero.mx/prensa/entre-lo-sagrado-y-la-riqueza-minera-la-defensa-de-wirikuta y https://es.mongabay.com/2024/05/batalla-legal-pueblo-wixarika-detener-mineria-en-territorio-sagrado-mexico)

PREGUNTAS

13. La compra de las minas...
A) fue fruto de un acuerdo entre el gobierno federal y el canadiense.
B) supuso una enorme inversión en la región por parte de la empresa.
C) preveía acciones de gran impacto para el lugar sagrado del pueblo huichol.

14. Los ritos huicholes...
A) forman parte de la cotidianidad de sus vidas.
B) están considerados patrimonio de la humanidad.
C) son oficiados por chamanes durante la puesta de sol.

15. Para Aridjis, las minas de Wirikuta...
A) conllevaban la destrucción de la cultura huichol.
B) evidenciaban la continuidad del colonialismo en México.
C) ponían en peligro las reservas de agua de la región.

16. El mundo cultural defendió Wirikuta...
A) a través de varias organizaciones medioambientales.
B) para preservar las creencias y costumbres huicholes.
C) sobre todo por el valor estético del ritual del peyoto.

17. Mucha gente opinaba que con las mineras transnacionales...
A) el estado de San Luis de Potosí se volvería aún más árido.
B) el país perdería su hegemonía en la producción de plata.
C) México sacrificaba parte de su riqueza natural y cultural.

18. El pueblo huichol se siente...
A) desesperado ante el rechazo de los distintos gobiernos mexicanos.
B) engañado por un sistema judicial que no lo representa.
C) esperanzado mientras aguarda una solución legal definitiva.

Tarea 4

INSTRUCCIONES

A continuación tiene seis textos (A-F) y ocho enunciados (19-26). Léalos y marque con una cruz la letra del texto que corresponde a cada enunciado.

Recuerde que hay textos que deben ser elegidos más de una vez.

Marque las opciones elegidas en la **Hoja de respuestas**.

CONVOCATORIAS DE AYUDAS PARA LA COOPERACIÓN, LA CULTURA Y LA EDUCACIÓN EN EL MUNDO HISPANO

A. BECAS PARA ESPAÑOLES

Las Becas MAEC-AECID se convocan cada año como ayuda para realizar estudios y prácticas en países receptores de ayuda oficial al desarrollo. Cada uno de los programas de estas becas tiene un perfil concreto que describe a quién va dirigido, su dotación económica, requisitos específicos, etc. Con un presupuesto de 2,6 millones de euros, en esta convocatoria se prevé conceder 108 becas para la formación de jóvenes estudiantes en 53 países diferentes, de las cuales 40 están destinadas a la capacitación en la gestión de la cooperación para el desarrollo. Se pueden solicitar a partir del día 30 del próximo mes (por un período de dos semanas) si se tiene nacionalidad española o de algún país de la Unión Europea, siempre que el/la solicitante sea residente en España. Los solicitantes para países hispanoamericanos quedan exentos de presentar certificación de idiomas extranjeros.

B. BECAS EN LA ACADEMIA DE ESPAÑA EN ROMA PARA PERSONAS ESPAÑOLAS, IBEROAMERICANAS Y OTROS/AS CIUDADANOS/AS DE LA UE

La convocatoria anual del Programa de Becas para ampliación de estudios artísticos en la Academia de España en Roma, en colaboración con la AECID, tiene por objeto primordial contribuir a la formación artística y humanística de creadores, restauradores e investigadores españoles, europeos e iberoamericanos, con la finalidad derivada de lograr una mayor presencia cultural española en Italia, un mejor entendimiento de las culturas de ambos países y una mayor vinculación cultural entre Europa e Iberoamérica. Se concederán becas de entre 6 y 24 meses para cubrir gastos de viaje, estudios y residencia en especialidades muy diversas, que van desde la arquitectura (proyectos arquitectónicos, paisajismo, ecología urbana...) hasta las artes visuales (incluidos el cómic y los videojuegos), la creación literaria o la museología.

(Adaptado de: https://trabajarporelmundo.org/becas-en-la-academia-de-espana-en-roma-para-espanoles-iberoamericanos/)

C. BECAS PARA PRÁCTICAS PROFESIONALES

Resolución de la Conselleria de Participación, Transparencia, Cooperación y Calidad Democrática de la Generalitat Valenciana, por la que se convoca la concesión de becas para prácticas profesionales en materia de cooperación al desarrollo durante el próximo año académico. El plazo de presentación de solicitudes será del 26 de abril al 17 de mayo, ambos inclusive. A los siete días naturales del fin de dicho plazo, la Comisión Evaluadora publicará el listado de solicitudes excluidas y puntuaciones provisionales, y se abrirá el plazo para la presentación de alegaciones, que será de 10 días hábiles a partir del día siguiente de la publicación. El periodo de duración de las becas será de doce meses, aunque podrá prorrogarse sin necesidad de ninguna nueva convocatoria por un periodo máximo de doce meses adicionales, siempre que exista crédito suficiente y que la actividad que se esté efectuando lo requiera.

D. PREMIO ANA DIOSDADO

La SGAE (Sociedad General de Autores de España) convoca anualmente el Premio Ana Diosdado con el fin de impulsar y visibilizar la autoría femenina, como reflejo de su compromiso en la lucha contra la discriminación de la mujer. Pueden participar todas las socias de la SGAE que presenten obras teatrales escritas en cualquiera de los idiomas oficiales del Estado español y en portugués. Las obras presentadas deberán ser cien por cien originales y no haber sido publicadas ni representadas hasta la celebración del fallo, tampoco deben estar disponibles en forma alguna a través de medios electrónicos ni haber sido premiadas en ningún otro concurso. La autora de la obra ganadora recibirá una dotación económica en dos fases: el 60 % en el momento de la concesión y el resto tras la representación del texto en el ciclo de Lectura Escénica de la SGAE.

(Adaptado de: https://fundacionsgae.org/actividad/premio-sgae-de-teatro-ana-diosdado-2024/)

E. PREMIO IBEROAMERICANO DE POESÍA HERMANOS MACHADO

Convocatoria abierta del Premio Iberoamericano de Poesía Hermanos Machado de este año en régimen de concurrencia competitiva, de conformidad con la Disposición Adicional Décima de la Ley 38/2003, de 17 de noviembre. Dotado con 4000 euros y coorganizado por el Ayuntamiento de Sevilla y la Fundación José Manuel Lara, tiene como objetivo promocionar la creación poética en el ámbito iberoamericano. Los autores deberán ser naturales de la Comunidad Iberoamericana (los 19 países de América Latina de lengua castellana y portuguesa, y los de la península ibérica: España, Portugal y Andorra). La Fundación Lara es una institución sin ánimo de lucro creada por el que fuese presidente del Grupo Planeta editorial, José Manuel Lara. La mayor parte de sus ingresos provienen de donaciones de diferentes personalidades e instituciones y de los rendimientos del patrimonio familiar de los Lara.

F. CONVOCATORIA DE BECAS PARA MAESTRÍAS VIRTUALES

El Organismo Internacional de Juventud para Iberoamérica (OIJ) se complace en anunciar la apertura de la convocatoria de becas para maestrías virtuales, en colaboración con la Universidad Europea, con sedes en Madrid, Valencia y otras ciudades españolas. Estas becas buscan fomentar el acceso a la educación superior y fortalecer la formación de jóvenes talentosos provenientes de Iberoamérica. Si posees la nacionalidad y/o residencia de algún país de Latinoamérica, puedes postular a estudios superiores en esta universidad, que cuenta con más de 110 000 egresados de más de 100 nacionalidades. El compromiso de la Universidad Europea y OIJ se materializa en este convenio mediante el que se ofrecen becas del 50 % para programas en línea, como Derechos Humanos, Políticas de Equidad y Seguridad. La convocatoria se abre hoy y se cierra el próximo 22 de marzo.

ENUNCIADOS

		A	B	C	D	E	F
19.	No llega a cubrir el coste total de lo que se ha solicitado.						
20.	Esta ayuda también tiene en cuenta el desarrollo medioambiental.						
21.	El/La destinatario/a de la ayuda debe mudarse temporalmente a un país europeo.						
22.	Se indica el período para subsanar errores en el proceso de concesión de la ayuda.						
23.	La ayuda está convocada por una entidad local y una institución privada.						
24.	Solo pueden postular personas españolas y ciudadanía de la UE que viva en España.						
25.	La convocatoria está dirigida a la promoción de la literatura dramática.						
26.	Fomenta la igualdad de género y la creación en los idiomas de la península ibérica.						

Tarea 5

INSTRUCCIONES

Lea el texto y rellene los huecos (27-40) con la opción correcta (A, B o C).

Marque las opciones elegidas en la **Hoja de respuestas**.

LA EVOLUCIÓN DE LA ESCOLARIDAD DE LOS NIÑOS (Y NIÑAS) GITANOS

Hablar de la evolución de la escolaridad de los niños gitanos supone referirse al esfuerzo **27.** ______ realizado por las familias gitanas, **28.** ______ como a las políticas llevadas a cabo por las distintas administraciones, pero también **29.** ______ hablar de nosotros mismos: del grado de acogida de la sociedad mayoritaria y de la implicación de los colegios y enseñantes en su incorporación y éxito escolar.

La escolarización de los niños gitanos ha experimentado un avance muy importante en el **30.** ______ medio siglo. No hay que olvidar que en 1978 la tasa de analfabetismo de los gitanos españoles mayores de 10 años era del 68 %, y el volumen de escolarización del periodo escolar obligatorio solo alcanzaba al 55 % de los niños gitanos, según el Instituto de Sociología Aplicada de Madrid. Hoy en día, el 100 % de los gitanos están escolarizados en Educación Primaria, y más **31.** ______ 8 niños de cada diez, de edades comprendidas entre los 3 y los 6 años. Además, entre los gitanos menores de 25 o 30 años el analfabetismo es, por primera vez en la historia, casi inexistente. Persisten, sin embargo, unos altos índices de absentismo y de **32.** ______ escolar, y todavía es escasa su continuidad a partir de la adolescencia.

El sistema escolar está basado en la igualdad y la cooperación entre los alumnos y el derecho de estos a desarrollar al máximo sus capacidades. Por duro que nos **33.** ______, en el sistema educativo existe un conflicto de intereses entre los distintos grupos sociales, lo cual engendra posiciones defensivas y tensiones. Esta situación **34.** ______ ve acentuada actualmente por el descenso de la natalidad y el **35.** ______ excedente de plazas escolares.

En la actual coyuntura los centros luchan por ganar clientela (alumnos), y los padres tratan **36.** ______ llevar

a sus hijos al colegio que les parece de mayor garantía/prestigio/nivel. En la década de 1970 había carencia de plazas escolares y **37.** ______ que un grupo de niños gitanos se matriculaba en una escuela, algunos padres no gitanos protestaban airadamente; hoy, por el contrario, **38.** ______ plazas y muchos de estos padres payos, sin armar jaleo, se limitan a matricular a sus hijos en colegios "donde no hay gitanos", de ahí la "guetización" de los centros en los que estudian **39.** ______ decenas de niños gitanos. La educación privada-concertada está siendo utilizada como vehículo de la diferenciación de clases sociales: son muchos los padres que matriculan a su hijo en un centro en función de la composición social del alumnado. Se perfilan también ahora dos tipos de colegios públicos: los de barriada "libre de gitanos" (donde suelen acudir niños de **40.** ______ medio-bajo de familias obreras payas) y los colegios-guetos de gitanos y de otras minorías étnicas.

(Extraído de: http://www.aulaintercultural.org/article.php3?id_article=854)

OPCIONES

27. A) adaptable B) adaptado C) adaptativo

28. A) por B) así C) tal

29. A) implica B) envuelve C) encierra

30. A) último B) reciente C) venidero

31. A) que B) por C) de

32. A) desilusión B) fallo C) fracaso

33. A) parece B) parezca C) pareciera

34. A) la B) le C) se

35. A) previo B) ulterior C) consiguiente

36. A) de B) a C) en

37. A) en vez de B) a menudo C) siempre

38. A) avanzan B) sobran C) escatiman

39. A) diversas B) múltiples C) varias

40. A) nivel B) rango C) índole

Prueba 2. Comprensión auditiva y uso de la lengua

Esta prueba tiene **cuatro tareas**. Usted debe responder a 30 preguntas.

La duración es de 50 minutos.

Marque las opciones elegidas en la **Hoja de respuestas**.

Tarea 1

INSTRUCCIONES

52

Usted va a escuchar una conferencia titulada "La fascinante historia de las palabras", de la que se tomaron algunas notas. Entre las doce opciones que aparecen debajo (A-L) usted deberá elegir las seis notas que corresponden a esta conferencia. Escuchará la audición dos veces.

Marque las opciones elegidas en la **Hoja de respuestas**.

Ahora dispone de un minuto para leer las opciones.

OPCIONES

A.	En el largo proceso de transformación de las palabras llegan a intervenir guerras y transacciones comerciales.
B.	Pocos se sorprenden de las maravillas que entraña el lenguaje, salvo cuando los niños balbucean sus primeras palabras.
C.	El hábito hace que perdamos interés en el proceso de adquisición lingüística durante la vida adulta.
D.	Ricardo Soca se aficionó a la filología en Grecia, donde fue corresponsal de un periódico uruguayo.
E.	Soca considera la filología como una rama de la etimología que rastrea el origen de las palabras.
F.	La raíz de "alcohol" desvela el estrecho vínculo entre los cánones de belleza y las antiguas divinidades.
G.	La cultura hindú nos ha regalado palabras para designar una actividad lúdica y un producto de higiene.
H.	La arroba del actual internet aparece asociada a la cerveza en los manuscritos medievales.
I.	A veces las equivocaciones de los niños cuando aprenden a hablar reflejan la historia de algunas palabras.
J.	Resulta interesante que la palabra para un órgano del cuerpo provenga del nombre de una fruta.
K.	La evidente relación entre "corona" y el nombre de un alto cargo militar ilustra otra curiosidad etimológica.
L.	La palabra "tiza", de origen indígena, es muy común en el ámbito escolar español y mexicano.

Tarea 2

INSTRUCCIONES

Usted va a escuchar cuatro conversaciones. Escuchará cada conversación dos veces. Después debe contestar a las preguntas (7-14). Seleccione la opción correcta (A, B o C).

53

Marque las opciones elegidas en la **Hoja de respuestas**.

CONVERSACIÓN UNO

7. La profesora no tiene muy claro qué tipo de guía contratar porque...
A) nunca ha ido a Valencia a la Ciudad de las Artes y las Ciencias.
B) en su ciudad no hay museos de ciencia.
C) ir con estudiantes requiere información extra.

8. El empleado se muestra...
A) muy capacitado y profesional.
B) aburrido y desinformado.
C) deseoso de recibir una nueva visita de estudiantes.

CONVERSACIÓN DOS

9. El chico no está receptivo en la conversación porque...
A) la chica le da las razones suficientes para que no se vaya.
B) se siente incomprendido.
C) quiere hacer las cosas sin consultarlas con su familia.

10. Clara no entiende la decisión de su amigo...
A) porque quiere que él se quede con ella.
B) ya que en su ciudad no le falta de nada.
C) y pretende que él hable con su madre y su padre.

CONVERSACIÓN TRES

11. La alumna entra al despacho del profesor...
A) atemorizada porque el profesor es un hueso duro.
B) optimista por la propuesta que le va a hacer al profesor.
C) apenada por la situación académica en la que se encuentra.

12. Debido a que es también su tutor, el profesor de matemáticas...
A) habló de lo ocurrido con la madre de Marta.
B) le pide a Marta que hable con Claudio para no volver a copiar en los exámenes.
C) tomará una decisión *a posteriori* sobre el examen de Marta.

CONVERSACIÓN CUATRO

13. La conversación entre estas dos personas...
A) es muy distendida y agradable.
B) es tensa y poco aclaratoria.
C) es inflexible por parte de uno de los hablantes.

14. ¿Por qué llama este hombre a este servicio?
A) Porque no sabe si puede ir al trabajo en coche.
B) Porque está preocupado por la situación climática en España.
C) Porque está indeciso sobre la posibilidad de emprender un viaje en coche o no.

Tarea 3

INSTRUCCIONES

Usted va a escuchar una entrevista. Después debe contestar a las preguntas (15-20).

54

Seleccione la opción correcta (A, B o C).

Marque las opciones elegidas en la **Hoja de respuestas**.

15. El escritor al que se entrevista...
A) hace años que no ha vuelto a su país de origen.
B) estuvo trabajando a caballo entre dos países.
C) se inspira en los viajes de sus amigos y conocidos.

16. ¿Cómo han reseñado algunos escritores *Un mal año para Miki*?
A) Como una novela que te atrapa y te hace viajar.
B) Como una historia en la que el protagonista te pone nervioso y te hace llorar.
C) Como una novela autobiográfica.

17. En la vida del escritor...
A) ha habido una gran presencia de personas que le han transmitido la historia española y cubana.
B) siempre destacó la vida política de sus familiares.
C) palpita la idea utópica de una mejoría del mundo.

18. La literatura de viajes o la literatura europea son géneros...
A) por los que el escritor se interesa.
B) a los que se acerca pero no se dedica.
C) con los que se lo ha relacionado.

19. Las influencias de otros escritores...
A) son prevalentemente de escritores de fuera de España.
B) llegan solo por parte de escritores latinoamericanos.
C) lo han ayudado a escribir de diferentes lugares geográficos.

20. El lugar donde nace un escritor...
A) determina en cierto modo el tipo de literatura que escribirá.
B) influye sobre su personalidad pero no sobre su creación literaria.
C) ayuda a crear un espíritu nacional colectivo.

Tarea 4

INSTRUCCIONES

Usted va a escuchar diez diálogos breves. Escuchará cada diálogo dos veces. Después debe contestar a las preguntas (21-30). Seleccione la opción correcta (A, B o C).

55

Marque las opciones elegidas en la **Hoja de respuestas**.

DIÁLOGO 1

21. El jefe, ante la pregunta de su empleada, reacciona diciendo que...
A) en estos momentos la situación es difícil.
B) mejor desayunar y hablar dentro de un mes.
C) lo hará al mes siguiente.

DIÁLOGO 2

22. La opinión de la mujer que escucha la noticias es que...
A) hubo un caso similar hace años.
B) hay capitanes que no son valientes.
C) es mejor quedarse en tierra y no navegar.

DIÁLOGO 3

23. Mario es una persona...
A) muy divertida y graciosa.
B) muy seria.
C) que habla de todo el mundo.

DIÁLOGO 4

24. A Laura, que le cuenten ciertas historias...
A) le provoca una sensación de dolor.
B) le hace aumentar sus temores.
C) es como si le metieran espíritus en el cuerpo.

DIÁLOGO 5

25. Manu conseguirá...
A) hacer tiempo en casa antes de salir.
B) ver los pájaros del parque.
C) hacer dos cosas a la vez.

DIÁLOGO 6

26. La discusión de estos dos amigos...
A) gira en torno a la ineficiencia de la clase política.
B) se centra en el problema de la construcción de las casas.
C) trata sobre parásitos que sacan la sangre.

DIÁLOGO 7

27. La pregunta que le hace a Maribel su amigo...
A) toca un tema inoportuno.
B) se centra en la bondad de Toni.
C) no les concierne a ella ni a él.

DIÁLOGO 8

28. La respuesta al comentario sobre la programación del museo nacional...
A) da a entender que a la persona la dejó indiferente la exposición que vio.
B) demuestra que no todas las obras que llegan al museo son de gran nivel.
C) denota que esa persona no obtuvo el placer que buscaba en la exposición que visitó.

DIÁLOGO 9

29. La persona que comenta lo ocurrido expresa...
A) su comprensión.
B) que está enfadada.
C) que se tendría que haber despertado antes aquella mañana.

DIÁLOGO 10

30. La respuesta de Bárbara...
A) está relacionada con la alimentación del bebé.
B) destaca la buena suerte que le ha traído el nacimiento del niño.
C) refleja la influencia de la maternidad en su trabajo.

Prueba 3. Expresión, mediación e interacción escritas

Esta prueba tiene **dos tareas**.

La duración es de 80 minutos.

Tarea 1

INSTRUCCIONES

56

Usted pertenece al Club de Amistades del Museo de su ciudad, donde el crítico Daniel Báez ha dado una conferencia sobre la revolución del arte digital. Después de escucharlo, usted va a escribir una reseña de su conferencia para el blog del museo.

Lo escuchará dos veces y podrá tomar notas.

En su reseña deberá:

- hacer una introducción al tema;
- resumir los puntos principales de la conferencia;
- valorar lo expuesto por Daniel Báez acerca del arte y expresar su propia opinión sobre el tema.

Número de palabras: entre 220 y 250 palabras.

Tarea 2

INSTRUCCIONES

Elija solo una de las dos opciones que se le ofrecen a continuación.

Número de palabras: entre 180 y 220 palabras.

OPCIÓN 1

Usted está estudiando un curso de nutrición. Esta semana, como deberes de clase, tiene que escribir un artículo para la asignatura Sociedad y alimentación. Para ello, dispone de los siguientes datos proporcionados por las asociaciones de consumidores/as.

Consumo y gasto per cápita total en alimentación

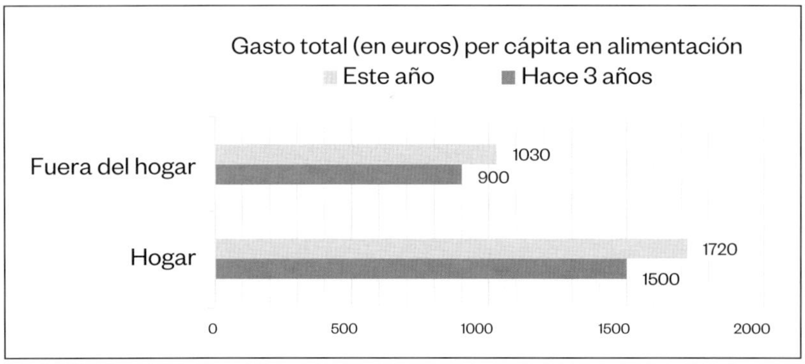

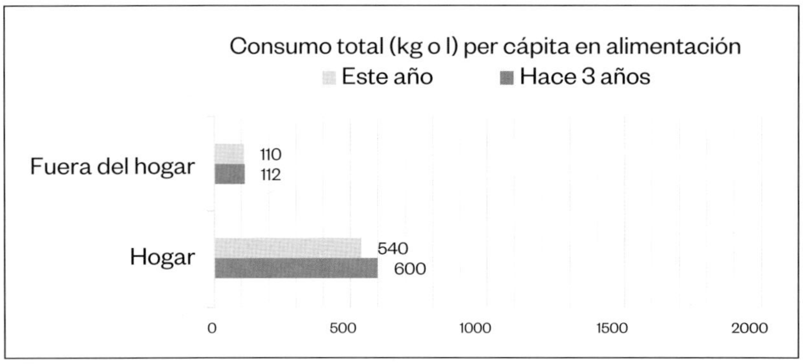

¿Ha renunciado a algunos alimentos por el precio en los tres últimos años?

48 %: NO   52 %: SÍ

¿A qué alimentos?

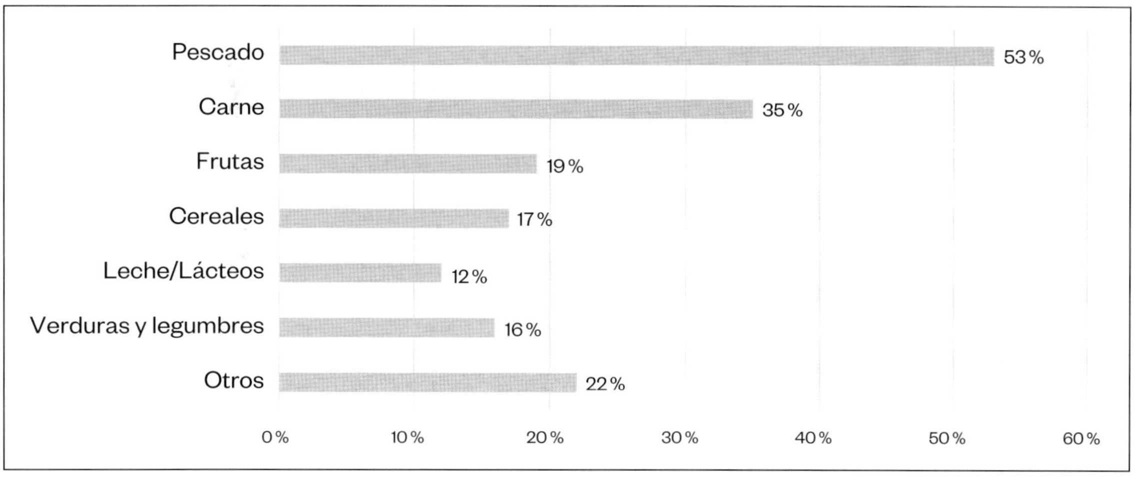

Perfil de quien ha dejado de consumir estos alimentos

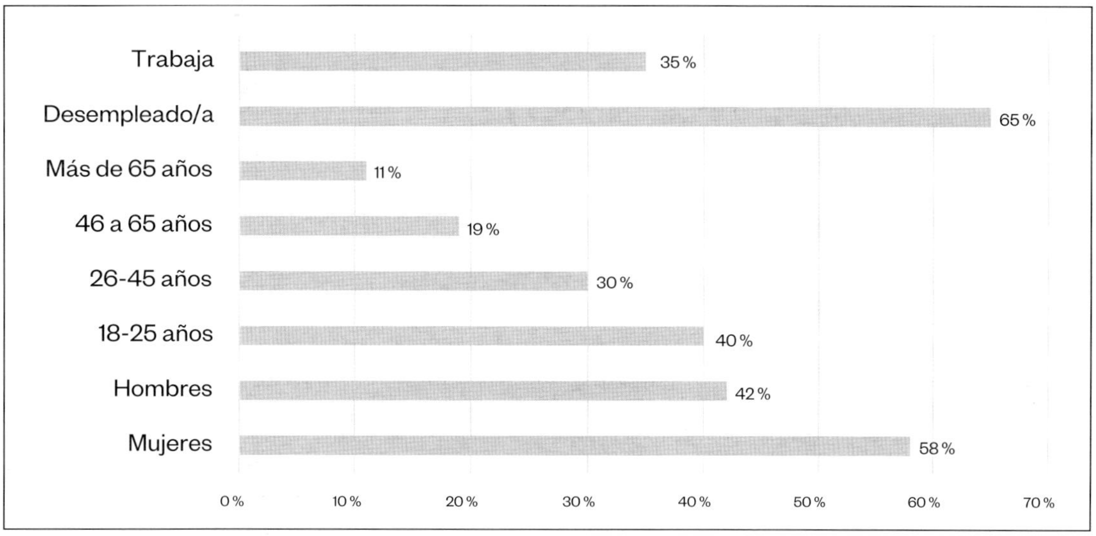

(Adaptado de: https://www.mapa.gob.es/ca/alimentacion/temas/consumo-tendencias/resumen-consumo-alimentario-2023_tcm34-686107.pdf)

En su artículo deberá:

- destacar los datos que considere más relevantes y valorarlos;
- comentar las causas de las tendencias que indican los gráficos, según su opinión;
- explicar los posibles efectos de esta situación en la salud de las personas y en la sociedad.

OPCIÓN 2

Usted tiene un negocio de restauración en su pueblo. Lea la siguiente noticia sobre la cancelación de las fiestas y escriba una carta de queja al Ayuntamiento.

Se cancelan indefinidamente las Fiestas de Verano por falta de presupuesto

"El dinero se ha invertido en infraestructuras y cuestiones urgentes para el pueblo. Sintiéndolo mucho, las fiestas no son urgentes y volverán cuando la economía del pueblo se haya recuperado", ha declarado el alcalde.
Silvio Gómez, presidente de la Asociación de Hostelería y Turismo, responde: "Un verano sin visitantes ni turistas es un verano muerto".

En la carta deberá:

- presentarse brevemente;
- explicar las causas de su desacuerdo con la gestión del Ayuntamiento;
- exponer los beneficios de celebrar las fiestas;
- hacer una propuesta alternativa para organizar las fiestas este verano teniendo en cuenta las limitaciones expuestas.

Prueba 4. Expresión, mediación e interacción orales

INSTRUCCIONES

La prueba de Expresión, mediación e interacción orales tiene **tres tareas**:

- TAREA 1. Exposición sobre un tema (mediación). Usted tiene que hablar ante el/la entrevistador/a sobre un tema durante 3-5 minutos.
- TAREA 2. Entrevista sobre el tema de la Tarea 1 durante 4-6 minutos.
- TAREA 3. Negociación con el/la entrevistador/a para llegar a un acuerdo durante 4-6 minutos.

Tiene 20 minutos para preparar las Tareas 1 y 2. Puede tomar notas y escribir un esquema de sus respuestas.
Durante la prueba, puede consultar sus notas, pero no leerlas.

Tarea 1

INSTRUCCIONES

Usted debe hacer una presentación oral sobre el texto adjunto. Su exposición debe incluir los siguientes puntos:

- resumir los puntos principales del texto;
- valorar el texto (interés, novedad, claridad, intención de su autor/a, lógica de los argumentos, etc.);
- opinar sobre el tema.

Dispone de entre tres y cinco minutos para hablar. Puede consultar sus notas, pero la presentación no puede limitarse a una lectura de las mismas.

LA CIUDAD DE LOS 15 MINUTOS

La "ciudad de los 15 minutos" es un modelo urbano que propone que todas las necesidades diarias de los ciudadanos (trabajo, educación, compras, salud, ocio y cultura) se encuentren en un radio de 15 minutos a pie o en bicicleta de sus hogares. Este modelo busca mejorar la calidad de vida de los habitantes, así como reducir la contaminación y fomentar la sostenibilidad ambiental. Fue desarrollado por el urbanista franco-colombiano Carlos Moreno, quien en su libro *La revolución de la proximidad: de la "ciudad mundo" a la "ciudad de quince minutos"* explica este enfoque basado en la hiperproximidad, con el objetivo de crear comunidades más autosuficientes y menos dependientes del automóvil. Según Moreno, "responde a la necesidad de ciudades más resilientes, capaces de afrontar crisis futuras como la del COVID-19 con un menor impacto en la vida de la población".

Los antecedentes de esta "ciudad de los 15 minutos" se remontan a los trabajos de Clarence Perry en la década de 1900 sobre el papel del vecindario y a la obra de Jane Jacobs, tan completa que puede llevarnos a cuestionar la originalidad e innovación atribuidas al modelo de Moreno. El concepto se fundamenta en una visión de ciudad policéntrica en la que los habitantes satisfacen sus necesidades organizadas en seis categorías: vivir, trabajar, abastecerse, cuidarse, educarse y descansar. Se guía por el principio del "cronourbanismo", que busca dar un nuevo ritmo a la ciudad mediante la reorganización de los tiempos y espacios urbanos, adaptando la infraestructura para que los ciudadanos realicen sus actividades cotidianas de manera más rápida y eficiente. Esta flexibilidad permite que un espacio tenga usos distintos en diferentes momentos del día, optimizando su utilidad y fomentando un uso dinámico y adaptativo de los recursos urbanos.

Asimismo, los principios de "cronotopía" y "topofilia" desempeñan un papel primordial en este modelo. El primero se refiere a la asignación de diferentes funciones a un lugar dependiendo de la temporalidad, y el segundo, que literalmente significa 'amor al lugar', promueve el apego de las personas a su barrio. Este principio, introducido por Yi-Fu Tuan, se refiere al sentimiento de pertenencia a un lugar o territorio y complementa al de "civitio", que sería el sentimiento de identidad comunitaria. En palabras de este geógrafo chino: "Lugar es seguridad y espacio es libertad: estamos apegados al uno y anhelamos el otro".

París ha sido pionera en la implementación del modelo desarrollado por Moreno. Su ayuntamiento adoptó medidas como la reducción de espacios destinados a automóviles, el aumento de áreas peatonales y ciclovías, y la conversión de patios escolares en parques públicos. Se espera que estas iniciativas mejoren la calidad de vida de los parisinos, disminuyan la contaminación (incluso se habla de frenar la transmisión de virus) y fomenten una mayor cohesión social en los barrios.

Barcelona, por su parte, ha desarrollado el concepto de "supermanzanas", cerrando varias manzanas al tráfico para crear más espacios peatonales y verdes. Estas medidas han demostrado ser efectivas para reducir la contaminación del aire y mejorar la vida comunitaria, proporcionando a los residentes más espacios para el ocio y la interacción social, pese a quedar bajo la sombra del gigante turístico... En cualquier caso, el proyecto de Moreno también ha llegado a Copenhague, que ha centrado su movilidad urbana en las bicicletas, promoviendo así hábitos de vida saludables; a Portland, en EE. UU., que ha iniciado un plan de barrios de 20 minutos, el cual, si bien ligeramente diferente, comparte los principios de proximidad y accesibilidad con las ciudades anteriores; además, Melbourne, en Australia, Buenos Aires, Bogotá y varias ciudades chinas como Shanghái y Cantón se han apuntado a esta tendencia urbanística.

No obstante, su implementación enfrenta desafíos significativos. Varios críticos argumentan que podría exacerbar las desigualdades urbanas y conducir al tribalismo, ya que las áreas más ricas podrían beneficiarse desproporcionadamente de las mejoras urbanas, creando enclaves de prosperidad en detrimento de otras zonas. Además, la complejidad de su puesta en marcha requiere una planificación urbana coordinada, difícil de lograr en ciudades con estructuras ya muy establecidas. Este proceso puede ser largo y costoso, y la resistencia al cambio por parte de residentes y negocios es previsible.

Moreno responde que las ciudades ya son muy desiguales y fragmentadas, y que este modelo puede ayudar a mejorar la cohesión social y la calidad de vida en los barrios más desfavorecidos. La clave está en una planificación cuidadosa y en políticas inclusivas que aseguren que los beneficios de este modelo se distribuyan equitativamente entre todos los residentes. Con todo, algunos sostienen que la menor necesidad de desplazamientos largos podría afectar negativamente a ciertos sectores económicos. Las zonas céntricas de las ciudades, que dependen del flujo de trabajadores y turistas, podrían ver mermada su actividad económica. Además, la reducción de la movilidad podría limitar las oportunidades laborales y educativas de los residentes al restringir su acceso a una gama más amplia de opciones. De lo que no hay duda es de que hará falta esperar algo más de 15 minutos hasta poder observar los resultados de este modelo.

(Adaptado de: https://www.elperiodico.com/es/verde-y-azul/20220317/ciudad-15-minutos-clave-futuro-13388613)

Tarea 2

INSTRUCCIONES

El/La examinador/a le hará una entrevista sobre el tema del texto de la Tarea 1.

Le formulará algunas preguntas para concretar, ampliar o personalizar el tema.

Ampliación del tema

- En el texto aparece una opinión contraria a este modelo urbano. ¿Cree también que fomenta la desigualdad social o, por el contrario, impulsa la cohesión social? ¿Por qué?
- ¿Este modelo se aplica ya de algún modo en alguna ciudad de su país? ¿Podría empezar a implantarse/mejorarse allí o no es viable?

¿Qué haría usted?

- Si un día este modelo se convirtiera en ley con normas obligatorias, ¿las cumpliría? ¿Y si necesitara un permiso especial para pasar por otro barrio, por ejemplo?

Personalización del tema

- ¿Le gusta el lugar donde vive? ¿Cambiaría algo para mejorar su día a día en su ciudad/pueblo? ¿Cuál sería su ciudad/lugar ideal para vivir? ¿Por qué?

Responda a las preguntas argumentando sus opiniones y añadiendo ejemplos o detalles a sus explicaciones. La entrevista durará entre cuatro y seis minutos.

Tarea 3

INSTRUCCIONES

Usted y el/la entrevistador/a trabajan en una editorial. Van a publicar una novela de intriga histórica que se desarrolla en una remota isla tropical en el siglo XIX y trata sobre el contrabando de animales. Ustedes buscan un título y una ilustración para la cubierta del libro. Deben elegir una de las cuatro propuestas que ha realizado el equipo de diseño:

Para decidir la más adecuada se deben tener en cuenta los siguientes aspectos:

- ilustración evocadora del lugar y la época del relato;
- calidad artística, originalidad y atractivo visual;
- título sugestivo y representativo del tema del libro;
- adecuación al perfil lector (adulto, culto, aficionado a este tipo de género...).

Ahora mire las ilustraciones. Teniendo en cuenta los aspectos citados arriba, ¿cuál cree que debe elegir? Trate de llegar a un acuerdo con el/la entrevistador/a.

Recuerde que se trata de una conversación abierta y que por tanto puede interrumpir a su interlocutor/a, discrepar, pedir y dar aclaraciones, argumentar sus opiniones, rebatir las ajenas, etc.

La duración de la conversación será de entre cuatro y seis minutos.

Propuesta 1: *Rugidos ahogados*

Propuesta 2: *Contrabando en la jungla*

Propuesta 3: *Ladrones de aullidos*

Propuesta 4: *La bahía del delito*

Prueba 1. Comprensión de lectura y uso de la lengua

Esta prueba tiene **cinco tareas**. Usted debe responder a 40 preguntas.

La duración es de 90 minutos.

Marque las opciones elegidas en la **Hoja de respuestas**.

Tarea 1

INSTRUCCIONES

Lea el texto y conteste a las preguntas (1-6). Seleccione la opción correcta (A, B o C).

Marque las opciones elegidas en la **Hoja de respuestas**.

NORMAS PARA EL USO DE ESPACIOS COMUNES DEL CENTRO RESIDENCIAL LAS BRISAS

Este conjunto de normas tiene como objeto proporcionar un marco claro para el uso responsable y respetuoso de las instalaciones comunes, promoviendo una atmósfera de convivencia positiva y segura para todos los residentes, tanto propietarios como inquilinos arrendatarios.

La comunidad de propietarios, por su parte, se compromete al cumplimiento de la actual normativa de seguridad de los espacios comunes: la piscina se ha vallado y las áreas a su alrededor están fabricadas con materiales antideslizantes para evitar accidentes. Las barreras de protección tienen la altura mínima de 1,20 m requerida y se han llevado a cabo obras para que la profundidad del vaso de la parte infantil sea de 50 cm y la del de adultos alcance un máximo de tres metros y un mínimo de uno, como consta en el Real Decreto 314/2006.

La piscina estará disponible de 8 h a 21 h todos los días, del 15 de mayo al 30 de septiembre. El resto del tiempo, el acceso a la piscina estará estrictamente prohibido y esta quedará vacía y cubierta por una lona para protegerla de la suciedad y las inclemencias meteorológicas. Durante el período estival se someterá a seis horas de mantenimiento semanal. Se avisará previamente de los trabajos del equipo técnico, ya que se restringirá el acceso durante los mismos.

Los demás espacios comunes (gimnasio, jardines y áreas de juegos) estarán disponibles de 8 h a 14 h y de 17 h a 20 h. No obstante, el salón de eventos y las áreas de barbacoa podrán reservarse para uso privado fuera de ese horario, ambos con al menos 48 horas de antelación. Se ruega que el usuario de estas últimas se responsabilice de su correcta limpieza posterior. Cualquier actividad fuera del horario indicado debe contar con una autorización previa del administrador de la comunidad, a quien debe entregársele la solicitud de reserva al menos con ocho días de antelación, así como el depósito de una fianza de 200 euros, reembolsable en un plazo de tres días tras la finalización del disfrute de la instalación, siempre y cuando no se hayan producido daños.

Por otro lado, se exige la utilización de tarjetas y códigos electrónicos para acceder a todas las áreas comunes. Los códigos de acceso se compondrán de cifras y letras y han de renovarse semestralmente a través de www.lasbrisasres.es con el fin de asegurar su privacidad.

El acceso a la piscina es exclusivo para los residentes y sus invitados, con un límite de tres invitados por unidad habitacional. Los residentes deben registrar a sus invitados en la oficina de administración antes de ingresar a esta zona recreativa.

Seguidamente se detallan las normas de seguridad e higiene para el uso de nuestros espacios comunes:

- Usar las papeleras y contenedores de reciclaje para los residuos.
- No se permite fumar en los espacios comunes interiores.
- Los equipos del gimnasio deben limpiarse después de cada uso, no es responsabilidad de los monitores. Informe al monitor de cualquier daño o desperfecto en los equipos lo antes posible.
- Es obligatorio ducharse antes de entrar en la piscina.
- El empleo de colchonetas, flotadores, pelotas, juguetes y gafas de buceo está regulado y debe respetarse.
- No se permiten alimentos ni envases de vidrio en la zona de la piscina.

- La entrada de mascotas, salvo si están atadas y/o acompañadas por sus dueños, está prohibida.
- Los menores de 14 años deben estar siempre bajo la supervisión de un adulto. Solo se contratarán socorristas en agosto.
- No se permiten comportamientos bruscos ni peligrosos que puedan poner en riesgo o molestar a los usuarios.

Se debe respetar el descanso y la tranquilidad de los demás residentes. Evite ruidos fuertes, TV o música altas (especialmente después de las 21 h) y comportamientos que puedan considerarse ofensivos. Se prohíbe la ingesta de alcohol excepto en las zonas de barbacoa y el salón, tratando de moderar siempre su consumo para evitar conductas inapropiadas. Los residentes deben responsabilizarse por el comportamiento de sus invitados y por cualquier daño que estos puedan causar.

El incumplimiento de estas normas resultará en advertencias escritas. Tres advertencias pueden conllevar la suspensión del acceso a las instalaciones durante un mes. En casos graves, el Consejo de Administración se reserva el derecho de imponer sanciones adicionales, incluyendo multas y, en última instancia, la prohibición permanente de acceso a las instalaciones. Por otra parte, cualquier daño a las instalaciones de los espacios comunes por uso negligente o indebido será reparado a costa del residente responsable.

(Adaptado de: https://blog.reale.es/normas-piscina-comunitaria y https://www.kronoshomes.com/es/actualidad/normativa-de-las-piscinas-comunitarias/)

PREGUNTAS

1. El propósito principal de este texto del Residencial Las Brisas es...
A) fomentar el respeto y las buenas relaciones entre residentes con propiedad o en alquiler.
B) anunciar el compromiso con la legislación vigente sobre condiciones de acceso e higiene en sus instalaciones.
C) difundir entre sus usuarios/as una serie de pautas que favorezcan un ambiente cordial y garanticen la seguridad.

2. En cuanto a las piscinas, la ley actual ordena que...
A) el fondo no se construya con materiales resbaladizos.
B) tengan una valla protectora que mida más de 1,20 m.
C) sus dimensiones cumplan con determinadas medidas.

3. El acceso a todos los espacios comunes...
A) se permite únicamente entre las horas de apertura y cierre indicadas.
B) está controlado por contraseñas que se modificarán dos veces al año.
C) de las personas invitadas se restringe a un máximo de tres por residente.

4. En la zona de la piscina...
A) se prohíbe tomar bebidas alcohólicas aunque su consumo sea moderado.
B) no se puede fumar ni bañarse sin haber tomado una ducha justo antes.
C) se autoriza el buceo, la práctica de cualquier deporte, salpicar y zambullirse.

5. Durante todo el verano Las Brisas cuenta con personal especializado para...
A) cuidar de que la piscina cumpla las condiciones adecuadas.
B) la vigilancia y seguridad de niñas y niños en la piscina.
C) el mantenimiento de equipos y la limpieza del gimnasio.

6. Se puede impedir que una persona residente utilice los espacios comunes en caso de que no...
A) le entregue a la administración el depósito requerido para la reserva de las instalaciones.
B) obedezca las normas aquí indicadas, habiéndosele notificado más de dos avisos.
C) abone las multas por incumplir las normas ni las facturas derivadas de los desperfectos.

Tarea 2

INSTRUCCIONES

Lea el siguiente texto, del que se han extraído seis fragmentos. A continuación lea los siete fragmentos propuestos (A-G) y decida en qué lugar del texto (7-12) hay que colocar cada uno de ellos.

Hay un **fragmento** que no tiene que elegir.

Marque las opciones elegidas en la **Hoja de respuestas**.

"LOS TESTIGOS", UN RELATO DE JULIO CORTÁZAR

Cuando le conté a Polanco que en mi casa había una mosca que volaba de espaldas, siguió uno de esos silencios que parecen agujeros en el gran queso del aire. Claro que Polanco es un amigo, y acabó por preguntarme cortésmente si estaba seguro. Como no soy susceptible le expliqué en detalle que había descubierto la mosca en la página 231 de *Oliver Twist*, es decir, que yo estaba leyendo *Oliver Twist* con puertas y ventanas cerradas, **7.** ______.

Al principio a mí no me pareció tan raro que una mosca volara patas arriba si le daba la gana, porque aunque jamás había visto semejante comportamiento, la ciencia enseña que eso no es una razón para rechazar los datos de los sentidos frente a cualquier novedad. **8.** ______, y se adhería a él sin el menor esfuerzo. Como todo tiene su compensación, cada vez que se le antojaba descansar sobre mi caja de habanos se veía precisada a rizar el rizo, como tan bien traducen en Barcelona los textos ingleses de aviación, mientras sus dos compañeras se posaban como reinas sobre la etiqueta "made in Havana" donde Romeo abraza enérgicamente a Julieta. Apenas se cansaba de Shakespeare, la mosca despegaba de espaldas y revoloteaba en compañía de las otras dos formando esos dos insensatos que Pauwels y Bergier se obstinan en llamar brownianos. La cosa era extraña, pero a la vez tenía un aire curiosamente natural, como si no pudiera ser de otra manera; abandonando a la pobre Nancy en manos de Sykes, me trepé al sillón y traté de lidiar más de cerca un comportamiento en el que rivalizaban lo supino y lo insólito. Cuando la señora Fotheringham vino a avisarme que la cena estaba servida, le contesté sin abrir la puerta que bajaría en dos minutos **9.** ______. Me bastó la primera de las dos noticias para decidirme (esas decisiones son como el salto de la pantera) a investigar y a comunicar al mundo de la ciencia mi diminuto aunque alarmante descubrimiento.

Tal como se lo conté después a Polanco, vi en seguida las dificultades prácticas. Vuele boca abajo o de espaldas, una mosca se escapa de cualquier parte con probada soltura aprisionada en un bocal **10.** ______. Si la filmaba (Polanco hace cine, aunque con mujeres), corría el doble riesgo de que los reflectores estropeasen el mecanismo de vuelo de mi mosca, devolviéndolo en una de esas a la normalidad con enorme desencanto de Polanco, de mí mismo y hasta probablemente de la mosca, aparte de que los espectadores futuros nos acusarían sin duda de un innoble truco fotográfico. En menos de una hora decidí que la única solución era ir reduciendo poco a poco las dimensiones de mi habitación hasta que la mosca y yo quedáramos incluidos en un mínimo de espacio, condición científica imprescindible para que mis observaciones fuesen de una precisión intachable y me permitieran preparar la comunicación correspondiente, no sin antes llamar a Polanco para que testimoniara tranquilizadoramente no tanto sobre el vuelo de la mosca como acerca de mi estado mental.

Resuelto el problema de entrar y salir siempre que la mosca estuviera lejos de la puerta, empecé a acarrear los materiales necesarios para la reducción del espacio, no sin antes explicarle a la señora Fotheringham que se trataba de modificaciones transitorias, y alcanzarle por la puerta apenas entornada sus ovejas de porcelana, el retrato de lady Hamilton y la mayoría de los muebles, esto último con el riesgo terrible de tener que abrir de par en par la puerta mientras la mosca dormía en el cielo raso o se lavaba la cara sobre mi escritorio. **11.** ______; me limité a asegurarle que estaba empeñado en unas proyecciones arquitectónicas vagamente vinculadas con las ideas de Palladio sobre la perspectiva en los teatros elípticos, concepto que recibió con la misma expresión de una tortuga en circunstancias parecidas. Prometí además indemnizarla por cualquier daño, y unas horas después ya tenía instaladas las planchas a dos metros de las paredes y del cielo raso, gracias a múltiples prodigios de ingenio, *scotchtape* y ganchitos. La mosca no me parecía descontenta ni alarmada; seguía volando patas arriba, y ya llevaba consumida buena parte del terrón de azúcar y del dedalito de agua amorosamente colocados por mí en el lugar más cómodo. **12.** ______. Tuve la suerte de que la segunda tanda de planchas de cartón fuera mucho más pequeña que la anterior, como puede imaginarlo todo propietario de una muñeca rusa, y que la señora Fotheringham me viera acarrearla e introducirla en mi aposento sin tomar otras medidas que llevarse una mano a la boca mientras con la otra elevaba por el aire un plumero tornasolado.

(Extraído de: https://ciudadseva.com/texto/los-testigos/)

FRAGMENTOS

A.	y, de paso, ya que la tenía orientada en el tema temporal, le pregunté cuánto vivía una mosca. La señora Fotheringham, que conoce a sus huéspedes, me contestó sin la menor sorpresa que entre diez y quince días, y que no dejara enfriar el pastel de conejo
B.	Durante la primera parte de estas actividades me vi forzado a observar con mayor atención a la señora Fotheringham que a la mosca, pues veía en ella una creciente tendencia a llamar a la policía, con la que desde luego no hubiese podido entenderme por un resquicio de la puerta. Lo que más inquietó a la señora Fotheringham fue el ingreso de las enormes planchas de cartón prensado, pues naturalmente no podía comprender su objeto y yo no me hubiera arriesgado a confiarle la verdad pues la conocía lo bastante como para saber que la manera de volar de las moscas la tenía majestuosamente sin cuidado
C.	No debo olvidarme de señalar (todo era prolijamente anotado en mi diario) que Polanco no estaba en su casa, y que una señora de acento panameño atendía el teléfono para manifestarme su profunda ignorancia del paradero de mi amigo. Solitario y retraído como vivo, solo en Polanco podía confiar; a la espera de su reaparición decidí continuar el estrechamiento del "habitat" de la mosca a fin de que la experiencia se cumpliera en condiciones óptimas

D.	Se me ocurrió que a lo mejor el pobre animalito era tonto o tenía lesionados los centros de orientación y estabilidad, pero poco me bastó para darme cuenta de que esa mosca era tan vivaracha y alegre como sus dos compañeras que volaban con gran ortodoxia patas abajo. Sencillamente esta mosca volaba de espaldas, lo que entre otras cosas le permitía posarse cómodamente en el cielo raso; de tanto en tanto se acercaba
E.	e incluso en una caja de vidrio puede perturbar su comportamiento o acelerar su muerte. De los diez o quince días de vida, ¿cuántos le quedaban a este animalito que ahora flotaba patas arriba en un estado de gran placidez, a treinta centímetros de mi cara? Comprendí que si avisaba al Museo de Historia Natural, mandarían a algún gallego armado de una red que acabaría en un plaf con mi increíble hallazgo
F.	Polanco encendió la pipa y me miró un rato. Evidentemente estaba impresionado, y hasta se me ocurre que un poco pálido. Creo haber dicho ya que al comienzo me preguntó cortésmente si yo estaba seguro de lo que le decía. Debió convencerse, porque siguió fumando y meditando, sin ver que ya no quería perder tiempo (¿y si ya estaba muerta, y si ya estaba muerta?) y que pagaba las cervezas para decidirlo de una vez por todas
G.	y que al levantar la vista justamente en el momento en que el maligno Sykes iba a matar a la pobre Nancy, vi tres moscas que volaban patas arriba. Lo que entonces dijo Polanco es totalmente idiota, pero no vale la pena transcribirlo sin explicar antes cómo pasaron las cosas

Tarea 3

INSTRUCCIONES

Lea el texto y conteste a las preguntas (13-18). Seleccione la opción correcta (A, B o C).

Marque las opciones elegidas en la **Hoja de respuestas**.

UNA BAILARINA DE CADA CINCO SUFRE TRASTORNOS ALIMENTARIOS

"Una bailarina de cada cinco sufre trastornos alimentarios, como anorexia y bulimia, y por eso luego no pueden tener hijos". Esta dramática denuncia de Mariafrancesca Garritano, bailarina solista en La Scala de Milán, le costó la expulsión de ese templo de la música a la edad de 33 años. Había llegado a él para cumplir su sueño cuando tenía 16, procedente de la región de Calabria, al sur de Italia. Su carrera estaba llena de éxitos y de premios internacionales por sus papeles de protagonista. Con rabia y dolor, Garritano contó su experiencia y denunció la corrupción y malas artes en el mundo de la danza en su libro *La verdad, os ruego, sobre la danza*, y después en una entrevista a un diario londinense.

Garritano describió un escenario que recordaba a la famosa película *El cisne negro*, un drama psicológico con la actriz Natalie Portman en el papel de la problemática y competitiva protagonista. La competición en la vida de las bailarinas no es solo para ver cuál es la mejor en el escenario, sino también sobre quién come menos. Las consecuencias son dramáticas: "Siete bailarinas de cada diez —afirmaba Garritano— no tienen menstruación a causa de las dietas punitivas a las que se someten. La verdad es que los padres piensan que ponen a sus hijas en buenas manos, pero en realidad para ellas comienza una relación casi religiosa con el espejo, el instructor y el público". Y muchas de sus colegas "eran trasladadas al hospital para ser alimentadas artificialmente".

La bailarina describía así su caso personal: "Yo salía adelante con una fruta y un yogur al día, confiando en la adrenalina para llegar al final de las pruebas. Cuando era adolescente, en los entrenamientos, mi profesor de baile me llamaba *mozzarela* o buñuelito chino delante de todos. Reduje mi alimentación hasta el extremo de que mi menstruación se interrumpió durante un año y medio cuando tenía 16 y 17 años y adelgacé hasta pesar 43 kilos".

Mariafrancesca fue una voz fuera del coro y demostró que en el mundo del *ballet* no es oro todo lo que reluce. Por eso, se la quitaron de en medio. La Scala lo hizo con un lacónico comunicado: "Era una decisión necesaria tras sus declaraciones públicas, en las que ha concretado un daño a la imagen del teatro y a su escuela de baile". Ella se sintió amargada por la decisión de La Scala e insistió en que "es necesario informar y tomar conciencia de este problema (anorexia y bulimia), porque es una de las principales causas de muerte entre las adolescentes de entre 12 y 25 años, después de los accidentes de carretera".

Liliana Cosi, ex primera bailarina de La Scala y protagonista del *Cascanueces* con Nureyev en el Bolshoi, recuerda las presiones psicológicas en su profesión: "Los problemas alimentarios los hemos tenido siempre todas las bailarinas. Yo me sentía culpable cada vez que comía un panecillo, y esta era una fijación que padecíamos todas. Era normal y formaba parte del trabajo. Si eres bailarina clásica, los compañeros te quieren ver cada vez más delgada. Y después hay casos coercitivos graves". Por último, Liliana Cosi denuncia que los parámetros son cada vez más exigentes: "En el teatro Bolshoi piden que una bailarina de un metro y sesenta centímetros pese 37 kilos, mientras que en mis tiempos eran 47".

Afortunadamente, el Tribunal de Apelación de Milán acabó dándole la razón y La Scala fue obligada a readmitir a Garritano. Recientemente, la coreógrafa Adabel Guerrero también ha denunciado prácticas parecidas en el *ballet* del Teatro Colón de Buenos Aires, provocando una considerable polémica en el mundo del espectáculo argentino.

(Extraído de: https://www.abc.es/cultura/teatros/abci-despiden-bailarina-scala-201202050000_noticia.html)

PREGUNTAS

13. Las afirmaciones que en su día hizo la bailarina italiana sobre la situación en La Scala...
A) provocaron su retirada del mundo de la danza.
B) la ayudaron mucho a alcanzar su sueño.
C) aparecieron en su libro y en un periódico inglés.

14. La vida de la bailarina que interpretó Natalie Portman...
A) es el reflejo de la situación que viven las bailarinas sobre el escenario.
B) se relaciona con los efectos de la competitividad y la mala alimentación.
C) lleva a la gran pantalla el recuerdo de lo que vivieron muchas bailarinas.

15. Según el texto, los problemas de muchas bailarinas...
A) están vinculados a su fisiología.
B) no tienen repercusión en su trabajo.
C) causan que deban ir al hospital a comer.

16. La situación particular de Mariafrancesca...
A) estuvo marcada por los comentarios ofensivos de su entrenador.
B) provocó que acabara cayendo enferma.
C) fue la verdadera razón por la que escribió el libro.

17. La bailarina de La Scala...
A) supo por un comunicado la decisión tomada por este teatro.
B) se marchó de la compañía resignada pero feliz.
C) puso de manifiesto problemas graves en el ámbito del *ballet*.

18. Según el texto, otras estrellas de la danza...
A) se han mostrado comprensivas con Garritano.
B) han denunciado la situación en otros teatros.
C) se han visto en situaciones represivas muy serias.

Tarea 4

INSTRUCCIONES

A continuación tiene seis textos (A-F) y ocho enunciados (19-26). Léalos y marque con una cruz la letra del texto que corresponde a cada enunciado.

Recuerde que hay textos que deben ser elegidos más de una vez.

Marque las opciones elegidas en la **Hoja de respuestas**.

NOAM CHOMSKY Y LAS 10 ESTRATEGIAS DE MANIPULACIÓN MEDIÁTICA

EL LINGÜISTA NOAM CHOMSKY ELABORÓ LA LISTA DE LAS "10 ESTRATEGIAS DE MANIPULACIÓN" A TRAVÉS DE LOS MEDIOS, AQUÍ LES PRESENTAMOS SEIS DE ELLAS.

A. LA ESTRATEGIA DE LA DISTRACCIÓN

El elemento primordial del control social es la estrategia de la distracción, que consiste en desviar la atención del público de los problemas importantes y de los cambios decididos por las élites políticas y económicas, mediante la técnica del diluvio o inundación de continuas distracciones y de informaciones insignificantes. La estrategia de la distracción es igualmente indispensable para impedir al público interesarse por los conocimientos esenciales, en el área de la ciencia, la economía, la psicología, la neurobiología y la cibernética. "Mantener la atención del público distraída, lejos de los verdaderos problemas sociales, cautivada por temas sin importancia real. Mantener al público ocupado, ocupado, ocupado, sin ningún tiempo para pensar; de vuelta a la granja como los otros animales" (cita del texto "Armas silenciosas para guerras tranquilas").

B. CREAR PROBLEMAS Y DESPUÉS OFRECER SOLUCIONES

Este método también es llamado "problema-reacción-solución". Se crea un problema, una "situación" prevista para causar cierta reacción en el público, a fin de que este sea el mandante de las medidas que se desea hacer aceptar. Por ejemplo: dejar que se desenvuelva o se intensifique la violencia urbana, u organizar atentados sangrientos, a fin de que el público sea el demandante de leyes de seguridad y políticas en perjuicio de la libertad. O también: crear una crisis económica para hacer aceptar como un mal necesario el retroceso de los derechos sociales y el desmantelamiento de los servicios públicos.

C. LA ESTRATEGIA DE DIFERIR

Otra manera de hacer aceptar una decisión impopular es la de presentarla como "dolorosa y necesaria", obteniendo la aceptación pública, en el momento, para una aplicación futura. Es más fácil aceptar un sacrificio futuro que un sacrificio inmediato. Primero, porque el esfuerzo no es empleado inmediatamente. Luego, porque el público, la masa, tiene siempre la tendencia a esperar ingenuamente que "todo va a mejorar mañana" y que el sacrificio exigido podrá ser evitado. Esto da más tiempo al público para acostumbrarse a la idea del cambio y de aceptarla con resignación cuando llegue el momento.

D. DIRIGIRSE AL PÚBLICO COMO CRIATURAS DE POCA EDAD

La mayoría de la publicidad dirigida al gran público utiliza discurso, argumentos, personajes y entonación particularmente infantiles, muchas veces próximos a la debilidad, como si el espectador fuese una criatura de poca edad o un deficiente mental. Cuanto más se intente buscar engañar al espectador, más se tiende a adoptar un tono infantilizante. ¿Por qué? "Si uno se dirige a una persona como si tuviese 12 años o menos, entonces, en razón de la sugestionabilidad, esta tenderá, con cierta probabilidad, a una respuesta o reacción también desprovista de un sentido crítico como la de una persona de 12 años o menos de edad (ver 'Armas silenciosas para guerras tranquilas')".

E. MANTENER AL PÚBLICO EN LA IGNORANCIA Y LA MEDIOCRIDAD

Hacer que el público sea incapaz de comprender las tecnologías y los métodos utilizados para su control y su esclavitud. "La calidad de la educación dada a las clases sociales inferiores debe ser la más pobre y mediocre posible, de forma que la distancia de la ignorancia que planea entre las clases inferiores y las clases sociales superiores sea y permanezca imposible de alcanzar para las clases inferiores (ver 'Armas silenciosas para guerras tranquilas')".

F. CONOCER A LOS INDIVIDUOS MEJOR DE LO QUE ELLOS MISMOS SE CONOCEN

En el transcurso de los últimos 50 años, los avances acelerados de la ciencia han generado una creciente brecha entre los conocimientos del público y aquellos poseídos y utilizados por las élites dominantes. Gracias a la biología, la neurobiología y la psicología aplicada, el "sistema" ha disfrutado de un conocimiento avanzado del ser humano, tanto de forma física como psicológicamente. El sistema ha conseguido conocer mejor al individuo común de lo que él se conoce a sí mismo. Esto significa que, en la mayoría de los casos, el sistema ejerce un control mayor y un gran poder sobre los individuos, mayor que el de los individuos sobre sí mismos.

(Extraído de: http://matrizur.org/2011/09/chomsky-la-estrategia-de-la-distraccion/)

ENUNCIADOS

		A	B	C	D	E	F
19.	Es necesario provocar para poder obtener algo.						
20.	La clase política tiene una responsabilidad directa en ciertos cambios puesto que ella es la responsable de a qué presta atención el público.						
21.	En algunas ocasiones se trata al público a través de engaños.						
22.	Se habla de cuando el gobierno anuncia medidas duras pero no de aplicación inmediata.						
23.	Muchas disciplinas científicas forman parte de un método que establece una cierta supremacía sobre el individuo.						
24.	Esta estrategia se relaciona directamente con el nivel educativo.						
25.	Las estrategias de despiste son uno de los puntos principales de los textos.						
26.	Las personas creen conocerse bien desde la infancia hasta la adultez, pero en realidad no es así.						

Tarea 5

INSTRUCCIONES

Lea el texto y rellene los huecos (27-40) con la opción correcta (A, B o C).

Marque las opciones elegidas en la **Hoja de respuestas**.

DOS AÑOS DE CÁRCEL POR INSULTAR A SU EXMUJER Y ENTRAR EN SU CASA SIN PERMISO

La Audiencia de Sevilla condena **27.** ______ dos años de cárcel a un hombre que vejó a su exesposa y entró sin permiso en su vivienda hace tres años. El acusado iba a ser **28.** ______ esta semana por un jurado popular, pero la vista oral no se celebrará porque las partes alcanzaron un acuerdo por el que el imputado ha aceptado esa pena de prisión y cinco años de prohibición de comunicarse y aproximarse a menos de 200 metros de la víctima, solo por el **29.** ______ de allanamiento de morada, además de 20 días de localización permanente en un alojamiento diferente y alejado del de su expareja por vejaciones e insultos de carácter continuado.

Por conformidad de las partes, la Audiencia ha verificado y confirmado que el acusado **30.** ______ mantenido una relación sentimental durante 22 años con la víctima. Durante once años estuvieron casados y además tienen dos hijas menores de edad. La relación, **31.** ______, acabó rompiéndose hace tres años con una sentencia de divorcio de mutuo acuerdo.

A las seis semanas, en plena noche, el acusado le comunicó a su exesposa que **32.** ______ por su casa para recoger unas cosas del sótano, a lo que ella respondió que "ni hablar, que ni se **33.** ______ ocurriera semejante disparate". Instantes después, el investigado se personó en el **34.** ______ de la víctima y mantuvo una conversación con ella, él desde la calle y ella desde la azotea del inmueble, **35.** ______ como figura en la sentencia facilitada por el Tribunal Superior de Justicia de Andalucía (TSJA).

36. ______ a que ella le expresó su negativa a que entrara en la casa, él **37.** ______ por la fachada del inmueble, apoyándose en los salientes, hasta llegar al balcón del dormitorio principal, situado en la segunda planta, levantó la persiana y accedió al interior. Allí fue sorprendido por otro varón que se hallaba en la vivienda, quien lo expulsó a causa de su actitud, ya que "profería expresiones de lo más grosero y hacía ademán de pegarle a mi pareja, asestaba golpes y patadas a muebles, a puertas...", declaró el testigo.

La Audiencia también agrega que el acusado, con **38.** ______ de desprestigiar a su expareja, la agredió verbalmente enviándole numerosos mensajes y audios por el móvil y gritándole insultos y expresiones malsonantes **39.** ______.

Finalmente, el pasado miércoles se **40.** ______ sentencia, imponiendo al investigado la prohibición de comunicarse con la víctima y de aproximarse a menos de 50 metros de ella.

(Extraído de: https://www.diariodesevilla.es/juzgado_de_guardia/actualidad)

OPCIONES

27. A) a B) bajo C) por

28. A) penado B) juzgado C) ajusticiado

29. A) defecto B) delito C) descuido

30. A) había B) haya C) hubiese

31. A) así pues B) en el fondo C) no obstante

32. A) pasará B) pasara C) pasaría

33. A) le B) la C) lo

34. A) refugio B) ámbito C) domicilio

35. A) tal B) conforme C) así

36. A) Frente B) Debido C) Pese

37. A) resbaló B) trepó C) surgió

38. A) indicio B) ánimo C) coraje

39. A) cara a cara B) de incógnito C) por todo lo alto

40. A) dictó B) otorgó C) adjudicó

Prueba 2. Comprensión auditiva y uso de la lengua

Esta prueba tiene **cuatro tareas**. Usted debe responder a 30 preguntas.

La duración es de 50 minutos.

Marque las opciones elegidas en la **Hoja de respuestas**.

Tarea 1

INSTRUCCIONES

57

Usted va a escuchar una conferencia sobre el repertorio musical del Barroco español, de la que se tomaron algunas notas. Entre las doce opciones que aparecen debajo (A-L) usted deberá elegir las seis notas que corresponden a esta conferencia. Escuchará la audición dos veces.

Marque las opciones elegidas en la **Hoja de respuestas**.

Ahora dispone de un minuto para leer las opciones.

OPCIONES

A.	La música de "tono humano" se apoyaba en obras literarias de diversos géneros, como la sátira.
B.	Una pieza musical podía adoptar finalidad religiosa o profana, dependiendo de lo que mandaran las circunstancias.
C.	Las letras de la música sacra y de la secular se escribían en los idiomas locales.
D.	En las composiciones vocales de carácter profano predominaban los tonos agudos frente a los graves.
E.	Los monarcas Austrias y Borbones fueron grandes aficionados a la música de "tono humano" de su época.
F.	Los villancicos eran propios de las fiestas navideñas, aunque terminaron sirviendo para cualquier celebración del calendario religioso.
G.	Los coros de los cantantes de villancicos debían ser instrumentales, normalmente de órgano y arpa.
H.	En la bibliografía especializada de la época apenas se encuentran detalles sobre la escritura musical del canto.
I.	Aunque los compases se reducían a tres, el sistema rítmico español era único en la Europa de entonces.
J.	Gracias al método de escritura musical, los ritmos resultaban sencillos de marcar al tocar un instrumento.
K.	Con el tiempo, el violín fue perdiendo protagonismo y la guitarra ganó presencia.
L.	El escaso número de piezas del siglo XVII que conocemos hoy demuestra que la improvisación musical era una costumbre muy extendida.

Tarea 2

INSTRUCCIONES

Usted va a escuchar cuatro conversaciones. Escuchará cada conversación dos veces. Después debe contestar a las preguntas (7-14). Seleccione la opción correcta (A, B o C). 58

Marque las opciones elegidas en la **Hoja de respuestas**.

CONVERSACIÓN UNO

7. Claudia centra su conversación en...
A) la descripción de la prueba.
B) las notas del examen.
C) las amistades que hizo durante la prueba del examen.

8. Por lo que le dice Claudia en la conversación el chico demuestra...
A) entusiasmo.
B) tranquilidad.
C) decepción.

CONVERSACIÓN DOS

9. Uno de los consejos del doctor para que Jorge se recupere bien es que...
A) vaya poco a poco en la recuperación y que no se acelere.
B) intente esforzarse para conseguir que los músculos adquieran la total normalidad cuanto antes.
C) cambie a un médico de urgencias.

10. Ante el cambio en el informe médico, Jorge se siente...
A) harto.
B) enfadado.
C) débil.

CONVERSACIÓN TRES

11. Para la chica, la literatura es...
A) algo demencial.
B) una especie de carrera.
C) una pasión.

12. El chico piensa que su amiga...
A) no tiene en cuenta los gustos de las demás personas.
B) es una exagerada.
C) lo relativiza todo.

CONVERSACIÓN CUATRO

13. El concierto del grupo musical estuvo a punto de no hacerse porque...
A) la solista pedía un alojamiento con vistas a la ciudad.
B) la *suite royale* estaba ocupada.
C) la solista quería hospedarse en un hotel muy caro.

14. El director del centro se muestra muy interesado...
A) en la anécdota de la solicitud que hace la cantante.
B) por el evento de la lectura literaria.
C) por la expectación del grupo musical.

Tarea 3

INSTRUCCIONES

Usted va a escuchar una entrevista al poeta y helenista Pablo Almar. Después debe contestar a las preguntas (15-20). 59

Seleccione la opción correcta (A, B o C).

Marque las opciones elegidas en la **Hoja de respuestas**.

15. La antigua Grecia fue la cuna...
A) de los términos lingüísticos más influyentes en todas las lenguas en diferentes campos.
B) de las bases de muchos de los derechos jurídicos y sociales actuales.
C) del mayor número de logros sociales para la ciudadanía.

16. El concepto de igualdad...
A) nace como idea que se deriva del concepto de ciudadano.
B) está en muchas palabras a través del prefijo *iso*-.
C) está muy relacionado con el término de la palabra "verdad".

17. Para el poeta Almar, Homero representa...
A) la idea de humanismo.
B) al padre de los derechos democráticos.
C) un espíritu libre.

18. Para el entrevistado, el humanismo es...
A) la búsqueda de la verdad.
B) la libertad individual.
C) dar todo a las demás personas.

19. Hoy en día el helenismo...
A) es infinito.
B) sigue manteniendo el conflicto entre civilización y crueldad.
C) se diferencia mucho de lo que fue en el pasado, antes de Cristo.

20. Grecia en la actualidad...
A) cuenta con un porcentaje de la ciudadanía que vota movimientos fascistas.
B) sigue manteniendo el grado de humanismo que se vivió en el siglo v a. C.
C) no cuenta con un sistema democrático válido ya que la confianza se ha depositado en el sistema bancario.

Tarea 4

INSTRUCCIONES

Usted va a escuchar diez diálogos breves. Escuchará cada diálogo dos veces. Después debe contestar a las preguntas (21-30). Seleccione la opción correcta (A, B o C).

60

Marque las opciones elegidas en la **Hoja de respuestas**.

DIÁLOGO 1

21. Según el doctor, el dolor de cabeza de la paciente...
A) puede pasársele asomándose por la ventana.
B) es debido a factores climáticos.
C) se le pasará dentro de una semana.

DIÁLOGO 2

22. La madre, en la conversación con su hijo, se siente...
A) alegre porque le gustan mucho las flores.
B) molesta porque su otro hijo no la ha felicitado.
C) preocupada porque desde ayer no sabe de su otro hijo.

DIÁLOGO 3

23. La mayor parte de los niños y niñas de la excursión...
A) quieren ir en la parte posterior del autobús.
B) están preparados/as para salir en breve.
C) se sienten mal en la parte trasera del autocar.

DIÁLOGO 4

24. Ante la incredulidad de su amiga, el chico...
A) se marcha.
B) le responde alterado.
C) se mosquea.

DIÁLOGO 5

25. Marcos este fin de semana va a...
A) encontrarse con viejas amistades de sus redes sociales.
B) salir con una conocida que ve con frecuencia.
C) darle un cambio a su vida.

DIÁLOGO 6

26. La chica piensa que Mario...
A) no sabe utilizar el espacio de su casa para colocar libros.
B) es aburrido porque no quiere otro regalo.
C) debería salir más con ella.

DIÁLOGO 7

27. La amiga de Pedro...
A) desconoce el problema por completo.
B) no entiende lo que le ha dicho el mecánico.
C) suele conducir a más de 80 km/h.

DIÁLOGO 8

28. El chico de la conversación...
A) está decepcionado por el mal tiempo.
B) expresa desilusión por no hablar más idiomas.
C) ha perdido su dominio del inglés.

DIÁLOGO 9

29. La panadera no sabe cómo ayudar al chico porque...
A) solo tiene panecillos.
B) por casualidad hoy no tiene pan para él.
C) están cerrando.

DIÁLOGO 10

30. La chica durante la conversación esperaba...
A) estar tranquila.
B) que Pablo llamara a su otro amigo.
C) tener noticias de Pablo.

Prueba 3. Expresión, mediación e interacción escritas

Esta prueba tiene **dos tareas**.

La duración es de 80 minutos.

Tarea 1

INSTRUCCIONES

61

Usted colabora en APMA, una Asociación para Personas Mayores de su ciudad, y le han encargado presentar allí el ciclo de conferencias "Contra el edadismo: NO a la discriminación por edad". Ha escuchado este reportaje radiofónico y va a basarse en él para preparar su presentación.

Escuchará el reportaje dos veces y podrá tomar notas.

En su presentación deberá:

- hacer una introducción al tema;
- resumir y valorar los puntos principales del reportaje;
- dar su opinión y algún ejemplo sobre el edadismo, y proponer alguna medida de mejora social para las personas mayores.

Número de palabras: entre 220 y 250 palabras.

Tarea 2

INSTRUCCIONES

Elija solo una de las dos opciones que se le ofrecen a continuación.

Número de palabras: entre 180 y 220 palabras.

OPCIÓN 1

Usted trabaja en un centro de *coaching* y desarrollo personal. A petición de su directora, va a escribir un artículo en el blog del centro sobre la percepción de la felicidad. Para ello dispone de los siguientes datos, extraídos de un estudio realizado este año en 40 países por una consultoría con ocasión del Día Mundial de la Felicidad.

Encuesta sobre (la) felicidad (muestra de 3 países)

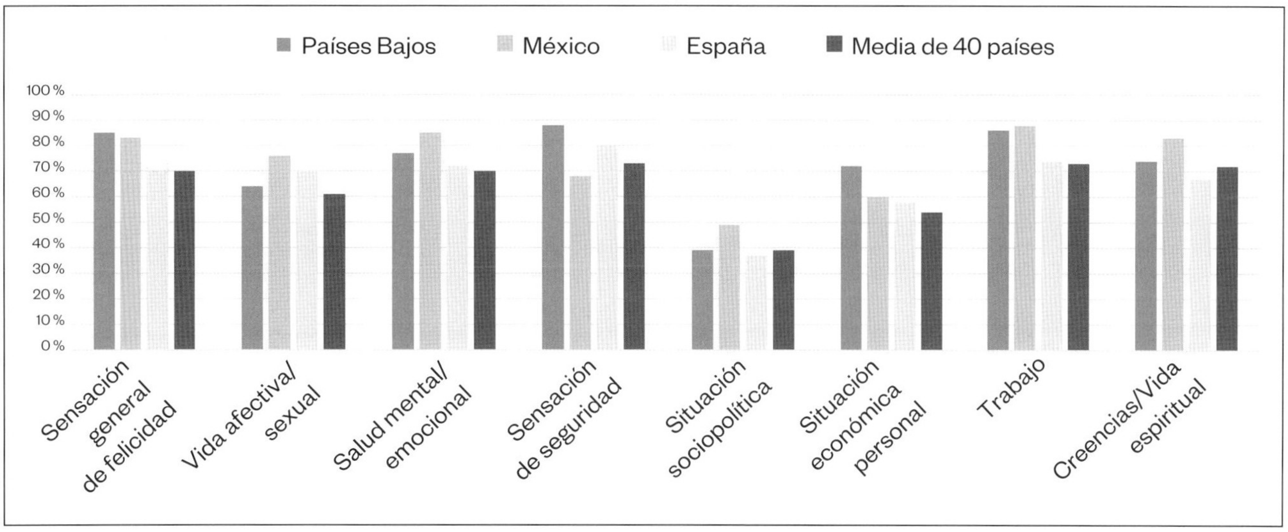

Encuesta de felicidad (España, por edades)

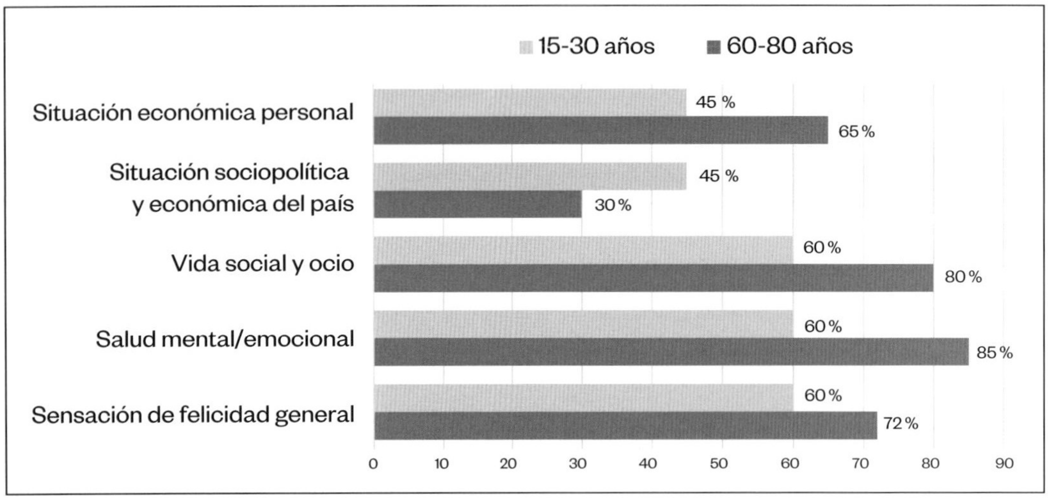

(Adaptado de: https://www.ipsos.com/sites/default/files/ct/news/documents/2024-03/Ipsos-happinessindex2024.pdf)

En su artículo deberá:

- decir los datos que le sorprenden o vea más significativos y explicar por qué;
- explicar las posibles causas de la diferencia de respuestas en el gráfico sobre España;
- valorar los criterios elegidos para este estudio y, si lo ve necesario, añadir otros;
- dar su opinión sobre este tipo de procedimientos de medición de la felicidad.

OPCIÓN 2

Usted vive en una zona declarada catastrófica hace ya un año, como se lee en esta noticia, y va a escribir una carta de reclamación al Defensor del Pueblo porque las ayudas económicas no han llegado ni tampoco se han iniciado los trabajos de reconstrucción y rehabilitación del entorno.

Devastador incendio en Sierra Gavache

30 personas fallecidas y miles de afectadas. 14 000 hectáreas arrasadas. Daños muy graves en viviendas, infraestructuras, agricultura y ecosistema de la zona. El gobierno la declara zona catastrófica y promete ayudas. Se calculan pérdidas de hasta 50 millones de euros.

"Es el tercer incendio aquí en una década. Algo se está haciendo mal", declara el portavoz de las asociaciones ecologistas.

En su carta deberá:

- presentar los hechos y denunciar estos retrasos;
- explicar las consecuencias para usted y la población de la zona, y pedir una compensación;
- destacar la importancia del impacto ecológico de la catástrofe;
- proponer alguna medida para evitar incendios en la zona.

Prueba 4. Expresión, mediación e interacción orales

INSTRUCCIONES

La prueba de Expresión, mediación e interacción orales tiene **tres tareas**:

- TAREA 1. Exposición sobre un tema (mediación). Usted tiene que hablar ante el/la entrevistador/a sobre un tema durante 3-5 minutos.
- TAREA 2. Entrevista sobre el tema de la Tarea 1 durante 4-6 minutos.
- TAREA 3. Negociación con el/la entrevistador/a para llegar a un acuerdo durante 4-6 minutos.

Tiene 20 minutos para preparar las Tareas 1 y 2. Puede tomar notas y escribir un esquema de sus respuestas.
Durante la prueba, puede consultar sus notas, pero no leerlas.

Tarea 1

INSTRUCCIONES

Usted debe hacer una presentación oral sobre el texto adjunto. Su exposición debe incluir los siguientes puntos:

- resumir los puntos principales del texto;
- valorar el texto (interés, novedad, claridad, intención de su autor/a, lógica de los argumentos, etc.);
- opinar sobre el tema.

Dispone de entre tres y cinco minutos para hablar. Puede consultar sus notas, pero la presentación no puede limitarse a una lectura de las mismas.

DINOSAURIOS: ENTRE EL LUJO Y LA CIENCIA

La paleontología es una disciplina científica fundamental para el estudio de los seres vivos que habitaron la Tierra en el pasado. A través del análisis de restos fósiles, los paleontólogos pueden reconstruir la historia de la vida en nuestro planeta y analizar su evolución. Sin embargo, la creciente comercialización de los fósiles de dinosaurios ha generado un conflicto significativo entre los intereses científicos y los comerciales, afectando seriamente la capacidad de la ciencia para avanzar en su comprensión del pasado.

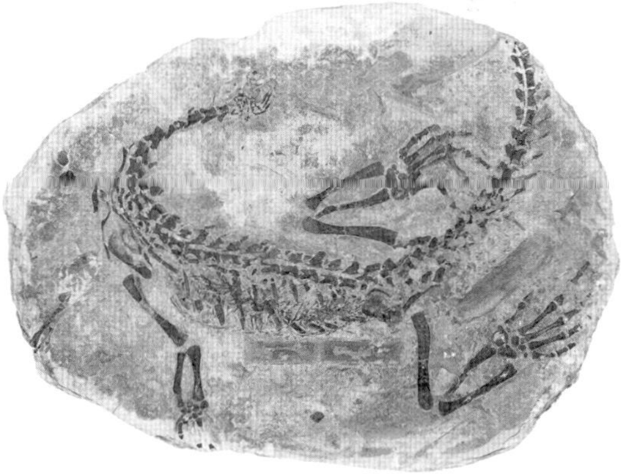

Los dinosaurios capturan la imaginación de personas de todo el mundo. Los fósiles, al ser piezas únicas conservadas por la naturaleza durante millones de años, se han convertido en objetos muy codiciados, auténticos artículos de lujo en un mercado en imparable crecimiento. Este interés ha llevado a pujas de cifras astronómicas en las subastas, donde coleccionistas privados pagan sumas exorbitantes por poseer estos restos. Cada fósil que termina en manos privadas representa una pérdida para el progreso, ya que impide la posibilidad de estudiarlo y obtener información crucial sobre la historia de la vida en la Tierra, de ahí las fuertes críticas a este fenómeno por parte de la comunidad científica. Desgraciadamente, muchos coleccionistas ven estos fósiles como meras piezas decorativas, no como valiosos recursos científicos. De hecho, su comercialización puede acarrear la pérdida de datos de enorme valía, pues el estudio detallado de un fósil en su contexto geológico y ambiental original es esencial para entender su trascendencia científica. Además, estos vestigios del pasado requieren de cuidados específicos para su correcta conservación si se desea extraer de ellos datos veraces y fiables.

En las casas de subastas de lujo, los fósiles de dinosaurios han reemplazado a obras de arte como las de Picasso y Van Gogh en términos de atención y valor. Por más que traten de recurrir a diversas fuentes de financiación, las instituciones científicas no pueden competir con las desorbitadas cantidades ofrecidas por los coleccionistas privados. Esta moda resulta particularmente problemática en países como Estados Unidos, donde, según la ley, los fósiles hallados en propiedades privadas pertenecen a los dueños de esas tierras, lo cual ha llevado a muchos terratenientes a preferir vender los fósiles a coleccionistas privados en lugar de permitir que los paleontólogos los estudien.

Casos como la subasta del fósil del *Tyrannosaurus rex* llamado "Stan", vendido por 31,8 millones de dólares en la casa Christie's de Nueva York, ilustran esta controversia. Aunque en algunos casos los fósiles terminan en museos, otros no corren la misma suerte. Además, la autenticidad de algunos fósiles subastados ha sido cuestionada, lo que añade otra capa de polémica al mercado de fósiles. Paleontólogos como Steve Brusatte han expresado su preocupación por la comercialización de los fósiles, al ver cómo los dinosaurios se convierten en objetos de colección para los ricos, hecho que no solo priva a la ciencia de importantes descubrimientos, sino que también plantea cuestiones éticas sobre el acceso y la propiedad de estos restos históricos... a las que, no lo olvidemos, podríamos añadir cuestiones legales, debido a falsificaciones y fraude.

Por otra parte, la paleontología también tiene aplicaciones útiles en otras disciplinas: puede contribuir a la geología, ayudando a datar las capas de rocas y entender los procesos geológicos, y ofrece perspectivas valiosas para la biología evolutiva y la ecología, ayudando a explicar cómo y por qué han cambiado las especies y los ecosistemas a lo largo del tiempo. A juzgar por las alteraciones climáticas de los últimos tiempos, no parece muy razonable tachar este último enfoque paleontológico de "superfluo", "inútil" o "desdeñable", como señalan algunas voces negacionistas, críticas con esta y otras ciencias.

A pesar de los avances significativos con nuevas tecnologías como la tomografía computarizada y el análisis de ADN antiguo, que permiten obtener datos más minuciosos de los fósiles, la disciplina afronta retos considerables. La financiación limitada, la pérdida de fósiles importantes debido al comercio privado, como acabamos de explicar, y la necesidad de preservar los contextos originales de los fósiles para realizar estudios precisos son algunos de los desafíos que la paleontología actual ha de superar.

Mientras que el valor económico de los fósiles puede ser tentador para los propietarios de tierras y coleccionistas, este comercio puede limitar el acceso a hallazgos importantes y desviar los fósiles de su propósito educativo y de investigación. Las políticas que protegen estos recursos invaluables para el beneficio de la humanidad y la ciencia son esenciales para mitigar los efectos negativos del comercio de fósiles. No obstante, las medidas parecen brillar por su ausencia. Peor aún, dada la falta de preocupación y propuestas por parte de las instituciones uno podría describir el panorama como desalentador.

La tensión entre el valor científico y el valor comercial de los fósiles revela la necesidad urgente de dichas políticas, de planes que protejan estos recursos para el beneficio de la ciencia y la educación pública. Solo a través de un equilibrio cuidadoso entre ambos grupos de interés se puede asegurar que los fósiles sigan siendo accesibles para la investigación y contribuyan al conocimiento de la vida en nuestro planeta.

(Adaptado de: https://www.muyinteresante.com/historia/60324.html y https://biositio.com/biologia/paleontologia)

Tarea 2

INSTRUCCIONES

El/La examinador/a le hará una entrevista sobre el tema del texto de la Tarea 1.

Le formulará algunas preguntas para concretar, ampliar o personalizar el tema.

Ampliación del tema

- Un activista medioambiental dijo que mejor sería dedicar todos estos esfuerzos científicos a los animales y plantas vivos que a los muertos, ¿qué piensa de esta declaración?
- El texto menciona el valor educativo de la paleontología, ¿cree que la educación en las escuelas debe centrarse en el pasado o mirar al futuro? ¿Por qué?

¿Qué haría usted?

- Si fuera usted legislador/a, por ejemplo, en EE. UU., ¿qué medidas tomaría para favorecer la investigación de fósiles por parte de la comunidad científica?
- Y si encontrara de repente un hueso extraño en el jardín de su casa, ¿qué haría?

Personalización del tema

- De ser millonario/a, ¿acudiría usted a subastas de fósiles? ¿Invertiría en artículos de lujo? ¿En cuáles? ¿Por qué?

Responda a las preguntas argumentando sus opiniones y añadiendo ejemplos o detalles a sus explicaciones. La entrevista durará entre cuatro y seis minutos.

Tarea 3

INSTRUCCIONES

Usted y el/la entrevistador/a han heredado una vieja casa de campo junto a una aldea en una zona poco poblada. No desean usarla, pero sí conservarla en buen estado. A cambio de una reducción fiscal, deciden traspasar su uso a una organización con fines benéficos. Deben elegir a cuál de estas organizaciones le dejarán la propiedad.

Para decidir la más adecuada se deben tener en cuenta los siguientes aspectos:

- relevancia de los fines de la organización y adecuación del lugar al desarrollo de su actividad;
- la propiedad: abandonada durante años, extenso terreno fértil bordeado por río y bosques, casa labriega de 300 m^2, cobertizo y establo, en lugar de difícil acceso (según condiciones climatológicas).

Ahora mire las cuatro opciones. Teniendo en cuenta los aspectos citados arriba, ¿cuál cree que sería la opción más adecuada? Trate de llegar a un acuerdo con el/la entrevistador/a.

Recuerde que se trata de una conversación abierta y que, por tanto, puede interrumpir a su interlocutor/a, discrepar, pedir y dar aclaraciones, argumentar sus opiniones, rebatir las ajenas, etc.

La duración de la conversación será de entre cuatro y seis minutos.

Organización 1:

COLECTIVO VASIJA

Restauración del patrimonio histórico-artístico tradicional

Organización 2:

Fundación AIRE

Tratamiento y reinserción.
Adicciones: drogas, alcohol, juego

Organización 3:

ASOCIACIÓN Resina

Lucha contra la deforestación y en favor de la conservación de los bosques

Organización 4:

Asociación TOBOGÁN

Actividades para niños/as con necesidades especiales en un entorno rural

Examen: **DELE C1**	**DELE**
Prueba: **Comprensión de lectura y uso de la lengua**	Fecha del examen:
Centro:	Inscripción:
Candidato/a:	

INSTRUCCIONES

Debe seleccionar **una única** respuesta para cada una de las preguntas de la prueba, del modo que se indica:

■ **Bien marcado**	☒ ▨ ☑ **Mal marcado**

PARA CUMPLIMENTAR POR EL CENTRO DE EXAMEN: **No se califica** ☐ **No presentado** ☐

Tarea 1

1. A☐ B☐ C☐
2. A☐ B☐ C☐
3. A☐ B☐ C☐
4. A☐ B☐ C☐
5. A☐ B☐ C☐
6. A☐ B☐ C☐

Tarea 2

7. A☐ B☐ C☐ D☐ E☐ F☐ G☐
8. A☐ B☐ C☐ D☐ E☐ F☐ G☐
9. A☐ B☐ C☐ D☐ E☐ F☐ G☐
10. A☐ B☐ C☐ D☐ E☐ F☐ G☐
11. A☐ B☐ C☐ D☐ E☐ F☐ G☐
12. A☐ B☐ C☐ D☐ E☐ F☐ G☐

Tarea 3

13. A☐ B☐ C☐
14. A☐ B☐ C☐
15. A☐ B☐ C☐
16. A☐ B☐ C☐
17. A☐ B☐ C☐
18. A☐ B☐ C☐

Tarea 4

19. A☐ B☐ C☐ D☐ E☐ F☐
20. A☐ B☐ C☐ D☐ E☐ F☐
21. A☐ B☐ C☐ D☐ E☐ F☐
22. A☐ B☐ C☐ D☐ E☐ F☐
23. A☐ B☐ C☐ D☐ E☐ F☐
24. A☐ B☐ C☐ D☐ E☐ F☐
25. A☐ B☐ C☐ D☐ E☐ F☐
26. A☐ B☐ C☐ D☐ E☐ F☐

Tarea 5

27. A☐ B☐ C☐
28. A☐ B☐ C☐
29. A☐ B☐ C☐
30. A☐ B☐ C☐
31. A☐ B☐ C☐
32. A☐ B☐ C☐
33. A☐ B☐ C☐
34. A☐ B☐ C☐

Examen: **DELE C1**	**DELE**
Prueba: **Comprensión de lectura y uso de la lengua**	Fecha del examen:
Centro:	Inscripción:
Candidato/a:	

INSTRUCCIONES

Debe seleccionar **una única** respuesta para cada una de las preguntas de la prueba, del modo que se indica:

■ **Bien marcado**	☒ ▨ ☑ **Mal marcado**

PARA CUMPLIMENTAR POR EL CENTRO DE EXAMEN: **No se califica** ☐ **No presentado** ☐

35. A ☐ B ☐ C ☐

36. A ☐ B ☐ C ☐

37. A ☐ B ☐ C ☐

38. A ☐ B ☐ C ☐

39. A ☐ B ☐ C ☐

40. A ☐ B ☐ C ☐

Examen: **DELE C1**	**DELE**
Prueba: **Comprensión auditiva y uso de la lengua**	Fecha del examen:
Centro:	Inscripción:
Candidato/a:	

INSTRUCCIONES

Debe seleccionar **una única** respuesta para cada una de las preguntas de la prueba, del modo que se indica:

■ **Bien marcado**	☒ ▨ ☑ **Mal marcado**

PARA CUMPLIMENTAR POR EL CENTRO DE EXAMEN: **No se califica** ☐ **No presentado** ☐

Tarea 1

1-6. A☐ B☐ C☐ D☐ E☐ F☐ G☐ H☐ I☐ J☐ K☐ L☐

Tarea 2

7. A☐ B☐ C☐
8. A☐ B☐ C☐
9. A☐ B☐ C☐
10. A☐ B☐ C☐
11. A☐ B☐ C☐
12. A☐ B☐ C☐
13. A☐ B☐ C☐
14. A☐ B☐ C☐

Tarea 3

15. A☐ B☐ C☐
16. A☐ B☐ C☐
17. A☐ B☐ C☐
18. A☐ B☐ C☐
19. A☐ B☐ C☐
20. A☐ B☐ C☐

Tarea 4

21. A☐ B☐ C☐
22. A☐ B☐ C☐
23. A☐ B☐ C☐
24. A☐ B☐ C☐
25. A☐ B☐ C☐
26. A☐ B☐ C☐
27. A☐ B☐ C☐
28. A☐ B☐ C☐
29. A☐ B☐ C☐
30. A☐ B☐ C☐

Examen: **DELE C1**	**DELE**
Prueba: **Expresión, mediación e interacción escritas**	Fecha del examen:
Centro:	Inscripción:
Candidato/a:	

PARA CUMPLIMENTAR POR EL CENTRO DE EXAMEN: **No se califica** ☐ **No presentado** ☐

Tarea 1. Escriba la respuesta **ÚNICAMENTE** dentro del cuadro.

Examen: **DELE C1**	**DELE**
Prueba: **Expresión, mediación e interacción escritas**	Fecha del examen:
Centro:	Inscripción:
Candidato/a:	

PARA CUMPLIMENTAR POR EL CENTRO DE EXAMEN: **No se califica** ☐ **No presentado** ☐

Tarea 1. Escriba la respuesta **ÚNICAMENTE** dentro del cuadro.

Examen: **DELE C1**	**DELE**
Prueba: **Expresión, mediación e interacción escritas**	Fecha del examen:
Centro:	Inscripción:
Candidato/a:	

PARA CUMPLIMENTAR POR EL CENTRO DE EXAMEN: **No se califica** ☐ **No presentado** ☐

Tarea 1. Escriba la respuesta **ÚNICAMENTE** dentro del cuadro.

Examen: **DELE C1**	**DELE**
Prueba: **Expresión, mediación e interacción escritas**	Fecha del examen:
Centro:	Inscripción:
Candidato/a:	

PARA CUMPLIMENTAR POR EL CENTRO DE EXAMEN: **No se califica** ☐ **No presentado** ☐

Tarea 2. Escriba la respuesta **ÚNICAMENTE** dentro del cuadro.

Examen: **DELE C1**	**DELE**
Prueba: **Expresión, mediación e interacción escritas**	Fecha del examen:
Centro:	Inscripción:
Candidato/a:	

PARA CUMPLIMENTAR POR EL CENTRO DE EXAMEN: **No se califica** ☐ **No presentado** ☐

Tarea 2. Escriba la respuesta **ÚNICAMENTE** dentro del cuadro.

Examen: **DELE C1**	**DELE**
Prueba: **Expresión, mediación e interacción orales**	Fecha del examen:
Centro:	Inscripción:
Candidato/a:	

INSTRUCCIONES

Los/Las examinadores/as deben asegurarse de cumplimentar **cada una de las calificaciones** de la prueba, del modo que se indica:

■ Bien marcado	☒ ▨ ☑ Mal marcado

PARA CUMPLIMENTAR POR EL CENTRO DE EXAMEN: **No se califica** ☐ **No presentado** ☐

CALIFICACIÓN ANALÍTICA (Calificador/a)

1 Tarea 1

Fluidez	0☐ 1☐ 2☐ 3☐
Corrección	0☐ 1☐ 2☐ 3☐
Alcance	0☐ 1☐ 2☐ 3☐
Mediación y c.	0☐ 1☐ 2☐ 3☐

2 Tarea 2

Fluidez	0☐ 1☐ 2☐ 3☐
Corrección	0☐ 1☐ 2☐ 3☐
Alcance	0☐ 1☐ 2☐ 3☐
Mediación y c.	0☐ 1☐ 2☐ 3☐

3 Tarea 3

Fluidez	0☐ 1☐ 2☐ 3☐
Corrección	0☐ 1☐ 2☐ 3☐
Alcance	0☐ 1☐ 2☐ 3☐
Mediación y c.	0☐ 1☐ 2☐ 3☐

CALIFICACIÓN HOLÍSTICA (Entrevistador/a)

4 T1-T2-T3 0☐ 1☐ 2☐ 3☐

IDENTIFICACIÓN DE LOS/LAS EXAMINADORES/AS

Entrevistador/a

0	1	2	3	4	5	6	7	8	9
☐	☐	☐	☐	☐	☐	☐	☐	☐	☐
☐	☐	☐	☐	☐	☐	☐	☐	☐	☐
☐	☐	☐	☐	☐	☐	☐	☐	☐	☐
☐	☐	☐	☐	☐	☐	☐	☐	☐	☐
☐	☐	☐	☐	☐	☐	☐	☐	☐	☐
☐	☐	☐	☐	☐	☐	☐	☐	☐	☐

Calificador/a

0	1	2	3	4	5	6	7	8	9
☐	☐	☐	☐	☐	☐	☐	☐	☐	☐
☐	☐	☐	☐	☐	☐	☐	☐	☐	☐
☐	☐	☐	☐	☐	☐	☐	☐	☐	☐
☐	☐	☐	☐	☐	☐	☐	☐	☐	☐
☐	☐	☐	☐	☐	☐	☐	☐	☐	☐
☐	☐	☐	☐	☐	☐	☐	☐	☐	☐

Ilustración

Ernesto Rodríguez

Excepto: Unidad 3: p. 91 Yana Momchilova/istockphoto.com; **Examen 1:** p. 159 VikiVector/istockphoto.com; p. 167 Rakdee/istockphoto.com, Rumi Fujishima/ istockphoto.com, Iryna Alekseienko/istockphoto.com, Irfan Khan Alvi/istockphoto.com. **Examen 2:** p. 171 JakeOlimb/istockphoto.com; p. 182 memoangeles/istockphoto.com. **Examen 4:** p. 212 duncan1890 /istockphoto.com, ZU_09/istockphoto.com, duncan1890/ istockphoto.com, The Nature Notes/istockphoto.com. **Examen 5:** p. 227 seamartini/ istockphoto.com, diane555/istockphoto.com, phoenix_olga/istockphoto.com, Tomacco/ istockphoto.com.

Fotografías

Unidad 1: p. 5 Newphotoservice/Dreamstime.com; p. 6 Fernando Botero/https:// sietebrochas.blogspot.com; p. 9 Diego.cervo/Dreamstime.com; p. 10 Album / Fine Art Images; p. 11 SilverV/istockphoto.com; p. 14 Tempura/istockphoto.com; p. 15 SolStock/ istockphoto.com, Rockaa/istockphoto.com; p. 16 shalamov/istockphoto.com; p. 17 Amina Design/Dreamstime.com; p. 18 Ilona75/Dreamstime.com; p. 19 F9photos/Dreamstime.com; p. 20 Yanc/Dreamstime.com; p. 23 Diego.cervo/Dreamstime.com. **Unidad 2:** p. 37 rachasuk/istockphoto.com, benedek/istockphoto.com; p. 39 udokant/istockphoto.com; p. 42 Vertigo3d/istockphoto.com; p. 43 RomanBabakin/istockphoto.com, Joe Hendrickson/ istockphoto.com, hikesterson/istockphoto.com; p. 44 espiegle/istockphoto.com; p. 45 MStudioImages/istockphoto.com, milorad kravic/istockphoto.com; p. 46 SDI Productions/istockphoto.com; p. 47 Studio4/istockphoto.com; p. 50 gorodenkoff/ istockphoto.com; p. 51 laynabowers/istockphoto.com; p. 55 Pyrosky/istockphoto.com; p. 63 Vanessa Nunes/istockphoto.com; p. 66 napong rattanaraktiya/istockphoto.com. **Unidad 3:** p. 67 Shutthiphong Chandaeng/istockphoto.com, gorodenkoff/istockphoto.com; p. 69 NoSystem images/istockphoto.com; p. 70 Yaroslav Olieinikov/istockphoto.com; p. 72 VioletaStoimenova/istockphoto.com, FreshSplash/istockphoto.com, Ridofranz/ istockphoto.com; p. 74 SDI Productions/istockphoto.com; p. 75 Liubomyr Vorona/ istockphoto.com, nensuria/istockphoto.com, opolja/istockphoto.com, Jacob Wackerhausen/istockphoto.com; p. 76 Morsa Images/istockphoto.com, PeopleImages/ istockphoto.com, Yuri_arcurs/Dreamstime; p. 78 Televisa; p. 81 Eoneren/istockphoto.com; p. 87 xavierarnau/istockphoto.com; p. 93 MonthiraYodtiwong/istockphoto.com, Dilok Klaisataporn/istockphoto.com, yacobchuk/istockphoto.com, posteriori/istockphoto.com. **Unidad 4:** p. 97 FrankRamspott/istockphoto.com, Ivan Gonzalez/istockphoto.com; p. 100 Nikada/istockphoto.com; p. 101 Nes/istockphoto.com; p. 104 DDurrich/istockphoto.com; p. 107 SrdjanPav/istockphoto.com; p. 108 AleksandarNakic/istockphoto.com; p. 111 579136622/istockphoto.com. **Unidad 5:** p. 125 VILevi/istockphoto.com, valio84sl/ istockphoto.com, DragonImages/istockphoto.com; p. 126 nensuria/istockphoto.com; p. 127 Wavebreakmediamicro/Dreamstime.com; p. 128 Dmytro Chernykov/istockphoto.com, Dmytro Chernykov/istockphoto.com; p. 129 ArtistGNDphotography/istockphoto.com, Black69raven/Dreamstime.com, Shin/istockphoto.com; p. 130 NurPhoto/Gettyimages.com, FG Trade Latin/istockphoto.com; p. 131 Festival de Málaga; p. 132 Hulton Archive/ Gettyimages.com; p. 133 https://www.wikiart.org, https://www.informador.mx; p. 136 aywan88/istockphoto.com; p. 137 ATENEA FILMS/JANO/Album, fcafotodigital/ istockphoto.com; p. 138 Grafissimo/istockphoto.com; p. 143 Wirestock/istockphoto.com; p. 148 shalamov/istockphoto.com, cdwheatley/istockphoto.com, pkazmierczak/ istockphoto.com, blanscape/istockphoto.com. **Examen 1:** p. 151 mikkelwilliam/istockphoto.com, towfiqu ahamed/istockphoto.com; gong hangxu/istockphoto.com; p. 153 South_agency/ istockphoto.com; p. 158 vadimguzhva/istockphoto.com; p. 161 Franckito/Dreamstime.com; p. 166 luismmolina/istockphoto.com. **Examen 2:** p. 168 delihayat/istockphoto.com; p. 180 smshoot/istockphoto.com; p. 182 cyano66/istockphoto.com, sandoclr/ istockphoto.com, Choreograph/istockphoto.com. **Examen 3:** p. 184 AaronAmat/ istockphoto.com; p. 185 hyejin kang/istockphoto.com; p. 195 onurdongel/istockphoto.com; p. 197 FilippoBacci/istockphoto.com, madsci/istockphoto.com, EmirMemedovski / istockphoto.com, AzmanL/istockphoto.com. **Examen 4:** p. 198 Harris&Ewing/ commons.wikimedia.org; p. 200 MG Photography /istockphoto.com; p. 201 Yuri Cortez/ Gettyimages.com; p. 204 ATTILA KISBENEDEK AFP/Gettyimages.com; p. 210 abalcazar/ istockphoto.com. **Examen 5:** p. 213 Boogich /istockphoto.com; p. 216 Mariafrancesca Garritano, Antonella Cordaro, Fini Dance Festival event in 2011 in Villapiana Lido (CS); p. 217 Duncan Rawlison/commons.wikimedia.org; p. 223 Giselleflissak/istockphoto.com; p. 225 dennisvdw/istockphoto.com.